無印都市の社会学

どこにでもある日常空間をフィールドワークする

近森 高明
工藤 保則 編

法律文化社

はしがき

　たとえばコンビニやTSUTAYAやショッピングモール。これらの複製的な消費装置が街中に増殖しつつある現在，私たちが都市空間に感じるリアリティのありようはどのように変容しつつあるのか。そのことを，抽象的な問題としてではなく，具体的な空間がもたらす感触や経験をとりあげるなかで考えること。これが本書の目的であり，そのためのキーワードが「無印都市」と「フィールドワーク」である。

　同時に本書はまた，社会学のレポートや卒業論文を書こうとする大学生のために，身近な現象を「社会学する」やり方を実践的に指南するテキストとしての性格ももつ。社会学者の「模範演技」を数多く用意することで，読者となる学生が，興味ある部分をつまみ食い的に読んでいるうちに，知らずしらず社会学的アプローチの勘所をつかめるようになってもらえればよい。そんなねらいをもつテキストである。

　1章と2章は，本書のキーワードである「無印都市」と「フィールドワーク」について解説しているので，まずはそこから読んでいただいたほうがいいだろう。その他の各章やコラムは，どんな順番で読んでいただいてもかまわない。何となく吸い込まれるように立ち寄ってしまう，なんていうほうが，たぶん「無印都市」をあつかう本書には似つかわしい読み方だろう。

　本書の各章では，四部構成からなる共通のフォーマットをとっている。それらは，研究がすすんでゆく大まかな流れを示しているので，読者のみなさんが，自分でレポートや卒論をまとめるときにも，この流れが参考になるだろう。それぞれの節のタイトル部分には，特定のアイコンが登場するので，各々の意

味合いを説明しておこう。

🚶 でかける
　まずは現場に出かけてみた，という体裁で，対象となる空間の様子や，そこでの経験や感覚を描き出す。その空間からえられる妙な高揚感，何となく惹きつけられる感じ，ふと気づくこと，戸惑い，違和感，等々。そのような身の丈の感覚の描写を入口として，社会学的な記述と分析のとっかかりを探る。

💻 しらべる
　対象となる空間や事象について，歴史的経緯の説明や背景知識の補足など，少し引いた視点から位置づけや文脈づけをおこなう。そのうえで，参与観察やインタビュー，新聞や雑誌記事の収集，等々，さまざまな手法を用いて，対象の分析と考察に必要な客観的なデータをそろえてゆく。

✍ かんがえる
　対象となる空間や事象について，社会学的な分析と考察をおこなう。何かしらの概念を導入したり，類型化をほどこしたり，類似した事象との比較を試みたり，等々，各執筆者の持ち味を生かしたかたちで，自由に議論を展開する。

📖 ふりかえる
　全体のポイントをまとめると同時に，対象となる空間や事象の記述と分析から引き出される社会学的な含意を示唆する。

✍ もっとかんがえる
　学生のためのヒント集。同じ対象について，他にもおもしろい議論が展開できそうな目のつけどころや，他のアプローチの仕方の例などを示す。

　さて，前置きはこれくらいにしておこう。それではさっそく，どこにでもある空間を「社会学する」フィールドワークの数々に，読者のみなさんにも同行していただくことにしよう。

　　※なお，各章タイトルの背景に入っている写真は，それぞれの章の執筆者がフィールドワークに出かけた現場で撮影したものである。

近森　高明

目次

はしがき

I　無印都市のフィールドワーク

1章　無印都市とは何か？
1. 都市空間のリアルはどこに？ ………………………… 002
2. 郊外を語る／郊外から語る ……………………………… 006
3. 舞台化する都市／脱舞台化する都市 …………………… 010
4. 脱力する消費者 …………………………………………… 013
5. ゾンビ目線の社会学 ……………………………………… 017

2章　都市フィールドワークの方法と実践
1. 社会学，フィールドワーク，どこにでもある日常空間 ………… 022
2. 「さらに広い使い方」としてのフィールドワーク ……………… 024
3. 若者のフィールドワーク実践 …………………………… 028
4. 都市フィールドワークと情報の生産 …………………… 033

　　　Column 1　宝探しに出かけよう！〔資料収集方法〕　036

II　無印都市の消費空間

3章　人見知りどうしが集う給水所〔コンビニ〕
♂ いざ，深夜のコンビニへ ………………………………… 040

iii

- 💻 商店街vsスーパーのはざまで ……………………………………… 041
- 📺 「魔法の箱」と，コミュニティの変容 ………………………………… 043
- 🏪 コンビニこそが都市である！ ………………………………………… 048

4章　消費空間のスタイルがせめぎあう場所〔大型家電量販店〕
- ♿ 「騒がしい」空間としての大型家電量販店 …………………………… 052
- 💻 目の前にある風景をさかのぼってみる ……………………………… 054
- 📺 二つの消費空間のスタイル …………………………………………… 056
- 🏪 ゆらぎのなかの大型家電量販店 ……………………………………… 060

Column2　コミュニケーションのネタとしての北欧インテリア〔イケア〕　064

5章　安心・安全なおしゃれ空間〔フランフラン〕
- ♿ 「つい」を誘発する空間 ………………………………………………… 066
- 💻 時間消費の下部構造 …………………………………………………… 068
- 📺 おしゃれ気分の消費 …………………………………………………… 070
- 🏪 多幸感とジャンクのあいだで ………………………………………… 073

6章　「箱庭都市」の包容力〔ショッピングモール〕
- ♿ 都市生活者のオアシス ………………………………………………… 077
- 💻 屋内に都市をつくる …………………………………………………… 079
- 📺 開発者と遊歩者の論理 ………………………………………………… 081
- 🏪 「安心された多様性」を買いに行く …………………………………… 086

7章　目的地化する休憩空間〔パーキングエリア〕
- ♿ パーキングエリアにたちよる ………………………………………… 090
- 💻 PA・SAという空間 …………………………………………………… 091
- 📺 休憩地と目的地 ………………………………………………………… 093
- 🏪 非日常性の中の日常性／日常性の中の非日常性 …………………… 097

Column3　都市はアイドルを育て，そして消費する〔AKB48劇場／
　　　　　　AKB48ショップ〕　100

III　無印都市の趣味空間

8章　孤独と退屈をやりすごす空間〔マンガ喫茶〕
- マンガ喫茶という空間 …………………………………………… 104
- 自宅化するマンガ喫茶 …………………………………………… 107
- 孤独と退屈が流れつく場所 ……………………………………… 109
- 個室からみえる豊かな時代の二つの素顔 ……………………… 112

9章　匿名の自治空間〔パチンコ店〕
- 多様性と匿名性の空間 …………………………………………… 114
- 「社会問題」としてのパチンコ …………………………………… 117
- パチンコにみる「近代性」 ………………………………………… 118
- パチンコ店という都市的空間 …………………………………… 120

　　　　Column 4　縦長店舗と横長店舗〔東急ハンズ〕　124

10章　味覚のトポグラフィー〔ラーメン屋〕
- 街のなかの行列 …………………………………………………… 126
- 拡散する〈ラーメン〉 ……………………………………………… 127
- 味覚のメディア的リアリティ …………………………………… 129
- 嗜癖としてのラーメン …………………………………………… 133

11章　「快適な居場所」としての郊外型複合書店〔TSUTAYA／ブックオフ〕
- 郊外型複合書店のフィールドワークから見えてきたもの …… 136
- 郊外型複合書店の出現とその背景 ……………………………… 137
- 「読者」と「書店の経験」 …………………………………………… 139
- 郊外型複合書店と「快適な居場所」としての書店 ……………… 142

　Column 5　グローカル化するカラオケ・コミュニケーション〔カラオケ〕　146

IV 無印都市のイベント空間

12章　目的が交差する空間〔フリーマーケット〕
- 曖昧さが馴染む場 …………………………………………………………… 150
- 不用品と余暇の使い道 ……………………………………………………… 153
- 目的が交差する場所 ………………………………………………………… 156
- フリーマーケットの魅力 …………………………………………………… 157

　　Column 6　イベントとしての「街」〔イベント空間としてのテレビ局〕　164

13章　「場」を楽しむ参加者たち〔音楽フェス〕
- 音楽フェスのこれまで ……………………………………………………… 166
- 音楽フェスの魅力 …………………………………………………………… 167
- 音楽フェスと世代 …………………………………………………………… 170
- 音楽フェスのこれから ……………………………………………………… 173

14章　順路なき巨大な展示空間〔アートフェスティバル〕
- 「みんな」がいる場所へ …………………………………………………… 177
- デザイン・フェスタとは何か？ …………………………………………… 179
- 公募展の変遷 ………………………………………………………………… 181
- 批評を代行する消費 ………………………………………………………… 184

　　Column 7　ガラスケースのなかの演奏〔ストリート・パフォーマンス〕　188

V 無印都市の身体と自然

15章　都市をこぐ〔自転車〕
- 無印都市と自転車移動 ……………………………………………………… 192
- 複数形の自転車移動 ………………………………………………………… 193
- 自転車の居場所と両義性 …………………………………………………… 194
- 新しい場所としての移動感覚 ……………………………………………… 199

　　Column 8　「他者に身を任せる」ことの快楽〔マッサージ店〕　202

16章　都市空間を飼いならす〔フィットネスクラブ〕

- 画一化された空間 …………………………………………………… 204
- 「都市」「身体」「社会関係資本」 …………………………………… 205
- フィットネスクラブにおける都市コミュニティ ………………… 207
- 画一化された空間を飼いならす …………………………………… 212

　Column9　欲望なんてラウンドワンが教えてくれる〔ラウンドワン〕　216

17章　ビーチの脱舞台化・湘南〔都市近郊の海浜ゾーン〕

- 湘南を観察する ……………………………………………………… 218
- アッパーな若者文化の「舞台」としての湘南 …………………… 220
- 「脱舞台化」する湘南 ……………………………………………… 222
- 舞台なき舞台から …………………………………………………… 225

Ⅵ　無印都市の歴史と伝統

18章　すぐそこのアナザーワールド〔寺社巡礼〕

- 異世界の静寂のなかで名刺の束に出会う ………………………… 230
- 寺社空間を訪れることの意味 ……………………………………… 231
- 「はるばるアウェー」でカタルシス ……………………………… 233
- 都市の裂け目のモザイク模様 ……………………………………… 238

　Column10　オルタナティブな「アキバ」として〔アニメ聖地巡礼〕　242

19章　構築され消費される聖と癒し〔パワースポット〕

- 伝統系パワースポットとメディア系パワースポット …………… 244
- 構築と実体のはざまで ……………………………………………… 247
- パワースポットと人びとの願い …………………………………… 250
- パワースポットと都市研究のあいだ ……………………………… 252

　Column11　ミーハーを越えるか？〔歴　女〕　256

20章　不親切な親切さに満ちた空間〔寄席〕

- ひとりでふらりと ……………………………………………… 258
- 落語いまむかし ………………………………………………… 259
- 寄席の楽しみかた ……………………………………………… 262
- 落語とおとな …………………………………………………… 264

あとがき

I 無印都市のフィールドワーク

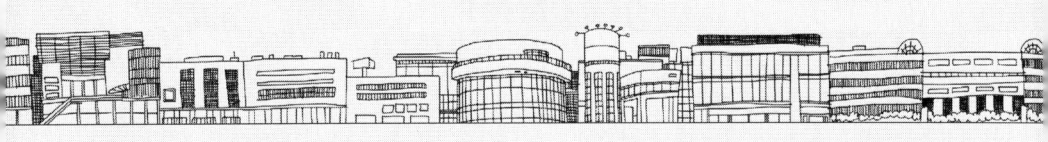

1 無印都市とは何か？

1 都市空間のリアルはどこに？

▒ ジャンクな消費装置

　たとえば通りがかりのドラッグストアでの，何を買うでもない店内のぶらぶら歩き。学校帰りに友人たちと連れだって，カラオケやラウンドワンでの暇つぶし。いつも癖のように入ってしまう，駅前のTSUTAYAでのひとめぐり。あるいはちょっと遠出をして，ショッピングモールでうろうろ。現在の都市的環境に暮らす若い世代にとって，これらはごくありふれた経験だろう。では，こんな日常のあたりまえを社会学したいと思ったとき，はたしてどんな言葉が使えるだろうか。

　残念ながら使える言葉はあまりない。従来の社会学では，こうしたチェーン店やフランチャイズ店は，ずいぶん悪者扱いをされてきたのだ。画一的であるとか，街の風景を均質化してつまらなくするとか，昔ながらの個人商店を廃れさせ，荒々しい資本の論理で社会全体を覆いつくすとか。なるほど駅前の風景はどこも似通っており，コピー＆ペーストしてきたかのような眺めになっているし，地元の商店街が衰えていく一方で，乱立する巨大なショッピングモールが勢いよく周辺地域の顧客を吸いあげている。かつてなら若者が精一杯のおしゃれをして出かけた都心部の街も，いつしか魅力と輝きを失い，反面，わざ

わざ都心部に出かけなくても，近所のそれなりに便利な街で十分に間に合うという人が増えているという。

　これらが一面で問題含みの状況であることは，たしかにうなずける。そしてこうした状況を批判的にとりあげる議論からも，学ぶべきことは多い。けれども，だからといって，都市の日常をかたちづくるチェーンやフランチャイズの消費装置が，ひとしなみにくだらなくて，均質的で，語るに値しないというわけでもないはずだ。

　それなりに時間がつぶせるし，そこそこ満足してしまえるジャンクな消費装置。いまの若い世代は，物心がついた頃からそうした装置に囲まれ，それが所与の，あたりまえの環境になっている。批判的な立場の人にとっては，そんな複製的な店舗群はあくまで"偽物"に過ぎず，それらの増殖のせいで押し流され，街中から失われてしまった何かに"本物"が，都市空間のリアルがあったと感じられるのかもしれない。都心の盛り場がかつてもっていた輝きとか，昔ながらの地元商店街にあった人びとの温かさとか。[*1]けれどもジャンクな環境をネイティヴとして暮らす人にとって，むしろ"本物"は，それら消費装置の経験の連続のうちで触れられているのかもしれない。都市の都市らしさを切実に感じさせるリアルは失われたわけではなく，かたちを変えて，大小の消費装置の連なりのうちに宿っているのかもしれない。

　もしそうなら，それらを外側から，すべてひっくるめて悪者扱いしてしまうのは問題があるだろう。むしろ価値判断はいったん留保しつつ，個々の空間にひそんでいるかもしれない多様性や奥行きについて，あるいはそこでの経験に含まれているかもしれない機微や綾について，内側からきちんと記述してみる必要がある。そのうえで，一見のっぺりとした現在の都市空間がどう享受されているのか，その経験の位相をしっかり社会学すべきなのだ。

ベンヤミンの複製技術論

　ここでひとつのたとえ話を。1920年代から30年代にかけて活躍したヴァルター・ベンヤミンという思想家がいる。彼は，複製技術と芸術作品との関係をあつかった有名な論文のなかで，19世紀に写真というニューメディアが登場したとき，旧来の絵画を擁護する陣営が，写真について「こんなの芸術じゃな

い」と非難の声をあげたことをとりあげ，彼らの考えに含まれる，ある転倒を指摘している。[*2]「こんなの芸術じゃない」といえる前提には，芸術の確固たる基準があるはずだが，しかし写真の登場がはたしたのは，芸術の受容のされ方それ自体の変更（礼拝価値から展示価値へ）であり，ひいては芸術というものの性格それ自体の変更であり，つまりは芸術である／芸術でないをめぐる旧来の基準自体を変更することだったのだ，と。[*3]

そうしてベンヤミンは，従来はもっぱらネガティヴに語られてきた複製技術について，むしろそれが可能にするあらたな経験の世界をポジティヴに示してみせる。複製技術はコピーや偽物，薄っぺらな模造品をつくるにすぎない，という旧来の考え方に対して，日常では意識していなかった視覚的要素（人が足を踏み出す瞬間の姿勢など）をとらえる写真の力や，現実にはありえない運動をみせてくれる映画の技法（スローモーション撮影やモンタージュ）などの例をあげ，複製技術ならではの特性が生みだす世界の豊かさと広がりを，鮮やかに提示してみせるのだ。

同じことが都市についてもいえないだろうか。ジャンクな消費装置と都市との関係は，複製技術と芸術作品との関係に似ている。チェーン店やフランチャイズ店が蔓延する都市空間は，旧来の基準の持ち主にとっては「こんなの都市じゃない」かもしれない。だけどそもそもそれらの装置が，都市の享受のされ方それ自体，ひいては都市というものの性格それ自体を変更しつつあるのだとしたら，どうだろうか。「こんなの都市じゃない」といえる基盤が崩され，別の豊かな経験可能性が切り拓かれているのに，そこには目が向けられていないのだとすれば，どうだろうか。

▓ 本書の二つのモティーフ

現在，グローバリゼーションを背景に世界中に増殖しつつある，無個性的でアイデンティティを欠いた都市を，建築家レム・コールハースは「ジェネリック・シティ」と呼んでいる。[*4]日本語に訳せば「無印都市」である。注意したいのだが，コールハースは「ジェネリック・シティ」という言葉に，特別な価値判断をこめているわけではない。無個性的でアイデンティティを欠いているから悪い，というわけではない。ただ，事態がそうなっているというクールな現

状分析をしているだけだ。[*5]

　本書ではコールハースの言葉を参照しながら、複製的な消費装置が並ぶ現在の都市状況を、総称的に「無印都市」と名づけたい。これは従来、ネガティヴにとらえられてきた空間のありようを、あえてポジティヴに考えなおすための当座のキャッチコピーと考えてもらえばよい。

　そのうえで本書では、この「無印都市」の空間の特性と、そのなかでの経験の様相を描き出すことを、第一の課題とする。これまでは外側から一括りに均質的だととらえられてきたチェーンやフランチャイズの店舗について、むしろ内側の視点から、個別の消費装置がそなえる独自の質感や手触りを、なるべくていねいに記述していくのである。そのさいジャンクフードがそうであるように、たんに「ジャンクだから」といって切り捨ててしまうことのできない、ある種の中毒性、ついつい立ち寄ってしまい、それなりに楽しく浸り込んでしまえるような空間の性質にかかわるリアリティ（をどうあつかうか）が、全体をつなぐひとつのモティーフになる。[*6]

　本書であつかわれる、もうひとつのモティーフがある。それは、すべてがのっぺりとしたようにみえる「無印都市」のなかで、何らかの引っかかりや凸凹をもたらすような、イベント的なもの、あるいは自然や身体、歴史や伝統にまつわるモノやコトが、独特の仕方で呼び出され、享受されている現象（をどうあつかうか）である。

　チェーンやフランチャイズの店舗が増殖するプロセスを、都市の「無印」化と呼ぶとすれば、それは言い換えれば、都市空間のなかであらゆるものが入れ替え可能になるプロセスである。だが、そうした「無印」化の動きに対応するようなかたちで、近年、入れ替えがきかないモノやコトが独特の仕方で志向されつつあるように思われる。1回きりで、まったく同じものは再現できないイベント的なことがら。記号やイメージでは置き換えられない、自然や身体にかかわることがら。そして固有のアイデンティティの根拠となる、歴史や伝統にかかわることがら。これら入れ替え不能なものにかかわるモノやコトが、頻繁に呼び出されているように思われるのだ。

　たとえばそれは、自転車ブームやパワースポットなどの流行現象としてあらわれることもあり、あるいはまた、フィットネスジムなどで商品として提供さ

れることもある。ただしそのさい，入れ替え不能な何かが，いわば生のかたちで呼び出され，享受されるわけではない。この点がとても興味深い。たとえばアニメ聖地巡礼の例にうかがえるように，歴史や伝統といった意味の厚みを素通りし，対象を独自のフィルターにかけて満足を引き出すような作法がみられる。あるいはライブやフェスなど〈いま－ここ〉の一回的な集合性が求められそうな場面でも，あまり熱心に踊らず，でもいちおう出かけてみる，という独特の距離感がみられたりする。これらは「無印」化に対抗するカウンターの動きというよりも，むしろそれ自体が「無印都市」の享受の仕方の一部に含まれる動きであるだろう。

　だから「無印都市」をめぐって，さしあたり二つの経験のモードがあるといえる。一方では，欲望というにはあまりにも沸点の低い疼きがひっきりなしに満足させられる快適な消費空間と，そうした空間を何気なくやり過ごし横断してゆく，あくまでも脱力した経験のモード。他方では，何らかのイベント的な場や，自然や身体，歴史や伝統といった領域で，意味の強度や一回性の手触りをどこかで志向しつつ，なおもそれらをジャンクなコンテンツと同じ位相で処理しようとする経験のモード。こういう快楽の組織化の仕方と，満足の引き出し方は，もしかすると，現代日本のだらしない都市空間を享受するのに最適な経験のモードなのかもしれない。

2　郊外を語る／郊外から語る

「問題」としての郊外

　それにしても，なぜわざわざ「無印都市」という聞き慣れない言葉をもちだすのか。その理由を示すためには，本書であつかうジャンクな消費装置が立ち並ぶ都市状況が，これまでの社会学でどのように論じられてきたのかに触れておくのがよいだろう。それら従来の議論から何を引き継ぐべきか，どこを批判して乗り越えるべきかを考える過程で，本書の立ち位置がより明確になるはずである。

　まずは，郊外論ないしは郊外化論という文脈をおさえておきたい。現代の日本社会の特質をいいあてるキーワードとして「郊外」が注目されるようになる

のは，1990年代後半のことである。当初，郊外はもっぱら「問題」の場所として浮上していた。

まず問題視されたのは，居住地としての郊外住宅地ないし郊外ニュータウンの均質的な生活環境であった。象徴的なきっかけは，1997年に神戸で起きた14歳の少年による連続児童殺傷事件である。評論家の三浦展はこれを「『郊外ニュータウンの世代』による『郊外ニュータウン』的な事件」と呼んだ。それ以降，何かしら不可解な事件が起こるたびに，発生現場の多くが郊外だということが注目される。いわく，地域の共同性が欠けている。いわく，住人の世帯構成や年齢層や収入が似たり寄ったりで均質的である。いわく，すべてがきっちりと人工的につくられ，生活空間に隙間がない。こんな郊外の「特性」が不可解な事件を生みだしているというのだ。

一方，郊外批判のまなざしはロードサイドの風景にも向けられていた。この時期，郊外の幹線道路沿いに，大型店舗をもつファミレス，カー用品店，紳士服店，ラーメン屋，パチンコ店，等々，いわゆるロードサイドショップが立ち並ぶ動きが加速化してゆく。カラフルなロゴがてんでに自己主張する，雑然とした風景。しかしどこも一様に雑然としているという意味では，奇妙に均質的な風景。そんな風景の全国的な広がりが，景観の貧しさという点で難じられると同時に，地域ごとの個性が失われてゆく状況が「ファスト風土化」（「ファストフード」と「風土」の語呂合わせ）などと呼ばれ問題とされたのである。

郊外ネイティヴたちの語り

けれどもゼロ年代後半になると，ひと味違った語り口が登場してくる。同じく郊外をとりあげながら，しかし，外側から一方的に批判するのではなく，郊外を所与の，自分たちが住み込むあたりまえの環境とみなしたうえで，そこに含まれる意外な多様性やポジティヴな面が示されるようになるのだ。いってみれば郊外で育ったネイティヴ，あるいは「郊外的なもの」に囲まれて育ったネイティヴによる，郊外への愛が語られだす。

たとえば社会学者の若林幹夫の郊外論は，そうした姿勢の転換をよくあらわしている。若林はいう。郊外はひとまとめに薄っぺらいといわれるが，それは認識が甘い。地理的な条件によって多様性があるし，また個々の場所には積み

重ねられた歴史の地層がある。郊外の薄っぺらさを外部から言挙げするのでなく，むしろ薄っぺらさの内側に立って，意外な厚みのありかを示しつつ，そこに生きることの積極的意義を探る必要があるのだ，と。

より若い世代にあたる思想家の東浩紀と社会学者の北田暁大も，これに近い姿勢をみせる[*11]。彼らは東京の空間の変容を，郊外化というキーワードでつかまえようとするのだが，そのさい，自身の郊外育ちとしての記憶と体験を出発点におく。2人があげる「郊外的なもの」の典型例が，大型ショッピングモールのジャスコ的な空間である（いまは「イオン的」というべきかもしれないけれども）。便利で快適。適度なセキュリティもほどこされ，バリアフリーな配慮も万全。そうして必要は過不足なく満たされるけれども，どこか殺風景な消費空間。郊外に展開していたそんな空間が，いまやしだいに都心部にも侵入しつつある。「都心内郊外化」が進行しつつあり，東京自体が「巨大な郊外」になっているというのだ。

ただし，そうした動向にたいする2人の態度には温度差がある。東がジャスコ的空間に率直な愛を示し，あっさり肯定する立場をとるのにたいして，北田は逡巡をみせる。東がこれからの都市空間をつくる原理になるとみる人間工学の論理に，北田は留保をかけるのだ。そうした価値判断の相違はあるが，しかし，郊外ネイティヴとしての記憶と体験にベースを置くという姿勢と，ジャスコ的空間の拡大は避けられないという状況認識は，両者のあいだで共有されている。

「郊外」という括り方の問題点

1990年代後半にはもっぱら批判の対象だった郊外が，ゼロ年代後半には，具体的な生が営まれる場として内在的な視点からとらえられるようになる。こうした議論の流れは，複製的な消費装置がどう経験されているかを内側から記述しようとする本書の立場からも参考になる。じっさいこれらの議論から学ぶべきことは多いのだが，しかし本書は，その延長線上に位置づけられる郊外論のたんなる別バージョンではない。というのも本書では，「郊外」という括り方自体に少なからぬ問題があると考えるからだ。本書がわざわざ「無印都市」という言葉をもちだしてくる理由も，そこにある。

ではどこに問題があるのか。第一に，居住空間と消費空間という二つの異なる空間類型が，いずれも同じ「郊外」と名指される点がミスリーディングである。日々の生活が営まれる居住空間と，消費の場面でのみ立ち寄られる空間を同じカテゴリーであつかうのは無理がある。なるほど，いずれも均質的で人工的であり，地域性も歴史性も欠いた空間であるという点で両者は重なる。けれどもそこを共通項とみて両者を括ってしまうのは，事象を腑分けするうえで，得よりもはるかに損のほうが多いだろう。

問題の第二は，「郊外」という言葉がもともと"sub + urb"つまりは「都市に下属する領域」という意味合いをもつため，その言葉を都心の状況にあてはめようとすると，語義矛盾が生じてしまう点である。*12 要は，銀座にマツモトキヨシが出店しているような状況を「都心内郊外化」と呼ぼうとすると，どうも落ち着きが悪いのだ。都市の外縁にスプロール状に広がっていた，だらしない空間のあり方が都心内に逆流してきた，その逆説がおもしろいのだ，という取り方もありうるが，しかし，そのさきに分析をすすめていくキーワードとして「都心内郊外化」はやや逆説的にすぎる。

けれどもいちばん大きな問題は，つい「郊外」という言葉で括ってしまいたくなること，そう括ることでわかったような気になってしまうことそれ自体かもしれない。そして「郊外」という括り方の見た目のわかりやすさは，そのまま，郊外化でOKか否か，という価値判断を二択のかたちで求められてしまうことと，どこかでつながっている。いま起きていることを「郊外化」と括った瞬間に，ではそれに賛成なのか反対なのかが自動的に問われてしまうような構造。これをあらかじめずらしておかなければ，構造的にそこをスキップし，たえず問い損ねてしまうような位相があるはずだ。

だから「郊外」という括り方自体をいったん宙吊りにしたほうがいい。あるいは，私たちがそう括ることでわかったような気になってしまうこと自体を問い返すような仕方で，視点をシフトさせた方がいい。「無印都市」とは，そんな構造にはまりこむことを避けながら，よりニュートラルな仕方で，ジャンクな消費装置の具体的な手触りにせまるためのキーワードである。

3 舞台化する都市／脱舞台化する都市

80年代的都市論：舞台化する都市

　従来の議論として，もうひとつ，都心部の消費空間をあつかった社会学的な都市論の文脈を押さえておきたい。これも郊外論と同様に，二つの段階として整理できる。記号論的な消費社会論を軸とする80年代的都市論から，そのポスト記号論的な転回をふまえた，ゼロ年代的都市論への流れである。前者から後者への移行を，代表的論者である吉見俊哉と北田暁大の議論の対比から眺めてみよう。

　まずは80年代的都市論について。吉見は70年代以降の西武系資本のパルコを中心とした渋谷の開発を事例に，都市がファッショナブルな舞台として整備され，記号消費が華やかに展開される状況を演劇論的な見方でとらえた[*13]。舞台としての都市。それはまずディズニーランドのごとく，街を周囲の土着的文脈から切り離す操作により，自己完結的な空間としてつくりだされる。何でもない街が「スペイン坂」や「オルガン坂」と名前をつけられることで，それらしい意味ありげなステージとして仕立てられるのだ。

　そこでくりひろげられるのが記号消費である。記号としてのアイテムの組み合わせによって，理想的な自己イメージをいかに演出するか。それが記号消費の肝となる。ファッションをつうじて個性的な「私」が演じられる舞台空間だが，そのとき「台本」の役目をはたすのが各種の情報誌であり，それは，どんな格好をして，どこに行き，何をすべきかを指定してくれる。どんなアイテムがどんな記号として働くのか，そのコード（＝お約束）の教科書としての情報誌から，消費者は最新のコードを学習する。そうして「〇〇（おしゃれアイテム）を身につけて△△（おしゃれスポット）を歩いている□□（何であれ好ましいイメージ）な私」の群れが街中にあふれかえる。

ゼロ年代的都市論：脱舞台化する都市

　記号消費の舞台としての渋谷は，しかし北田によれば，1990年代後半には変質してくる[*14]。それはおしゃれな憧れの街ではなく，とりあえず何でもそろう

使い勝手のよい街として評価されるようになる。じじつ舞台として演出されたパルコ周辺のエリアは，1990年代に入ると徐々に人気が低下し，センター街などストリートの存在感が増してくる。それはつまり，大きな資本が意味や記号や物語をコントロールする空間から，そうしたコントロールがきかない断片的情報の流れが支配する空間への移行である。

　もはや渋谷には，おしゃれな街という物語性は求められない。渋谷は街のイメージではなく，もっぱら情報量やショップの数といった数量的な面で評価される「情報アーカイブ」となる。それは言い換えれば渋谷が象徴性を失い，どこにでもある街と同じ平面で，相対的に「大きな街」として把握されるようになるということだ。北田は「プチ渋谷」と呼ばれる郊外の中規模都市の出現をとりあげている。人びとは近所の「プチ渋谷」で満足できるようになり，わざわざ都心の渋谷にまで出かけなくなる。だから北田がいうように正確には，郊外の中規模都市がシブヤ化しているというよりも，渋谷それ自体が「巨大な郊外都市」となっているのだ。

　脱舞台化。そして情報アーカイブ化。北田によるゼロ年代的都市論では，かつて構築されたコントロールのきいた自己完結的な記号空間が，中心性を失って解体していくという事態のつかまえ方が顕著である。舞台性の喪失。記号「シブヤ」の失効。そんなふうに北田のテクストには「脱」「喪失」「解体」「崩壊」「死」といった語が頻出する。〈ポスト八〇年代〉の語り口は，どこか〈八〇年代〉の語り口に拘束されており，それを否定的に参照することでしか議論のとっかかりを確保できないという事実を，これはうっすら示しているようでもある。

　あるいはこうもいえる。ある特徴的な街に生じている変化に，同時代の都市空間の編成原理の転換を読みとり，それをモデル化したうえで一般化するというやり方。北田が吉見から踏襲しているこのやり方が，いまや有効性を失っていることを，北田の議論それ自身が示唆してはいないだろうか。渋谷が「巨大な郊外都市」になっているという指摘は，都市がどう変容しつつあるかを，特定の街を単位に測定しようとする見方そのものが成立不能になっていることを告知している。

I　無印都市のフィールドワーク

▨ 郊外化論を超えて

　いずれにしても，議論は同じところへ落ちてくる。ゼロ年代的な都市論もまた，結局のところ郊外化論とならざるをえない。そしてさきにみたように「郊外」という括り方には限界がある。行き止まりのあり方も同じだ。だからやはり視点をシフトして，都市的なるものの現在を語る，別のやり方を模索してみるほうがよい。

　郊外化論とゼロ年代的な都市論は，同じコインの裏表の関係にある。つまりどちらも既存の都市空間が，ある異質な空間の侵略によって変質しつつあるという同じ見方の別バージョンなのだ。異質な空間の側に注目すると郊外論になり，侵略されている都市の側に注目するとゼロ年代的な都市論になる。いずれにしても「すべてが郊外化している」という着地点が待っている。

　このワナを避けるには，ひとまず異質とされる空間の内側に立ってみる必要がある。「郊外」という括り方を宙づりにしながら，個別的な消費装置を享受する経験の，それなりの豊かさと広がりをひたすら列挙し，具体的に示してみせること。その指し示しの積み重ねが，あるていどの厚みをもったとき，そこに都市的なるものの現在形が，既存の都市のイメージを裏切るかたちで浮かびあがるかもしれない。

　こうした本書の狙いをあらわすのが「無印都市」というキーワードであるのだが，それが示唆するところを，感覚的なイメージとしてつかむため，こういう地図を想像してみよう。構成要素として，チェーンやフランチャイズのジャンクな消費装置だけをプロットし，その他の施設や店舗や家屋はすべて消去した，そんな全国地図である。そこにはジャンクな消費装置が集中する箇所とまばらに散った箇所とが，グラデーションのきいた疎密の布置として出現するだろう。

　それはいわば「渋谷」や「新宿」といった固有名をはぎとられた，剥きだしの消費装置のネットワークが描く図形である。都市の皮を一枚はぎとったところにあらわれる，もうひとつの都市。こんな想像上の地図に「無印都市」のイメージを重ねてみることができる。その疎密の様子は，それぞれの都市の規模とゆるやかに照応しつつも，だが独自の分布を展開しているはずだ。意外な場所に密な箇所や，妙にまばらな箇所があるかもしれない。

この地図上ではいわゆる都市と地方という二分法もやや相対化されるだろう。消費装置がより濃く集積しているところが「より都市的である」という必要もないはずだ。疎密のネットワークの全体的な拡がりそれ自体を、都市的なるものの表現としてとらえる。このように考えられるとすれば、現在の日本社会に暮らす人びとの大半は、その居住地が都市であれ地方であれ、区別なく「無印都市」に触れているといえる。

4 脱力する消費者

ベンヤミンの〈気散じ〉概念

　ではそうした「無印都市」に特有の経験のモードとは、どういうものなのだろうか。それは本書の企図からして、個々の消費装置にそった具体的なかたちでしか記述できず、あるいはそうした記述の積み重ねが集合的に浮かびあがらせるべきものだ。けれどもあえて概略的に素描しておくとすれば、ここではひとつ、やや唐突だが、〈身散じ〉というキーワードをあげておきたい。これはさきにも登場したベンヤミンが、複製技術を論じるなかで、映画を鑑賞するさいの知覚様式を特徴づけるために強調した〈気散じ〉という概念をもじった造語である。*15

　〈気散じ〉とは何か。それは従来の芸術鑑賞の模範になっていた、意識の「集中」という鑑賞の仕方と対照的な知覚のあり方だ。たとえば美術館で絵画を鑑賞するとき、鑑賞者は意識を集中させて、作品と一対一で対峙し、そこに表現された、奥深く崇高な理念性を読みとろうとする。他方、〈気散じ〉的受容というのは、広告ポスターをちらりと横目で見たり、テレビのCMをぼんやり眺めたりするときのように、意識を拡散させた状態で、断片的な情報の流れに触れるというような態度だ。

　ベンヤミンは、従来の芸術観からすれば否定的に評価される〈気散じ〉の態度を、1930年代という時点で、あえて肯定的に持ちあげてみせた。ベンヤミンによれば、いまやあらたなメディアの登場と同時に、社会的に要求される知覚の枠組み自体が変容しつつあるのであり、昔ながらの意識の集中ではなく、むしろ〈気散じ〉の状態こそが、来るべき社会のスタンダードな知覚の様式に

なる。そのあらたな受容方法をトレーニングする有効な道具となるのが、映画だという。つぎつぎとシーンが切り替わる映画は、注意力が散漫で、ぽかんと口を開けながら画面を眺めているような受け身の態度を要請する。一見するといかにもダメそうにみえるその態度こそが、じつは、断片的な情報が大量に流される現代的なメディア環境に適合した、先端的な知覚のあり方なのだ、とベンヤミンは指摘する。

〈身散じ〉の態度

さて〈身散じ〉とは、このように意識の集中に対置される〈気散じ〉を、身体のレベルにまで拡張した状態として考えておきたい。私たちは意識を集中するのと同じように、全身の神経を張り詰めさせ、身体をきつく緊張させることがある。たとえば人前で挨拶をするとき。慣れない高級レストランで食事をするとき。あたらしいバイト先で働いているとき。要するに他者の視線が強く意識される場合である。

消費の場面でいえば、それは80年代的都市論でフォーカスされていた、舞台としての都市で記号消費がおこなわれる場面に、とくに顕著にあらわれるだろう。記号的なアイテムを組み合わせて、個性化のゲームがくり広げられるステージとしての都市空間。それは一見すると自由で軽やかできらびやかな光景だが、しかしそこには同時に、切実で、ときに痛々しいまでの、自意識とアイデンティティがかけられていた。

その場にふさわしい格好をしているか。流行から外れてはいないか。おかしな振る舞いをしていないか。そうしてたえずモニタリングをくり返すとき、身体は緊張し、固くこわばる。そのこわばりが、ファッショナブルではないと人目に映るのを恐れ、何気なくふるまおうとするのだけれども、しかしその何気なさを演じようとする努力が、さらに身体を固くさせる。こういう悪循環が舞台としての都市では演じられていた。それは、身体の緊張を強いる消費空間である。

それにたいして「無印都市」のジャンクな消費装置のなかでは、身体はきわめて弛緩し脱力している。コンビニのなかで、TSUTAYAのなかで、モールのなかで、私たちはとくに他者の視線を意識したりせず、まるっきり油断をし

てだらしなく過ごしている。身体をゆるやかに弛緩させた状態で，全面的に調整された消費環境に，受動的に身を浸すような態度。それが〈身散じ〉の状態であり，ジャンクな消費装置は，そうした〈身散じ〉を積極的に誘発し助長する消費空間である。

〈身散じ〉の特徴的な様相

　ここでは〈身散じ〉の特徴的な様相を，三つの点であげておこう。

　第一に，習慣的ないしは無意識的な行動の前景化。コンビニやドラッグストア，TSUTAYAやブックオフに，私たちは通勤や通学の途中で，何気なく立ち寄ってしまう。とくに何かを買う，消費をするという意識も構えもなく，いわばその手前で，ふと入り込み，なかば習慣的に店舗をひとめぐりしてしまう。そんな〈身散じ〉の態度は，複製的な消費装置の側で，基本的な空間レイアウトを統一していることによって支えられている。どこのコンビニ，どこのTSUTAYAに入っても，私たちはだいたいの商品のありかをつかむことができる。身体がレイアウトを覚えているのだ。

　第二に，アフォーダンスとのかかわり。知覚心理学で，モノや環境が，ユーザーにたいして特定の行動を誘発するような性質をもつとき，それをアフォーダンスという。アフォードには「(機会を) 提供する」という意味があり，ある行動をアフォードしてくれるものがアフォーダンスである。たとえば温泉の露天風呂で，適度な位置に置いてある石は，踏み台になったり腰かけになったりするが，そのとき石の側がユーザーの側に，踏み台にすることをアフォードし，腰をかけることをアフォードしている，といえる。ジャンクな消費装置の店内空間は，アフォーダンスが緻密に配慮され，全体が人間工学的に調整されている。たとえばコンビニの店内空間は，照明の明るさ，レイアウト，ゴンドラの配置，等々が，顧客を店内深くに導き入れ，知らないうちに全体をめぐらせるように，そしてまた売れ筋の商品が目にとまり，つい手に取ってしまうように設計されている。〈身散じ〉は，そういうアフォーダンスの誘発に身をまかせることでもある。アフォーダンスが働くとき，そこで発現する行動は，どこに由来するのかが不分明になる。主観と客観の区別がゆらぎ，自分が，何ものでもないような瞬間がおとずれる。

そして第三に、身体の共在による暗黙のコミュニケーション。[*16]ジャンクな消費空間では、ふつう見知らぬ人とのあいだに直接的なコミュニケーションが生じることはない。むしろ他者の視線が気にならない、互いに非干渉的な空間である。けれどもそれは同時に、誰もいないと、不思議に居心地が悪い空間でもある。だからそこでは、ほかの誰かがそこで同じようなことをしているのを互いに身体レベルで確認しあう、そのような意味でのコミュニケーションが生じているのだ。こうした無言の交流もまた〈身散じ〉的受容の重要な一部をなしているように思われる。

コンビニで誰かが立ち読みをしている、その背後をすり抜けるとき。マンガ喫茶で、個室の壁越しに、隣の誰かの気配を感じているとき。あるいはカラオケで、廊下を歩きながら、ふと盛りあがっている別の部屋をのぞいたとき。そんなときに、〈身散じ〉のコミュニケーションが成立している。孤独なんだけれども、孤独ではない。自由なんだけれども、かすかにつなぎとめられてもいる。そんな身体レベルでの安心感が、ジャンクな消費装置のなかでひそかに醸成される。逆にいえばそんな安心をどこかで求めて、私たちは複製的な消費装置に引き寄せられるのかもしれない。

〈身散じ〉の記憶

コンビニ、モール、TSUTAYA、ラウンドワン、ブックオフ、等々。本書の目次にはこんな項目が並んでいる。だけどこれは考えてみればおかしな配列だ。コンビニやモールなど包括的な業態の呼称（それはさらにセブンイレブンやローソンなど個別の系列に下位分類できる）と、TSUTAYAやラウンドワンなど個別のチェーン名という、水準の違う言葉が平気で混在しているからだ。けれども私たちには、その水準の違いをとくに意識しないままに、こんな並び方をなだらかに了解できてしまえるところがある。そのこと自体が興味深いのだが、これはつまり私たちが、個別の消費空間のスケールやレイアウトや質感を、こういうジャンル名と店舗名が同列に並ぶようなかたちで身体化しており、あるいは逆に、その身体感覚にそくして空間を分類すると、こんな並び方になるということだ。

言い換えれば私たちは、個々の環境での〈身散じ〉の感触でもって、消費空

間を分類している。習慣化されたコンビニのめぐり方。TSUTAYAでのアフォーダンスの感覚。ブックオフで立ち読みをする他者との，身体レベルでの相互確認。そんな個々の〈身散じ〉の感触を私たちは記憶しており，店舗に入るまえから，そこに合わせて〈身散じ〉のチューニングを予期的にほどこすことができる。知らない旅先の街でコンビニを発見して安心したりするのも，こんな〈身散じ〉の記憶がかかわっているだろう。

5 ゾンビ目線の社会学

ゾンビ＝消費者

　それでは，複製的な消費装置が連なる「無印都市」が拡張しつつあり，それを〈身散じ〉的に受容する経験のモードが浸透してきているとして，その状況を，どんな立ち位置から語るべきなのだろうか。いったい誰の，どのような目線から「無印都市」の社会学は語られるべきなのだろうか。この点を考えるうえで参照したいのが，これもやや唐突だが，ジョージ・A.ロメロ監督による『ゾンビ』（*Dawn of the Dead*, 1978）に描かれるゾンビの姿と，それを映像化するロメロ本人の立ち位置である。

　あらすじはこうだ。アメリカ各地でとつぜん死体が復活し，つぎつぎと人間を襲いはじめる。テレビ局に勤務する男女カップルは，混乱をきわめる職場を捨てて，ヘリコプターで都市から脱出することを決意する。出発前に合流したSWAT隊員２人をくわえた四人がヘリコプターでたどり着いたさきが，巨大なショッピングモールであった。そこには周囲から引き寄せられたゾンビがうようよしていたが，物資が豊富であるため，事態がおさまるまでモール内に留まることを彼らは選択する。映画のなかでは，迫りくるゾンビとの闘いや，極限状態での四人の心理の変化，さらに外部からモールに侵入してくる武装した強盗団との攻防などが主題となるのだが，そのドラマの行方はここではどうでもよい。

　問題は，なぜゾンビはぞろぞろとモールに集まってきたのか，である。こんなセリフが男女のあいだに交わされる。「奴らは何をしているの？　なんでここにやってきたの？」「本能のようなものさ。記憶だよ。彼らがいつもやってい

I　無印都市のフィールドワーク

たことのね。彼らの生活で、ここは大事な場所だったんだ」。ゾンビは生前の行動パターンを反復する。ゾンビと化して、人間らしい思考力を失った段階でも、かつての習慣のままにモールに引き寄せられ、漫然と内部をうろついているのである。

　逆にいえば、日常的にモールをうろついている現代人は、そもそもゾンビのようなもの、生ける屍のようなものである、という批評的メッセージがここにはある。[*17] だがそれは「現代の大衆消費社会にたいする痛烈な批判」といった凡庸なメッセージではない。その証拠に、ロメロが描きだすゾンビの姿は妙にコミカルで、ときに切ない。ふらふらと危なっかしく通路をさまよい、何となくエスカレーターに乗ったかと思えば、途中でつまずいて転んでしまい、倒れた状態のまま上まで運ばれてしまう。あるいはフロアーを歩くうち、噴水のある池の柵に突きあたったかと思えば、そのまま柵を乗り越えてしまい、池のなかに落っこちてしまう。そんな情けなくもコミカルな様子が、軽妙なBGMのもとで描かれる。

　ここには、ゾンビにたいする意地悪で皮肉な視線はない。むしろ「しょうがないなぁ」といった愛にみちた視線がある。上からの批評ではなく同列の視線からの批評。アイロニーではなく、それはヒューモアの視線だ。

▧ ロメロ的なヒューモア

　アイロニーとヒューモアは異質な笑いである。[*18] アイロニーが、あるメタ化された視点から、対象を揶揄し、嘲笑する笑いであるのにたいして、ヒューモアは、与えられた条件にあくまで内在しながら、その緊張を解きほぐすような笑いである。アイロニーが対象の価値を否定するのにたいして、ヒューモアは対象の生をそのままのかたちで肯定する。アイロニーが、どこか聞く者に苦さを味わわせるとすれば、ヒューモアは聞く者にほっとする感じ、何かしら救われるような感じを与える。

　複製的な消費装置が蔓延する「無印都市」についても、私たちは、このロメロ的なヒューモアの態度をもって語れないだろうか。どこにでもあるジャンクな消費装置を〈身散じ〉的に享受している私たちは、ある意味でゾンビ的であるだろう。思考のスイッチを切って、漫然と習慣にまかせながら、店内をうろ

うろする姿。店内空間のアフォーダンスにまるっきり操作され，空間設計者の意図どおりに翻弄されるがままの姿。どこからともなく同じ場所に集まってきて，互いに意思疎通をはかるでもなく，それでいて何となくつかず離れず一緒に空間を共有している姿。

いや，そう考えると「無印都市」にぼんやり浸っている私たちは，まったくゾンビ的である。けれどもそれを悲観する必要はない。所与の条件の逃れがたさを，皮肉なかたちで自虐的に語る必要もない。ゾンビ的な生のそれなりの楽しさ，その意外な多様性と奥深さを，内側から，ゾンビ目線から肯定的に語ってみせればよい。それがたぶん，ロメロ的なヒューモアの社会学的な活かし方であるだろう。

＊

というわけで，あらためてゾンビ目線から社会学的に考えてみることにしよう。たとえば通りがかりのドラッグストアでの，何を買うでもない店内のぶらぶら歩き。学校帰りに友人たちと連れだって，カラオケやラウンドワンでの暇つぶし。いつも癖のように入ってしまう，駅前のTSUTAYAでのひとめぐり。あるいはちょっと遠出をして，ショッピングモールでうろうろ……。

〔註〕
* ＊1 なお「昔ながらの地元商店街」に"本物"をみるという見方自体，歴史的に相対化することができる。たとえば新雅史は，商店街という枠組みそのものが，1920年代に発明されたコンセプトであることを指摘している。商店街という形態は，増大した零細小売商を救済するため，協同組合や公設市場や百貨店という，同時代の最新の仕組みを参照してつくりだされた，じつに近代的な産物なのである。新雅史 2012『商店街はなぜ滅びるのか――社会・政治・経済史から探る再生の道』光文社。
* ＊2 ヴァルター・ベンヤミン［浅井健二郎編訳，久保哲司訳］1995「複製技術時代の芸術作品」『ベンヤミン・コレクション1　近代の意味』筑摩書房。
* ＊3 複製技術の登場によって，芸術の価値のあり方が「礼拝価値」から「展示価値」へと転換した，とベンヤミンはいう。これはつまり，唯一のオリジナル作品が，人びとの目から秘匿され，儀礼的礼拝の対象となることで価値をもつ芸術のあり方から，映画のようにそもそもオリジナルのない複製技術による作品が，多くの人びとに見られれば見られるほど価値をもつ芸術のあり方へ，という変化である。前者の例としては，たとえばアニメ『フランダースの犬』に出てくる，ルーベンスの祭壇画を思い浮かべてみればよい。ここには秘匿され，神々しいアウラを放つ芸術作品のあり方が典型的に示されているだ

ろう。他方，後者については，視聴率や観客動員数という数量で価値が決められるような，現代のコンテンツ産業の状況を考えてみればよい。それはありがたみを欠き，薄っぺらいといえば薄っぺらいかもしれないが，しかし，誰もが手軽にアクセスできる商品と化した複製的な芸術作品は，重苦しい伝統やらアウラやらから解放され，遊動性や身軽さを獲得したとみることもできる。複製技術を論ずるベンヤミンの強調点は後者のほうにある。

*4　「ジェネリック」という言葉には「一般的な」「包括的な」という意味合いと同時に「商標登録されていない」「ノーブランドの」という意味合いがある。「ジェネリック・シティ」をめぐるコールハース自身による議論については著書『S, M, L, XL』に所収の論考「ジェネリック・シティ」を参照。Office for Metropolitan Architecture, Rem Koolhaas and Bruce Mau 1997 *S, M, L, XL*, Benedikt Taschen Verlag. なお，コールハースの「ジェネリック・シティ」をめぐる議論をベンヤミンの複製技術論と重ねて読む視点は，建築家の岩元真明が詳細に展開している。岩元真明 2010「大都市的建築」東京大学建築学科難波和彦研究室『東京大学建築学科 難波研究室 活動全記録』角川学芸出版。

*5　コールハースは建築家の磯崎新との対談のなかで，彼が「ジェネリック・シティ」に認める凡庸性や無表情といった特徴は，彼自身の日本体験をヒントにしていると述べている。「そう，凡庸性，無表情，あるいは空虚。こういうコンセプトは実際，すべて僕の日本体験に負うところが大きい。この無表情さ，つまり何の特徴もない都市というのは，僕にとってはきわめて日本的なものなんだ」。レム・コールハース／磯崎新［太田佳代子訳］1996「アイデンティティ・ゼロの風景――ビッグネスそしてジェネリック・シティへ」『Inter Communication』17号，69頁。

*6　なお，本書の問題意識や，個別のトピックをあつかう論考を多数並べることで，共通主題を多面性のもとに浮かびあがらせようとする構成は，編者の近森を含む本書の執筆者の一部がかかわっている，遠藤知巳編 2010『フラット・カルチャー――現代日本の社会学』せりか書房から影響を受けている。興味のある向きはこちらも参照されたい。

*7　現代日本社会論の文脈で，1990年代後半に「郊外」をキーワードとした代表的論考として以下のものがある（2000年出版のものを含む）。小田光雄 1997『〈郊外〉の誕生と死』青弓社，宮台真司 1997『まぼろしの郊外――成熟社会を生きる若者たちの行方』朝日新聞社，三浦展 1999『「家族」と「幸福」の戦後史――郊外の夢と現実』講談社，若林幹夫・三浦展・山田昌弘・小田光雄・内田隆三 2000『「郊外」と現代社会』青弓社。

*8　三浦・前掲註*7。

*9　経済社会学者の松原隆一郎は，景観論の視点から，味気ない均質な郊外の道路沿いの光景には，現在の日本の景観の貧しさが典型的にあらわれているとして「失われた景観」の問題を論じている。松原隆一郎 2002『失われた景観――戦後日本が築いたもの』PHP研究所。また三浦展は，チェーンやフランチャイズの均質な消費環境の拡大によって，地域ごとの個性が喪失されてゆくプロセスを「ファスト風土化」と呼んだ。三浦展 2004『ファスト風土化する日本――郊外化とその病理』洋泉社。

*10　若林幹夫 2007『郊外の社会学――現在を生きる形』筑摩書房。

*11　東浩紀・北田暁大 2007『東京から考える――格差・郊外・ナショナリズム』日本放送出版協会。

*12　「郊外」の語義については以下の文献を参照。若林幹夫 2000「都市と郊外の社会学」三浦ほか・前掲註*7『「郊外」と現代社会』。

* 13 吉見俊哉 1987『都市のドラマトゥルギー――東京・盛り場の社会史』弘文堂。
* 14 北田暁大 2002『広告都市・東京――その誕生と死』廣済堂出版。
* 15 ベンヤミン・前掲註＊2。なお〈気散じ〉的受容については以下の文献を参照。北田暁大 2000『広告の誕生――近代メディア文化の歴史社会学』岩波書店。
* 16 この「身体の共在による安心感」という論点については，とある研究会での質疑応答で出された発言にヒントをえている（2012年3月3日開催「文化社会学研究会」での菊池哲彦による報告における質疑応答）。またネットカフェを論じた田中大介によるつぎの指摘も参照。「……複合カフェとは，他者と交流することなく，個室の壁や仕切りのスキマ，人びととのすれ違いを通じて他者の存在を――「他にも籠もっているひとがいる」という仕方で――触知できる場所なのである」。田中大介 2010「メディア都市の公共性」遠藤知巳編『フラット・カルチャー――現代日本の社会学』せりか書房。
* 17 映画『ゾンビ』に描かれる「ゾンビ＝消費者」という見方については，以下の文献でも言及されている。Crawford, Margaret 1992 "The World in a Shopping Mall", Michael Sorkin ed. *Variations on a Theme Park*, Hill and Wang. 速水健朗 2012『都市と消費とディズニーの夢――ショッピングモーライゼーションの時代』角川書店。
* 18 アイロニーとヒューモアの差異については以下の文献を参照。柄谷行人 1993『ヒューモアとしての唯物論』筑摩書房。南後由和 2006「笑う路上観察学会のまなざし――都市のリズム分析へ向けて」『10＋1』44号，108-119頁。

〔近森　高明〕

2 都市フィールドワークの方法と実践

1 社会学, フィールドワーク, どこにでもある日常空間

▒ センスや強い意志……

『無印都市の社会学——どこにでもある日常空間をフィールドワークする』という本書のタイトルを分解し，キーワードとして示すと，「無印都市」，「社会学」，「どこにでもある日常空間」，「フィールドワーク」，という四つの言葉になる。「無印都市」というオリジナルな言葉については，1章でくわしい説明がされている。のこるのは，「社会学」，「どこにでもある日常空間」，「フィールドワーク」，である。本章では，それらを使いながら「都市フィールドワークの方法と実践」について考えてみたい。

「社会学」は，何かしらはなやかな感じがする学問である。社会学者はテレビや雑誌で社会をあざやかにきっている。「格差社会」，「少子高齢化社会」，「生きづらい若者」などについての社会学的な説明は，見ていて「なるほど，そうなのか」という気にさせられる。そういうことが多いためか，社会学と聞くと，それを学ぶには秀でたセンスが必要だと思うかもしれない。また，「フィールドワーク」はとても力強い言葉である。知らない場所で過酷な体験をして何かを身につける，という印象をうける。それを行うには，強い意志が必要だと思うかもしれない。

センスや強い意志は，もちろん，あるにこしたことはない。が，多くの人は最初からそれらを持っているわけではない。それらよりも，まずは「どこにでもある日常空間」における違和感や，そのなかのものごとを不思議に思う気持ちを持っていたらいい。それさえ持っていれば，ほうっておいても，その先に，センスや強い意志はそなわってくるだろう。

とはいっても，日常空間において，違和感を持つ，不思議に思う気持ちを持つということは，いまの若者にとってなかなか難しいことのようである。なかなかというより，かなり，かもしれない。しかし，ほんとうにちょっとしたことで，つまり，毎日すごしている「日常空間」にほんの少しの注意をはらうようになることで，それらの感覚を身につけることはできる。

身近なところにある社会

社会学を学ぶ若者たちは，「社会問題にとりくむのが社会学だ」とか「社会に対して物申すのが社会学だ」と思っているふしがある。「格差」，「貧困」，「環境」などの社会問題について勉強したい，という学生は思いのほか多い。それらを学ぶのが社会学であるという考えは決して否定はしないが，社会学の対象は社会問題だけではない。社会問題を研究テーマにしようとする学生を見ていると，「本当の関心のようには見えないな」とか「少し無理しているんじゃないかな」と思うことがある。学生のほうにも「それをやっておけばいいんでしょ」というような雰囲気がある。なにか，社会が，また学ぶということが，その人自身とは別のところにあるような印象をうけるのである。そういう姿を見ると「社会はもっと身近なところにもあるのに」と思う。と同時に，私が学生の時に，ある先生がいわれた「自分自身を含まぬような一般論は，自分だけしか含まぬような一般論と同様に，わたしにはいつも無縁の存在である」という言葉を思い出す。

「現場百回」の情報収集

「今の大学生は，自宅，大学，バイト先の3地点をまわっているだけだ」とよくいわれる。それはやや非難的に「その外側に目を向けなさい」という言葉とセットで使われる。そういわれたとき，学生たちは思いつきのように，先に

あげた社会問題のことをいうのかもしれない。

「その外側に目を向けなさい」とはいわれるが、「その内側に目を向けなさい」とはほとんどいわれないだろう。しかし、その3地点の内側にもいろいろと興味・関心の対象となるものは存在しているはずである。毎日、コンビニやショッピングモールやTSUTAYAでぶらぶらする。たまに行くフリーマーケットや音楽フェスの会場でうろうろする。なかにはこれまでに100回くらい、いやそれ以上に行っているところもあるだろう。そういう場所については、あたりまえすぎて普段はほとんど何も考えないかもしれないが、実はそこには「！」や「？」があふれているのだ。

「現場百回」という言葉がある。警察の犯罪捜査の場などでいわれる格言であるが、現場に、何回も何回も足を運び、話を聞き、観察をすると、何かしらヒントが見つかる、という意味だ。考えてみれば、多くの人は、この本であつかっているコンビニやTSUTAYAなどには、これまで100回以上行っているだろう。大型家電量販店などには、100回とはいわないまでも何十回も足を運んでいるだろう。パチンコ店や寄席などは、はまっている人にとってはコンビニや大型家電量販店以上の存在だろう。それらの場所に行ったとき、これまであまり注意をはらっていなかったかもしれないが、目や耳にはいろいろな情報が入ってきていたはずである。そのとき、ほんの少しだけ敏感になって、注意をはらっていれば、かなりの情報が収集できただろう。なぜなら、間違いなく、そこに行っていた、そこにいた、からである。

2 「さらに広い使い方」としてのフィールドワーク

考現学とシカゴ学派社会学

都市のどこにでもある日常の現場に行く、現場にいる、そこになにげなくあふれている情報に敏感になり、それを収集する、ということでいえば、すぐに思い出されるのが考現学である。考現学とは考古学を意識してつけられた名称で、大正末期から昭和初期にかけての都市の「いま」をとらえようとした試みである。その生みの親である今和次郎は、関東大震災（1923年）後に、被災した人たちが創意工夫して建てたバラックをスケッチしてまわった。バラックに

人とモノの関係性を見たのであろう。今はその後，吉田謙吉とともに都市を歩き，社会の採集を行った。「東京銀座風俗記録」(1925年)では，銀座を歩く人を観察することで，男女それぞれの服装や持ち物など100以上の項目を調査した。その後も「本所深川貧民窟附近風俗採集」(1925年)や「東京郊外風俗採集」(1925年)を行い，人びとの普段の生活ぶりをとらえようとした。

現在の考現学的活動の第一人者である岡本信也は「考現学の特色は見て歩き，聞き書き採集にある。採集者が特定の場所に出かけ，生活や風俗を調べる。ちょうど考古学や民族学で試みるフィールドワークと同じような作業をする。……また，考現学におけるフィールドワークは学者や専門家が現地調査をするスタイルというより，ひとりの市民が街中を歩き，生活の実態を知り，採集するスタイルに近い。それは『調査』と呼ぶより，植物採集のような『採集』というやわらかい言葉がふさわしい」と説明している。[*1]

岡本がいうように，考現学の方法はフィールドワークと似ている。それは，「学問的な方法論にのっとったフィールドワーク」というよりも，「気負わずに自分にふさわしいやり方をとった結果そうなったフィールドワーク」というほうが適切だろう。だから，社会の「調査」というより「採集」というほうがふさわしい。さらにいうと，社会を「ひろう」ともいえるその軽やかさが，考現学の真骨頂のように思われる。

今と同じころ，アメリカにおいて1920年代の都市をひろおうとしたのが——もちろん，考現学とは違ったかたちではあるが——，いわゆるシカゴ学派社会学と呼ばれる人たちである。シカゴ大学は1892年に世界で最初に社会学部を設置した大学であり，1910年代に教授としてR.E. パーク (Robert Ezra Park) やE.W. バージェス (Ernest Watson Burgess) を迎えてから1920年代にかけてその黄金時代を迎えることになる。シカゴ学派社会学とは，そのころにシカゴ大学に所属し，フィールドスタディを行った研究者の総称である。

もともとはジャーナリストであったパークは，学生に対して「君たちは，これまで何度か，『図書館に行って本を漁って山のようなメモをとり，からだいっぱいにほこりをつけてくるように』といわれただろう。……でも，もうひとつどうしても必要なことがあるんだ。自分の目で見ることだよ。街に出ていってズボンの尻を『実際の』そして『本当の』調査でよごしてみなさい」とよくいっ

ていたそうである。私自身，若い時にこの言葉に出会って大いに勇気づけられたのだが，それはさておき，パークの情熱的な指導の下，学生たちはシカゴを対象とした実証的な研究を行った。人類学においていわゆる未開社会を対象として用いられていたフィールドワークという手法を，都市を対象にして用いたのがシカゴ学派社会学の大きな特徴のひとつであり，かれらはその成果をモノグラフとしてまとめた。[*2]

初期シカゴ学派社会学を代表するモノグラフのひとつに，P.G.クレッシー (Paul Goalby Cressey) の『タクシー・ダンスホール』(1932年) がある。タクシー・ダンスホールとは，「男性客のみを対象とする商業的大衆ダンス施設であり，そこでは女性ダンスパートナーを雇うことで社交ダンスの機会が与えられる。このパートナーの収入はチケット制ダンス方式による歩合制で支払われ，彼女たちを選択した客なら誰とでも，彼が支払った料金分だけの時間ダンスをすることになっている」施設のことをいう。[*3] つまり，タクシー・ダンスホールのタクシーという名称は，パートナーに時間制で料金をはらうところがタクシーに似ているところからつけられたものである。クレッシーは，シカゴという大都市のなかにあらわれた新風俗であるタクシー・ダンスホールという施設の意味，経営者の考え，そして客やダンサーの意味世界の解明を行った。

その際，彼は調査者と被調査者との関係として「匿名のストレンジャー」という立場を意識した。匿名のストレンジャーというのは，ダンスホールにおける客のような，顔見知りといった程度で，お互いに名前もいわない関係のことを指している。その立場は，被調査者の身上や主観的世界観をとらえる際に大いに役立つ。そういう関係のほうが「聞きやすい」し，相手も「話しやすい」のである。知っている関係だから聞けない，話せない，ということは思いのほか多く，名前も知らない顔見知りくらいの関係のほうが，お互いに楽なのである。クレッシーは，いい意味でそういう軽い関係に，調査法としての意味を見出したのであるが，このことは，現在でも同じようにいえるだろう。また「対象やテーマによって方法が決まってくる」という点においても，現在とまったく同じである。

▓ 社会の皮膚としての風俗

　考現学，シカゴ学派に共通するのは，哲学者の戸坂潤がいった「風俗は社会の皮膚である」という考え方であろう。「○○さん，顔色，少し悪いね。体調，どうなの」というような会話がよくされるが，それは顔色（皮膚）から体調をとらえようとしている。同じように，表面的なことやものと思われがちである風俗を見る／ひろうことでその社会の深層がとらえられる，という考え方である。

　都市を歩く，感じる，見る，聞く，ひろう，そのことによって都市の深層をとらえる，という感覚は，なにも1920年代だけにかぎったものではない。もちろん，1920年代は日本においてもアメリカにおいても急速な都市化が進み，歩きがい，感じがいは格段にあったのだろうが，都市の記述がさかんだった1920年代から100年ちかくたったいまの都市をとらえることも，とてもおもしろいことではないだろうか。多くの人は都市の風景・風俗にあたりまえに接している。あたりまえだからこそ，そのおもしろさには気がつかないのかもしれないが，一度そのおもしろさに気がつくと，一気にのめり込んでいくだろう。

　どこにでもある日常の舞台である都市において，違和感を持つ，不思議に思う気持ちを持つ，ということを理解するために，考現学とシカゴ学派社会学をあげた。考現学もシカゴ学派社会学も都市フィールドワークの例としてよく紹介されるが，フィールドワークという言葉は，いろいろな場面，いろいろなレベルで使われる言葉である。また，それを使う側も，自意識を持って使う場合，持たずに使う場合，自覚的に使う場合，無自覚に使う場合など，さまざまである。わかったようなわからないような不思議な言葉といえるだろう。

　上で述べたように，フィールドワークという言葉は，もともとは人類学で用いられてきた言葉である。そして社会学などにおいても用いられるようになった。「対象となる現象が生じている現地において，データを蒐集する過程をいう。一般には，文字のかたちにあらわされていない諸データの感受と記述の作成過程が主としてイメージされるが，文書化されたデータの収集分析を含まないということではまったくない」[*4]と定義されている。また，それよりやや広く，教育学や心理学，さらにはメディア論など人文・社会科学における質的な調査を指して使われることもある。

さらに広い使われ方として，学生がレポート作成の必要にせまられて街歩きをする場合などにも使われる。調査法などほとんど知らずに街をぶらぶらし，そのことを「フィールドワークをした」というような使い方である。あまいといえばこれほどあまい使い方はない。使う側の自意識や自覚，そして言葉の定義も何もあったものではないが，本書ではそこに積極的な意味を見出したい。研究者でなくても，それこそ，ごく普通の大学生——人類学や社会学専攻でさえなくてもいい——であっても，何らかの興味や関心があれば，つまりテーマや対象があれば，それで十分に行えるフィールドワークを尊重して，本書ではこの「さらに広い」使い方をしたい。それは，案外，考現学やシカゴ学派社会学に通じるようにも思われる。

3 若者のフィールドワーク実践

「結婚式教会」フィールドワーク

　ここで，さらに広い使い方としてのフィールドワークの例として，私が10年ほど前にある地方の大学に勤めていたときに授業で接した学生のことを紹介したい。いわゆる「結婚式教会」が自分の住む街にできたことをきっかけにしてフィールドワークを行った女子学生の話である。その授業は，コミュニケーション学科2年生後期の社会調査系の授業であり，私は「街の中で自分の興味があるものを見つけ，それに関する問いを立て，実証的にそのことを解明しなさい」という課題を出した。

　課題を聞いたその学生は「先生，駅前に教会ができたのを知ってますか。とてもかわいい教会なんですよ。私，あそこで結婚式をあげたいと思うんです。で，その教会についてとか，結婚式についてのことを調べようと思うんですが，いいですか」とたずねてきた。私は「自分がおもしろいと思うものについてとことん調べる，とことん考える，ということをしてもらいたいから，対象は何でもいいです。調査の方法についても，どういうものでもいいです。自分のズボンのお尻を汚すような調査をしてください」とこたえておいた。

　1週間後の授業で，その学生は私に「先生，ジューンブライドっていうじゃないですか。私も6月の花嫁さんにあこがれます。あの教会も6月に結婚式を

あげる人が多いんでしょうか」と聞いてきた。それに対して「そうかもしれないし，そうじゃないかもしれないね。そのことをすぐに結婚式場に聞きに行くのはおもしろくないですね。その前に考えられることは考えて，自分の意見を持ってから教会に話を聞きに行ったらいいと思いますよ」というと，それからその学生は週末ごとに教会に足をはこんで，結婚式があるのかどうか自分の目で確かめるようになった。

　1ヶ月後，彼女は「先生，教会に行って式があるのかないのか見るのは，とても楽しいです。あれ，週末なのに今日は式がないなって思ったら，その日は仏滅だったりして。そういう発見も楽しいんですが，先生，私，重要なことに気がついたんです。あの教会で結婚式が6月に多いかどうかを確かめるには，1年とおして教会に行かないといけませんよね。この授業，後期だけの授業だから，10月から1月までしか見に行くことできません。どうしたらいいですか」と聞いてきた。私は「それもそうだな」と思ったが，「自分で考えてみてください」という返事をした。

　すると，彼女は知恵を絞った。その県の地元新聞に週に一度「私たち結婚しました」と題してカップルの名前が載る欄があることに気づき，過去1年分のその欄を見て，各月に載っているカップル数を出すということをやったのだ。その結果を持って，「先生，見てみて。5月6月あたりと，10月11月あたりが多いです。6月がとびぬけて多いということはなかったけど，多い月ではあるようです。足し算をしていて，わくわくしました」と興奮しながら報告をしてくれた。つづけて「足し算の結果を見て，もうひとつ知りたいことができたんです。離婚は何月が多いんでしょうか」と聞いてきた。それには「また調べてみたらどうでしょう。でも，たぶん，私たち離婚しました欄は新聞にはないと思いますよ」という返事をしておいた。

　彼女はまたいろいろと考えたようだ。彼女が出した結論は，その県にある三つの大きな市の市役所に電話をして聞いてみるということであった。電話をして，市の統計として出している数字を教えてもらったようで，それを足し算してきて持ってきた。

　「先生，離婚が多い月が二つありました。わかりますか。12月と3月です。なるほどなぁ。年末とか年度末とかできりをつけたいんだなぁと思いました。

あともうひとつ発見があって，その二つの月とほかの多くの月とのちょうど中間くらいになる月がふたつあるんです。わかりますか。1月と4月なんです。これもなるほどなぁと思いました。たぶん，話し合いがちょっとのびちゃったんですね」。このころから，彼女はとてもいいことを言うようになってきた。

　この調査をしてから，彼女は当初の目的である「この教会では6月に結婚式は多いのか」を実際に教会に聞きに行った。もっとも「5月6月，10月11月に多いと思うんですが，実際はどうですか。もし多いとしたら，それはなぜなんでしょうか。私はジューンブライドといわれる6月とかクリスマスがある12月とかバレンタインデイのある2月がいいと思うんですが」という質問に変わっていたのだが。

　彼女の質問に対して，教会の人がいいこたえをしてくれた。「あなた，まえに週末ごとに教会のまわりをうろうろしていた学生さんね。このところちょっと来ていなかったから心配していたのよ。なるほど，そういうことだったの。おもしろいことを考えたわね。結論からいうとね，この教会でも5月6月や10月11月が多いわ。そして，あなたを含めた若い人たちが6月とか12月とか2月とかに結婚式をあげたいのもよくわかるわ。でもね，あなたたちよりももう少しお姉さんになるとね，考えがちょっとかわってくるようなの。もちろん，5月や6月の梅雨入り前の時期，そして10月や11月はお天気になることが多いから，ご家族やお友だちに来てもらうときにいいということもあるわね。でもね，それだけではないようなの。クリスマスのある12月とかバレンタインデイのある2月とかは恋人たちみんなにとっての特別な月なので当然それも大切にして，くわえてそういう特別な月ではない5月や6月や10月や11月にふたりだけの記念日があってそれも大切にする，というのもいいようなのよ」と。その話を聞いて彼女も納得して帰ってきた。

　「先生，あの教会の人はこういう話をしてくれました。それを聞いて，またなるほどなぁって思いました。駅前に結婚式専門の教会ができてから，私，いろいろ見て，いろいろ調べて，いろいろ考えて，いろいろ話を聞いて，おもしろかったです。あの教会ができたからそういうことをしたわけで，そう考えると，あの教会は私たち女子に結婚のことを想像させるようにする建物かもしれませんね」といった。それもとてもいい言葉であった。この例は，本書でいう

意味において，優れたフィールドワークだといえるだろう。

「ラブホテル」フィールドワークと「ダンボールハウス」フィールドワーク

　他にも若者が行った都市フィールドワークの例をあげてみよう。
　『ラブホテル進化論』という本がある。著者の金益見は人文学部に所属した大学生のときに，電車のなかで見かけたある中刷り広告の「ラブホ特集！」という文字に赤面したそうである。まわりの友人も同じような反応だったのだが，後輩はそうではないことがわかったことから，「ちょうど私たちの年代で，ラブホテルの価値観がガラリと変わったんだ」ということに気がつき，それから一気にラブホ研究にはまっていった。夏休みに図書館に通いつめ，資料集めに没頭した。そうして書き上げた卒業論文はまわりからは高く評価された。しかし，ただひとり「つまらなかった」といった人がいた。それは，ラブホテルも含んだ「愛の空間」の研究を金より先に行った研究者であり，金は「君の卒論，私の書いたものをまとめただけでつまらなかったけど，大学院に進めてよかったね」との言葉をかけられた。その言葉に対して，金は「私のやっていたことは，研究ではなく，資料集めと，資料整理だったのだ」と思い，自信を喪失したそうである。

　だが，そこでおわらなかったのが金のいいところである。彼女は，大学院では「資料集めや資料整理ではない，自分だけのオリジナルなやり方を見つけたい」と考え，試行錯誤をしながら，研究を進めていった。そうすると，金のまじめさ，熱心さに，多くの人が力を貸してくれた。話をしてくれたり，人を紹介してくれたり，その人がまた別の人を紹介してくれたりした。同時に，金は数多くのラブホテルにも足を運んだ。まさにフィールドワークである。「方法論としてのフィールドワーク」をどうこういっているような大学院生には決してまねのできない，力強いフィールドワークを行ったといえるだろう。その結果が，『ラブホテル進化論』である。

　もうひとつ，「ダンボールハウス」についてのフィールドワークを紹介したい。これは，工学部建築学科の学生だった長嶋千聡が行った調査研究である。長嶋は3年かけて名古屋市内の公園にあるダンボールハウスを調べあげた。ダンボールハウスとはホームレスの人たちが暮らす小屋のことである。挨拶し，

定期的に顔をだし，親しくなってから「お宅訪問」の許可をもらい，お邪魔をし，その上で家主に調査の許可をもらう，という礼儀正しく手順を踏んだダンボールハウス観察を続けるうち，長嶋はホームレスの人たちと親しくなった。その結果，見えてきたのは，建築物としてのダンボールハウスの特徴だけではなかった。そこに住む人たちの営みも見えてきたのである。

カウンターバー的な「談笑スペース」で仲間と集うことのできる物件。1日あたり300円という，およそ発泡酒2本分の金額の賃貸アパート式の物件。さらに快適な暮らしへの欲求からリフォームをした物件。「人間，寝床からはじまって，だんだんと贅沢になっていく」と語るおじさん。「現金が入ったらまずネコのエサを買い，残った分で自分の食糧を買う」と語るおじさん。ここからはホームレスの社会の特殊性ではなく，ある意味，一般社会とそれほど変わらない風景が見えてくる。長嶋のフィールドワークをまとめた本である『ダンボールハウス』は建築構造だけでなく生活構造もとらえており，その帯に書かれた「人の数だけ，家がある」という言葉には，深く納得させられる。[*6]

ところで，大学生などが何気ない街の風景を対象にして何らかのフィールドワークをした場合，おうおうにして，ただ歩いただけ，ただ見ただけ，ただ聞いただけ，そしてレポートではそれをただ書いただけ，となってしまう。せっかくいいことをひろってきていても，それに気がつかず，「ただ○○しただけ」におわってしまう。先に「ごく普通の大学生——人類学や社会学専攻でさえなくてもいい——であっても，何らかの興味や関心があれば……それで十分に行えるフィールドワークを尊重」したいと書いたが，「ただ○○しただけ」では尊重したくてもしきれないところがある。上で紹介した人たちは，「ただ○○しただけ」にはなっていない。そのフィールドワークには深さがあり，発展がある。かれらがやったことは一見簡単なことのように見えるが，実はそうではなく，誰にもまねできないその人独自のものとなっている。「ただ○○しただけ」とは，いったい何がちがうのだろうか。

4 都市フィールドワークと情報の生産

自分の考えを生み出し，人に伝える

「ただ○○しただけ」におわってしまうということは，以前から問題にされていた。いまから40年以上前に梅棹忠夫が『知的生産の技術』で指摘した「情報の生産」の問題である。梅棹は情報化社会の入り口に立って，「今日では，情報の検索，処理，生産，展開についての技術が，個人の基礎的素養として，たいせつになりつつあるのではないか」，「情報の生産者」は「情報を得て，整理し，かんがえ，結論をだし，他人にそれを伝達し，行動する」，といった[*7]。情報の生産・展開まで行わないとただの情報の検索・処理だけに終わってしまうということだが，これはいわゆるコンピュータデータだけに限らない話だろう。

梅棹自身も日本国内外をかけめぐったフィールドワーカーであったが，その言葉は，本書であつかうような街の風景，どこにでもある日常空間のフィールドワークにおいてもあてはまる話である。情報の生産者は，「情報を得る」ことと，「かんがえ，結論をだし，他人にそれを伝達し，行動する」ことの間に，「整理」を行わなければならない。情報の整理とは，自分が得た情報を相対化することでもあるが，そのためには他の情報の入手が必要になる。それをすることで，情報の生産・展開ができるのである。

先にあげた結婚式教会，ラブホテル，ダンボールハウスの例でも，整理をすることによって一気にフィールドワークが深くなり発展した。結婚式教会研究は，結婚の多い月や離婚の多い月を調べることで，結婚や結婚式についての意識が高まった。その上で教会に話を聞きに行ったから，興味深い話を聞くことができたのである。ラブホテル研究は，文献調査をしっかりしたからこそ後のフィールドワークに厚みが出た。ダンボールハウス研究は，まずはホームレスの人たちと親しくなり日常的にいろいろな話を聞いたからこそ，いい調査ができたのである。他の情報の入手によって自分の収集した情報を整理するという作業は，フィールドワークの前に行うのが正当といえるのだろうが，同時並行的に行ってもかまわない。時と場合によっては後から行うこともあるだろう。

I 無印都市のフィールドワーク

　他の情報には，先行研究といわれるものも含まれるだろう。その入手は，いまでは方法を知ってさえいれば，簡単にできる。しかし，その方法を知らない人も多い。これは，コンピュータデータ的な意味における情報の検索・処理の問題である。先行研究の入手の方法については本章の後にコラムとして説明されているが，なによりもそれをただ検索しただけ，ただ処理しただけに終わらせないことが大切である。

　フィールドワークをして得た情報を，先行研究などの他の情報によって整理したのちは，自らの情報の生産・展開へと向かってほしい。自分の考えを生み出し，それを人に伝える。これが一番難しいのだが，一番楽しいはずである。

ズボンの尻を汚す

　ここまで都市フィールドワークの説明をしながら情報の生産の例をいくつか示してきたが，どれもほんのさわりだけであるし，数も少ない。以下の各章は，ある意味，都市フィールドワークの模範演技となっている。各章のテーマは，担当者の学問的な専門分野ではない場合が多い。担当者にとっては「関心はあったが，それについて書いたことはない。少々不安だなぁ」という感じであったろう。そう考えると，模範演技といっても，読者と条件はそう大きく違わないかもしれない。逆にいうと，そのことによって読者の参考になることはとても多いと思われる。

　コンビニ，大型家電量販店，フランフラン，ショッピングモール，パーキングエリア，マンガ喫茶，パチンコ店，ラーメン屋，TSUTAYA／ブックオフ，フリーマーケット，音楽フェス，アートフェスティバル，自転車，フィットネスクラブ，都市近郊の海浜ゾーン，寺社巡礼，パワースポット，寄席という18の模範演技を見たうえで，街に出て行って，ズボンの尻を汚してほしい。

〔註〕
*　1　岡本信也 1997「考現学の方法とその発展」『講座生活学2　生活学の方法』光生館, 114頁.
*　2　シカゴ学派社会学については, 宝月誠・中野正大編 1997『シカゴ社会学の研究』恒星社厚生閣, 中野正大・宝月誠編 2003『シカゴ学派の社会学』世界思想社, などで詳しい説明がされている。また, いわゆるシカゴモノグラフの翻訳としては, N.S.ハイナー［田嶋淳子訳］1997『ホテル・ライフ』ハーベスト社, H.W.ゾーボー［吉原直樹ほか訳］

1997『ゴールド・コーストとスラム』ハーベスト社，N. アンダーソン［広田康生訳］1999-2000『ホーボー（上・下）』ハーベスト社，W. F. ホワイト［奥田道大ほか訳］2000『ストリート・コーナー・ソサエティ』有斐閣，などがある。あわせて参照してほしい。

* 3　寺岡伸悟 1997「タクシー・ダンスホールの魅力」前掲註＊2『シカゴ社会学の研究』，413頁。
* 4　『社会学事典』（弘文堂，1988年）の「フィールドワーク」項目から（執筆は佐藤健二）。
* 5　金益見 2008『ラブホテル進化論』文藝春秋。
* 6　長嶋千聡 2005『ダンボールハウス』ポプラ社。
* 7　梅棹忠夫 1969『知的生産の技術』岩波書店，12頁，14頁。

〔工藤　保則〕

Column 1　資料収集方法

宝探しに出かけよう！

　資料収集は宝探しに似ている。
　たとえば資料の宝庫「図書館」。図書館に行って本の海に溺れてみるのもいい。先人の残したありとあらゆる知識の波間を泳いでみると，言葉や思考の過程に浸る気持ちよさに出逢えるかもしれない。
　お目当ての本が見つかれば，本に記載されている「参考文献」や「註」に書かれた本を探してみよう。その本が出来上がるまでの軌跡をたどっていくのもまたおもしろい。
　自宅にいても宝探しはできる。
　「アマゾン」に行ってみるのもいいだろう。パソコンの電源を入れて，インターネットの検索画面を出す。amazon.comというサイトには，たくさんの本の情報が載っている。ここでは，その本を読んだ人の感想（つまり先に冒険に出かけた人の記録）を読むこともできる。
　自分のなかの発想やイメージを変えるだけで，「やらされている資料探し」が「おもしろい資料探し」に変わる。せっかくやるのだから，やらされているだけではもったいない。研究において「おもしろがること」は，心の最大の武器になる。

　ここでは，図書館を歩いているだけでは見つかりにくいお宝本やお宝論文にたどりつくための，「宝の地図」の入手方法を紹介したい。大学の図書館を最大限に利用することによってできる魔法のような方法なので，ぜひ活用してほしい。
　まず，調べたい言葉の意味を知りたいときは「ジャパンナレッジプラス(JapanKnowledge+)」を使ってみよう。有料データベースなので自宅からはアクセスできないが，大学図書館や地域の大きな図書館では契約しているところが多い。
　ジャパンナレッジプラスとは，百科事典をはじめとする，辞書・事典を中心に構築された最大の知識データベースで，「知りたいこと」にいち早く到達できる。日本語や歴史を深く掘り下げて知識を得られる辞典から，英語だけにとどまらない各外国語辞書や東洋文庫などの叢書まで，あらゆる項目の一括検索が可能で，自身の背の丈を超えるくらい山積みにされた辞書を一気に調べられるデータベースである。

　調べたいことの語句の意味がわかれば，つぎはそのキーワードを使って論文検索してみよう。
　論文を検索するときに便利なのが「サイニィ(CiNii)」。
　サイニィは，論文や図書・雑誌などの学術情報を検索できるデータベースで，誰でも

無料で利用できる。キーワードで検索すると，それについて書かれた論文，その論文を所蔵している図書館の情報などが出てくる。また論文によっては，画面上で無料で読めるものもあるので，とても便利なデータベースだ。

また書籍の検索でユニークなのは「ウェブキャットプラス(Webcat Plus)」。

ウェブキャットプラスは，国立情報学研究所(NII)が提供する無料の情報サービスで，江戸期前から現代までに出版された膨大な書物を対象に，縦横無尽に検索できる。

おもしろいのが「連想検索」で，文書と文書の言葉の重なり具合をもとに1000万冊以上の膨大な本のなかからテーマに沿った本を探し出せる。つまり，使われている言葉の集まりを手がかりにした本の仲間探しができるのだ。

また，文章から連想検索することも可能で，文章を丸ごと質問文として検索を始めることができる。「ウィキペディアからの連想」という方法もあり，適当な文章が思い浮かばないときは，他のウェブサイトから気になる文章をコピー＆ペーストして本を探すこともできる。意外な本が見つかるチャンスが満載のデータベースだ。

最後に「新聞検索」。

かつての研究者たちは新聞に掲載された記事を調べるとき，一枚一枚めくるという方法しかなかった。それが現在では，新聞社各社が過去の記事をデータベース化しており，キーワードや年月日で検索できるという，まさに時間短縮の魔法が使える時代になった。

新聞検索も有料のものがほとんどだが，大学図書館では，図書館からの端末のみという形で新聞検索できるようになっている（契約している新聞社は大学によって異なる）。各新聞社のデータベース名を羅列するので，使い方は図書館の職員さんにたずねてみよう。

「聞蔵Ⅱビジュアル（朝日新聞）」，「日経テレコン21（日本経済新聞）」，「ヨミダス歴史館（読売新聞）」，「毎日ニュースパック（毎日新聞）」etc.

以上が大学図書館が主に契約している有料のデータベースである。他に「Mainichi Interactive」，「日経Goo」，「Japan Times」，「exciteニュース」など，過去1ヶ月分や1年分の記事なら無料検索できるものもある。

データベースは，そこに記憶された知の集積を自由に探索できる魔法の道具だ。

現代に生きる私たちは，自分のなかに芽生えた好奇心をどこまでも深めていくための宝の地図を簡単に手に入れることができる。

自分の興味に合わせて書棚を作る感覚で，さまざまなデータベースをぜひ活用してみてほしい。

見つけ出した本や論文は，きっとあなたの強力な仲間になってくれるだろう。

〔金　益見〕

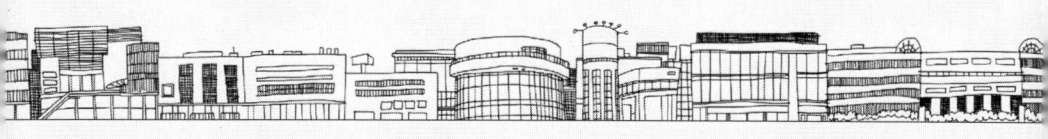

II

無印都市の消費空間

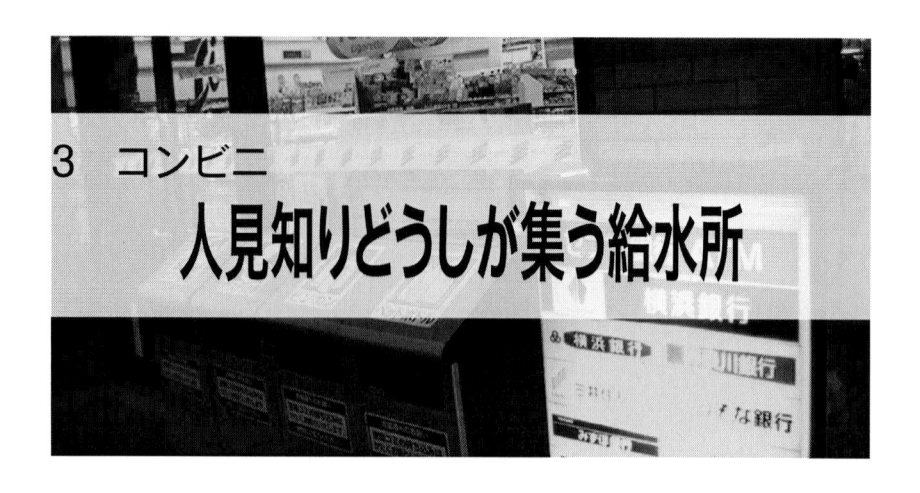

3 コンビニ
人見知りどうしが集う給水所

いざ，深夜のコンビニへ

｜「24時間丸見え」の「光る箱」

　あなたがコンビニに行かない方のヒトなら，一度，深夜のコンビニに出かけてみてほしい。「え？　こんな夜中に？」というにぎわいを見せるときもあるし，客が不在で，店員がヒマそうなときもある。

　わたしの場合，単なるコンビニ好きを超え，店や時間帯を変えながら，1回につき7, 8時間ずつ，10mほど離れた店舗外から，集中的にコンビニ・ウォッチングしていた時期がある。

　探偵ドラマの張り込みのようであるが，これもフィールドワークの一形態だ。他の観察対象と違って，幸運なことにコンビニは，ガラスばりの透明な箱であり，夜中でも煌々と照明をつけているため，四方のうち三方までは，店内のヒトやモノの動きが丸見えである。一方向だけが死角になっていて，商品のバックヤードやトイレ，店員の休憩スペース向けに隠されている。ちなみに，このバックヤードに身を隠した店員からは，商品のすきま越しに，店内の様子がよく見えるそうだ。その様子は，コンビニバイト経験のあるミュージシャン，チャットモンチー『コンビニエンス・ハネムーン』(2012年) のPVでも，たくみに描かれている。

この「24時間丸見え」の「光る箱」状態は，コンビニ最大の都市景観的特徴といえる。夜店の屋台やキオスク以上に「むき出し」のオープンスペースでありつつ，安全・衛生・冷暖房面では，かっちり閉じた「箱」なのだ。

▩ コンビニにおける購買・接客行動

張り込みフィールドワークから見えてくる，コンビニ店員と客とのやりとりには，従来の商店街やスーパーのそれと違って，いくつかの特徴がある。たとえば，つぎのような購買・接客行動の法則に代表されるだろう。

① コンビニ店員は，常連（得意）客と一見（初めての）客を差別しない。
② コンビニ店員は，長居客の冷やかしは許容してくれるが，なれなれしい饒舌客との接客は嫌がる。
③ コンビニ客は，家族連れもカップルも店内で別れ，一人ずつでレジに向かう。
④ コンビニ客のうち，購買対象を絞りこめず，選択に迷う客ほど，多くの金を使う。

この法則はローソンでもファミマでもセブンでも共通だし，店主や店員，客たちの個性や人格，気分，状況に左右されることなく，ある種，どのコンビニにもあてはまる普遍法則である。すなわち，コンビニは，ひとつのオートマチックなシステムであり，誰しも一歩踏み入れば，否応なく，ある特定のパターンにはまった適応行動を強いられる，一種特別な磁場であることがわかる。

💻 商店街 vs スーパーのはざまで

▩ コンビニ登場以前の闇

コンビニの国内総店舗数は2012年内に5万店の大台に達し，なお増加中。くわえて約6万店が海外展開して，世界主要都市の街角を「日本ふう」に染めている。日本中の警察署・交番・派出所を合計しても1万4000（毎年減少中）だから，コンビニの数は，その4倍に近い。国内の神社と寺院の数がそれぞれ約8万法人とされるから，数的に見てコンビニは，寺社に拮抗しつつある。

その市場規模は8.6兆円で，百貨店（6.1兆円）と，スーパー（12.7兆円）の

中間。1日の売上金額は，全国平均で50万円前後の店舗が多いようだ(業界トップのセブンイレブンで，1日平均67万円)。

　あなたは「コンビニ登場以前の闇」を覚えているだろうか。通りごとに「光るガラスの箱」が24時間点灯する以前，中核都市といえども深夜早朝の闇は深く，盆や正月など，ゴーストタウンのように，通り全体が真っ暗だった。

　1970～80年代の商業は，地元商店街vs大型スーパーが，大きな対立軸であった。両者は小vs大という対立以外にも，個人(家族)経営vs企業経営，ローカルvsナショナル，単一ジャンルvs全ジャンル網羅といった，明確な二項対立図式をもっていた。この時点で，まだコンビニは二項対立の左右どちらでもなく，中途半端でちっぽけな存在として問題にされていなかった(二項対立からは，あらかじめ排除された「第三項」だった)。

　コンビニ登場以前の闇について，わたしの個人的体験から光をあててみたい。バブルがはじけかけた1990年代初頭，わたしは都市計画に携わっていた。

「漁夫の利」を得たコンビニ

　わたしの都市計画ワークは，一も二もなく現地に行き，路上観察(張り込み)し，当事者へのヒアリング(聞き込み)することだった。都市計画家デビューした最初の調査地は，旧住民(農家)と新住民(団地居住者)，地元商店街(公設市場)店主と大学生(通学・来街者)が同居する，大阪のとある学生街。

　この街には，複雑な対立があった。住民は地元商店に満足せず，ときに魅力的な新商品を求めて遠方のスーパーへ出かける。地元商店主は，売上の長期低迷によるジリ貧と，高齢化による若い働き手(後継者)不足に悩みつつも，自己負担の大きい商店街再開発には大反対。住民と商店主は微妙な距離と緊張を保ちつつも，そろって「ヨソモノ」学生を敵視。学生の側は，「自分たちに釣り合う店がない」と，街を素通り。店主側は「学生をアルバイトに雇っても万引きするだけ」と，八方ふさがりにディスコミュニケーションの隙間風が吹いていた。こうした対立図式は，当時の地方都市の縮図だった。

　実は，こうした相克，とくに商店街vsスーパーの対立の中で，いわば「漁夫の利」を得たかたちで躍進したのが，コンビニだったのだ。

「魔法の箱」と，コミュニティの変容

斜めの視線，第三者の視線

　ある日，街の分裂状態は，いきなり1軒のコンビニ登場によって変化した。小規模店とはいえ，CMで見たばかりの新商品が並び，客を惹きつける。旧商店主の代表で，地元の常連客だけ大切にして，フリの客なんて無視していた，プライドの高い酒屋がついに業種転換し，あれほど忌み嫌っていた学生アルバイトを雇って，見知らぬ一見客も優遇するコンビニに変身することで，新旧住民だけでなく，大学生さえも出入りするようになる。もちろん，コンビニが一軒できたくらいで，街全体の対立軸は消えないし，それぞれが抱えた本質的矛盾は解決しない。ただ少なくとも，立場の違いや対立を宙吊りにし，問題を先送りにしながらも，表面上には街にひとつの風穴があき，光り輝く透明な一本の，コミュニケーション・チャネルができたのだ。

　まさに「魔法の箱」！　このコンビニ・マジックの「魔法のタネ」とは，何なのか。

　第一は，「視線」をめぐる他者とのコミュニケーション上の命題。「コンビニとは，人見知りの他者（異人）どうしが出会い，視線を交わすことなく社交するための翻訳装置である」というもの。

　街の聞き込みで，「商店街の短所」を客にたずねると，客の年齢層が若くなるほど，対面販売のストレスをあげる。「店先で見てるだけなのに，店主につかまり，話しかけられると購買意欲をなくし，欲しくもないモノをすすめられる。八百屋でネギ1本を欲しくても100円だけ置いてくるわけにいかず，不要のダイコンやニンジンまで，ついでに買わされる。その押しに弱いところを，向かいの肉屋に見つかると，さらにつかまって豚肉まで買わされ，そこの市場そのものに二度と行くのがイヤになる！」という声などが，典型的なケースだ。ちなみに，デパートもまた，「店員が押しつけがましく話しかけてくる」点で，客の奪い合いをする，さびれかけの商店街同様，若者たちに敬遠されている。たとえ昔気質の店員が「家族的に」接客しても，まさに若者たちは家庭内における家族どうしの団らんや会話さえ，大の苦手として，避ける傾向にあるから

Ⅱ　無印都市の消費空間

だ。[*1]

　とくに流行っている商店主（家庭なら，子どもと相性のいい親）なら，対面時の会話内容も楽しいが，流行らない商店主（子どもに嫌われる親）ほど，声をかけて自分の店（テリトリー）に引っ張り込もうとして，客（子ども）の奪い合いが起きる。ギラついた店主たちの視線がからみついてくる前で，「今日は見てるだけ」と，視線を避けて素通りするわけにいかず，若い客たちはバッサリと商店街全体を避けるようになる。

　しかも若者に限らず，少子高齢化時代の日本人は，人見知りの傾向が強まっている。老いも若きもおしなべて「視線」の力が脆弱になりつつあり，初対面の相手はもちろん，家族やご近所の知り合いであっても「目と目を直視して，一対一で正面から対話する」コミュニケーションが苦手になりつつある。そういう相手とは，ちょうどコンビニでの接客のように，互いに視線をはずし，スイっとすり抜けながら，斜めにコミュニケーションしたいのが本音だ。コンビニでは，一応，客と客，客と店員どうしの視線のやりとりはナマのふれあいをともなって行われるため，つかのま孤独を癒すこともできる。

　深夜の孤独に耐えかね，部屋着の上に一枚はおったラフな格好で，まずは外側から「光る箱」の中で立ち読みしている人や，ゴミ出しのために出入りする店員を遠巻きに眺めるのも一興だし，一歩ふみこんで自分自身が立ち読み客となって，外の通行人の視線を感じるのも一興。店内をグルグル回って新商品チェックし，さんざん冷やかしただけで，店を後にするのも一興だ。そこには，ささやかな視線の交通がある。

　コンビニは，互いの視線を半ば逃がしつつ，見る×見られる関係を「一対一の対面の呪縛」から解き放って，「一対多」という，つねに第三者が介在する，斜めの関係へと導いてくれる。逃げ場のない正面からの「対話原理」でなく，客と店員と他の誰か（客でも通行人でもいい第三の審判役）の3人以上が介在する場では，グーチョキパーの「三すくみの原理」が成り立ち，勝っても負けてもアイコでも，気がまぎれるのだ。[*2]

　ファストフードやファミレス同様，コンビニにおける接客では，初めて来店した「フリの客」「一見（いちげん）」客でも，毎日やってくる常連客でも，判で押したようにマニュアル化されているため，人見知りの客も，経験不足の店員も，互い

にストレスなく接客できる利点がある。「毎日来店していながら、いつでも初対面」のような他人行儀の接客こそ、実は、現代っ子どうしの客と店員、お互いが望んでいるコミュニケーションなのだ。おそらく業種転換したばかりの酒屋の店主には、その「魔法のタネ」は不思議に感じられるだろうが、1ヶ月もすれば、「他人行儀だからこそ、客が出入りしやすく、買い物をしやすいのだ」という逆説的な真理に気づくだろう。

こうした客側の意識の変化の背景には、当然、それぞれの住民や商店が属する、コミュニティの変容がある。ひとことでいえば、「顔見知り」どうしの地縁・血縁的な村落コミュニティから、お互いに見知らぬ「異人 stranger」「人見知り」どうしの都市的なコミュニティへと、急速に変わっていった。そうしたコミュニティの変化、住民意識の変化、購買・接客行動の変化の中で、その変化を先取りし、その変化にもっとも適応できるよう進化した点が、あたかも「コンビニ・マジック」と映ったのだ。

▓ 「選択」という快楽

聞き込みで「スーパーの短所」を尋ねると、客の年齢層が高くなるほど、「店が遠すぎる、広すぎる、品数が多すぎる」。しぜんと「週に一度なら、行くのも楽しいが、毎日のちょっとした買い物に、スーパーまで出かけるのはおっくうだ」という。その点で、コンビニは商店街とスーパーの、良いとこ取りをしている。わたしの記憶では、すでに1980年代から、若者たちが、「理想の一人暮らし」の条件として、「コンビニに近い」点をあげるようになっていた。

コンビニには、商店街のような客と店とのやりとりはなく、客はほのかな他者の視線を感じつつ、買い物という無言の行為に集中する。いや、正確にいえば、買わずに冷やかすだけでもかまわないわけだから、そこでやっている行為は、つまるところ情報収集と選択に収斂する。

言い換えれば、コンビニで客が好んで行っているのは、本格的な「情報収集」というより、むしろ微細な新規商品の動向を見逃さない「情報チェック」であることがわかる。また、そこで実際に商品を買う楽しみの何割かは、ショッピングとは別次元の消費民主主義の主権者として「一票の重さ」が堪能できる、「投票権の行使」という快楽である。

もちろん，スーパーのほうが，情報と商品の選択肢はより多いが，いかんせん広すぎて，短時間には「チェック」できない。しかも，巨大スーパーでは，自分の選択権（ささやかな額の商品購買力）を行使しても，売上や仕入れの変化，近未来の棚ぞろえの大勢に影響しないという「一票の軽さ」の無力感がただよう。

　さいきん，大都市圏であれば，われわれは自宅や学校，職場の徒歩圏において，数店から十数店にもおよぶコンビニ競合店にアクセス可能となっている。より自分好みの品ぞろえ棚ぞろえをしたコンビニを選択し，その店の選びに選び抜かれた「売れ筋商品群」のなかから，自分の好きな商品を選び取り，購入することができる。逆に「ある商品の不買」によって，その商品に対する「死亡（死に筋商品）宣告」をも，下すことができる。コンビニの限られた棚の商品は，日ごと週ごとにめまぐるしく入れ替わるため，新発売の商品に対する消費者一人ひとりの不買権の行使は，「不信任投票」として，ただちに棚からの永久的な退場を促す，レッドカード宣告に等しい。商店主の趣味や，フランチャイズ本部の「重点商品プッシュ」の思惑など，10人か20人の「不信任投票」によって，軽く吹っ飛んでしまう。狭小な店舗に多品種を詰め込んだコンビニにおいて，よぶんな「死に筋商品」をおく余裕は，いっさいないからだ。

　1日平均50万円規模の売上のコンビニにおいて，10人が500円の新商品を買えば，それはたちどころにPOSデータに反映され，大きなブームを生み出す。その意味で，コンビニは巨大組織によるチェーンでありつつ，同時に極小までに細分化されたローカル・エリアの動向を反映した「地域密着」「個人密着」商店である。しかも，これが商店街の馴染みの店であれば，自分が気に入って好きなものを買い始めると，店の側が得意客の顔を覚えて意識し，同じ商品を仕入れ続け，「お客さん，いつもの入りましたよ！」などと声をかけたりするため，その商品に飽きて気分が変わっても，購買をストップするのに「やましさ」を感じてしまう。「あれネェ，もう要らないや」とドライに言えない，人見知りの現代人は，はかりしれないストレスを感じてしまい，はなから，そうした顔を覚えられてしまうような店，自分を匿名の客でなく個体識別してしまうような店では，最初から買いたくないナァ……。と，近未来の不愉快な店主とのやりとりまで眼前に走馬灯のように浮かんで，思い切り先取りした取り越

し苦労から，まったくリラックスして買い物さえできなくなってしまう。

　自分の顔を覚えられることなく，少なくとも毎日通っても知らんぷりしてくれ，なんの後腐れもなく，好きに買・不買の二者択一の投票権を行使させてくれることこそ，コンビニの最大のサービスなのである。

　そこに，公共料金の支払いや各種情報端末によるサービス，さらに納税や投票などの公共サービスが付随していけば，そこは理想的な行政出先機関の未来像となる。どうあがいても，現行の市役所や交番がコンビニのまねをしようとしても，未来永劫キャッチアップすることはない。むしろ思い切って業務そのものをコンビニに委託してしまえば，行政出先機関のサービス向上という難問は，あらかた一瞬で解決してしまうだろう。何よりも，すでにコンビニこそが，地域主権とミクロな民意を尊重した，ある種理想の投票所なのだから。

「嗜好品」「中食」「タイムシフト」

　選択する場としてのコンビニで売られる商品は，たとえそれが生存に欠かせない水や米，塩であっても，競合商品中から選ばれる点で，もはや生活必需品や栄養必須食品ではなく，「嗜好品」のカテゴリーに入る。

　かつての「嗜好品」は，「奢侈・贅沢品」と同一視されたごとく，栄養価が乏しく，生活にも不必要な経口品，たとえば酒・茶・コーヒー・タバコを指していた。かつて，コンビニに業態転換する以前の米屋の流通システムにおいて，国民の必需品としての米が「標準価格米」として全国一律の低価格で販売され，それ以外の米は「自主流通米」として，特別な奢侈・贅沢品扱いの「嗜好品」として販売されていた。

　塩もそうである。旧専売公社製の食塩一種類から，今や「ゲランドの塩」「モンゴル岩塩」などの高級ブランド塩へと分化し，必須成分から脱して，多様な嗜好品化が進んでいる。このように見てくると，コンビニの商品は，まさにすべてが嗜好品といってよい。

　もうひとつ，コンビニ商品の特徴と言えるのが，その場（たとえばコンビニ併設のイートイン・コーナー）で，すぐに食べることができ，また持ち帰って家や学校，職場や途中の公園，移動車両内など，いつでもどこでも食べられる食品が多い点だ。

II 無印都市の消費空間

　かつて弁当・惣菜・デリと呼ばれた，これらの食品カテゴリーを現在では，「中食（なかしょく）」と呼ぶ。わたしはこれを「モバイル・フード（移動ながら食：何か他の行為をしながら，移動中でも摂れる食事）」と定義している。

　都市のなかを遊泳して生きる現代人は，家・学校・職場に依存することなく，あらゆる場所を移動しながら，モバイル生活を営んでいるため，「新・遊動民（ネオ・ノマド）」と名付けられる存在である。こうしたネオ・ノマドにとっては，家に代わるベースキャンプが，コンビニとなっているのだ。そこで，いわば都市遊泳のための「ミニマム・サバイバルキット」として補給されるべき，ペットボトル飲料やおにぎり，フリスクなど一個一個の商品群は，すべて嗜好品であり，中食なのである。[*3]

　また，かつて昭和時代の深夜にオープンしている店といえば，居酒屋や夜鳴きそば屋くらいしかなかったが，モバイルな現代人の生活は，時間の面でも急速に流動化し，24時間化しつつある。かつて，子どもに許容された夜間行動といえば，夜店や縁日といった特別な祝祭空間に限定されていたが，今や子どもや高齢者を含めた生活時間は，大幅に夜の時間帯側へ移行している。いわゆる「ナイトシフト」現象であるが，まさに，コンビニは，この「ナイトシフト」によって生まれた新しいマーケットを捉えることで成長してきた。

　かつて教育的言説では，コンビニやファミレスといった深夜営業店は，青少年の不良行為を誘発しがちだと批判的であった。が，現時点で見れば，多くの青少年が，深夜の孤独に駆られ，絶望や狂気に陥る手前でコンビニに駆け込み，肉まんや雑誌を手にすることで，無聊や寂寥感を慰めているとしたら，客観的に見ても，深夜営業店の存在は「功罪半ばする」と考えていいだろう。2012年10月，徳島県は，学校外でのいじめや暴力行為に関する通報協定を，ローソンとむすんだ。コンビニは，今や町の見張り役を担いつつあるのだ。

コンビニこそが都市である！

ミエヴィル『都市と都市』の比喩

　近年の都市描写の中で，出色だったのは，チャイナ・ミエヴィル『都市と都市』であった。この小説の秀逸さは，「同じ都市としてのハードを完全に同一

空間として共有しながら，まったく異なる言語・ルールをもつ別々の国家，別々の国民がお互いに相手の存在を，透明人間のように微妙に避けつつ，完全に無視し合いながら，同居して暮らす，一つの街にして二つの都市国家がある」設定だ。ミエヴィルの二重国家に一ヶ所だけ，両国民の交流所があるように，「とある学生街」にも，1軒のコンビニが登場するところから，何かが変わり始めたのである。

　コンビニそのものは，商店街の酒屋から移行可能であるように，一見，個人営業に見えるけれども，それぞれの店舗は，売上や仕入れが逐一，電子的なPOSネットワークの端末となっている。個人商店のような規模と見せかけでありながら，百貨店やスーパー以上にシステマティックであり，店の働き手という点では，個人商店のように血のつながった親子どうしでなく，店長とアルバイトというドライな他人どうしで成り立っている。

　現代都市におけるコンビニは，単なる酒屋の業態転換でもなく，商品ジャンル的に先行する荒物屋・万屋（よろず）・惣菜屋の直系子孫でもなく，ましてや夜店や縁日でもない。が，ある意味で，それらすべての要素を兼ね備えている。

暗部を隠蔽する「パンドラの箱」？

　比喩的に言えば，コンビニは，陳列棚に直接，手で触れることができる，24時間オープンの投票所であり，人見知りのための視線の交流所であり，非家庭的で都市的な社交装置であり，何よりも都市を遊歩する現代人（フラヌール）にとっての給水所である。しかも，今いるコンビニは徒歩圏内にある無数のコンビニのひとつにすぎず，たかだか次のコンビニまでのベースキャンプでしかない。

　都市論者の多くが指摘するように，商業施設はどんどん巨大に集積する（すばる）一方で，地域に密着してどんどん小規模に拡散（すわえ）しつつある。コンビニは巨大企業チェーンとしてPOSマーケティングのオートマトン（自動生成システム）でありながら，末端ではたかだか数百人規模，千人規模のミニ商圏をテリトリーとする超ローカル店でもある。店長やバイトたち，わずか数名のマンパワーで，24時間，365日とぎれなく運営され，商品は1個ずつ人の手で陳列され，販売されている。

II　無印都市の消費空間

「24時間，光り輝くガラスの箱」コンビニは，日本の闇の一隅を照らす一方で，現代社会の暗部を隠蔽する存在でもある。いわば，解決されないまま宙吊りにされた矛盾であり，便利という名の明るいフタでふさいだ暗渠(あんきょ)の上に立っている。そしてフタをあけると，いろんなモノが飛び出してくる「パンドラの箱」であるからこそ，われわれはみんなで寄ってたかって，そのフタを懸命にふみつけているのかもしれない。

〔註〕
* 1 家庭空間と商業空間の類似については，以下を参照。藤本憲一「藤本助教授の紙上特別講義　コンビニ学①②③」『朝日新聞（関西版）』2005年8月22・29日，9月5日朝刊。藤本憲一 1995「ラッコの食卓――"家‐郷‐卓／外‐野‐点"風景論序説」『助成の記録5』味の素食の文化センター。藤本憲一 1999「都市の縁側，家の縁際――"ソト向き""モバイル""中食""ジベタリアン"の美意識」『酒文研究報告書』TaKaRa酒造酒生活文化研究所。
* 2 対話原理とじゃんけん原理については，以下を参照。藤本憲一 2000「茶の間と集い」柏木博・鈴木一義・小林忠雄編『日本人の暮らし――20世紀生活博物館』講談社。藤本憲一 2004「居場所としての和カフェ――九弁コスモスとパラサイト美学」高田公理編『料理屋のコスモロジー』ドメス出版。
* 3 中食と嗜好品については，以下を参照。藤本憲一 1999「若者ユーザーにおける"中食ニーズ"と"携帯電話ニーズ"の連関」『日本フードサービス学会会報』6号。藤本憲一 2010「SHIKOHINをめぐる哲学ふう嬉遊曲――嗜好品研究のパラダイム転換」たばこ総合研究所編『TASC Monthly』416号。

もっとかんがえる

- Ｊポップの歌詞には，現代のコンビニ像がよく現れる。たとえば，ブリーフス＆トランクス『コンビニ』（2001年）は，こう歌われている。「さあ　親が寝たから何でもやりたい放題よ！　何をしよう？／　夜中じゃ友達寝てるし　テレビもすでに砂嵐／　そうだわ！　コンビニ行こうかな！……／　親が起きる前に　お家に帰らなきゃヤバイ／　今夜もまたコンビニ来ようかな」（作詞：伊藤多賀之）。
　他に，音楽・映画・小説・CMの描写の中で，「コンビニ」がいかに描かれているか探究してみよう。
- コンビニは，商店街（個人商店）とスーパーという二項対立からハミ出し（排除された），第三の項目だった。コンビニ以外の都市現象にも，「二項対立から排除された第三項」という要素がないか，考えてみよう。

■ブックガイド

高田公理・嗜好品文化研究会編 2008『嗜好品文化を学ぶ人のために』世界思想社

嗜好品文化研究会・TASC・CDI編 2005『現代都市と嗜好品』ドメス出版
　コンビニ的な都市消費を，ストレスを解消する「気分転換（気晴らし・気散じ）」行為から見直し，食品や香辛料をはじめとする「嗜好品」のモデルが，生活の全領域に拡大していく動態を，歴史学と考現学の両面から記述する。

C. ミエヴィル［日暮雅通訳］2011『都市と都市』早川書房
　コンビニ的な対人関係を，国家規模にまでデフォルメして描いた，逆ユートピア小説。極端な人見知りどうしがスレ違いつつも，斜めに「三すくみ」的に意思疎通する姿をリアルに描き出す。

M. セール［及川馥・米山親能訳］1987『パラジット——寄食者の論理』法政大学出版局
　生産することなく，消費だけをする現代人。その本質を，「寄食者（食べさせてもらうだけの居候）」と捉え，文明における位置づけを考察する。つねに当事者でなく，「第三の傍観者」として，当事者どうしの横手から，食物を寄食する行為の原点をさぐる。

〔藤本　憲一〕

4　大型家電量販店
消費空間のスタイルがせめぎあう場所

🚲「騒がしい」空間としての大型家電量販店

▨ 商品を見て，触る空間

　「ないものがない！」と「安さ」，これをキャッチフレーズにした大型家電量販店は，今や，日本のあらゆる場所で目にする商業施設だ[*1]。都心のターミナル駅，全国の主要都市の駅前，郊外の主要幹線脇で家電量販店を見ないほうが珍しいだろう。とくに東京都心や大阪の駅前店は，とてつもない大型の店舗でその存在感を示している。

　そして店内に一歩，足を踏み入れれば，まず感じるのは，"大型"の名に恥じない商品の品揃えとボリューム感であろう。たとえばテレビのコーナーやPCのコーナーにいけば，商品がぎっしりと並べられ，一種，壮観な感じをうける。また販売している商品も多様だ。今述べたテレビやPC，カメラに携帯電話，白物家電にAV機器，おもちゃやゲーム，自転車に楽器，時計，眼鏡，場合によっては酒類，そして最近ではコミックスまで取り扱う店もある。良い意味で"雑多な"商品が取り揃えられている場所だ。

　さらに家電量販店にいって，とくに何も購入しないが，話題の商品を見にいってみるという人も多いのではないか。たとえばiPadやスマートフォン，あるいはダイソンの掃除機や羽根のない扇風機，ルンバにkoboTouchなど，

うろうろしながら話題の商品を見つけて，眺めて，ちょっと触ってみる。大型家電量販店を，購買する場ではなく，こうした最新商品の"展示場"と感じる人も多いだろう。

記号があふれる空間

一方で，こうした商品が雑多に並んだ家電量販店は，かなり詰め込み感が漂う消費空間でもある。ぎっしりと所狭しと商品が並べられた店頭は，商品の多さを際立たせる。だが，20万円もするような一眼カメラが，その横の数万円のコンパクトカメラと同じように並べられていて，ちょっとありがたみも失せてしまったりする。

このように陳列に洗練さを欠く空間に見えるのは，そうした詰め込み過ぎ感が漂うほかにも，他の商業施設と比較して，特徴的な店舗づくりにあるかもしれない。たとえば，店舗案内，商品コーナー案内，割引情報が満載の値札，製品スペック一覧表（加湿器コーナーだとスチーム式，気化式，ハイブリット式のメリット，デメリット一覧表があったりする），さらには「他店より高ければ言ってください」，安心・安全，即日配送，ポイント還元，といった家電量販店ならではの情報ボードやPOPが所狭しと掲げられている。家電量販店の店内は，比喩的にいえば，視覚的にとても「騒がしい」空間だ。こうした記号で埋め尽くされている空間は，他の商業施設であまり見かけない。

さらに，この視覚的な騒がしさを後押しするように，各量販店のテーマ曲がくり返し流されているときもある。その曲を通じてヨドバシカメラ，ビックカメラ，ヤマダ電機といった企業名がくり返し聞こえてくる。テレビのCMでもなじみのある，妙にテンポのよい耳に残るテーマソングは，なんだか気分が高揚してしまう。

このように家電量販店を見て回ると，たとえば都心の洗練されたショッピングモールと異なる，何だか雑然とした騒がしい消費空間だ。ディスカウント系だから仕方がないのだろうか。でも考えてみれば，安くなったとはいえ大型テレビやPCは数十万円もする高額商品であり，家電量販店はそれを購入する場のはずだ。たとえば自動車であれば，軽自動車でもディーラーでていねいな説明をうけて購入するのだから，こうした独特の商品の置き方や売場の雰囲気

は，家電量販店ならではの特徴だといえるだろう。

　商品が所狭しと並べられ，お得さを売り文句とし，その店舗が日本のほとんどの都市や郊外で見かけられ，駅前ではランドマーク的な機能さえ果たす。このような家電量販店は，現在の日本において，かなり独特の雰囲気を醸しだす消費空間である。

目の前にある風景をさかのぼってみる

大型化と価格競争

　このように私たちの目の前にある家電量販店の風景，この風景を少しさかのぼってみよう。たとえば，現在，業界を代表するヤマダ電機，ヨドバシカメラ，ビックカメラなどの企業は，主に1960年から70年代には創業している。しかし，大きく成長しはじめたのは1990年代後半から2000年代に入ってからである。

　この時代以前，家電を購入するといえば，東京でいえば秋葉原の家電量販店や家電の各メーカーの系列店（いわゆる街の電気屋さん）が中心であった。とくに秋葉原は戦前からの電気街の流れを汲み，戦後は家電販売の象徴とでもいう場所となっていた。「あなたの近所の秋葉原，サトームセン」「石丸電機は秋葉原」，テレビCMのフレーズにも秋葉原という地名が織り込まれ，地方在住者にとっても家電は秋葉原というイメージは強かった。

　しかし1990年代に入りメーカーの価格拘束が解かれ，小売側が独自で価格設定することが可能になる（いわゆる価格のオープン化）。また1992年の大店法改正により，大型店舗の出店規制が緩和される。この二つの規制緩和をかわきりに，熾烈な価格競争と，店舗の大型化が加速する。たとえば安売りを掲げた，いわゆるディスカウンターとよばれるコジマやヤマダ電機といった郊外型家電量販店の競争が激しくなり，先着10名にカラーテレビを「1円」で販売するといった販売合戦がくり広げられた。[*2]

　また2000年に大店法が廃止された後，たとえば2001年にオープンしたヨドバシ梅田店は，売場面積がおよそ2万㎡にもなった。1980年の中頃は500㎡程度の店舗でも大型店として業界では分類していたようなので，[*3]"大型"家電量

4　消費空間のスタイルがせめぎあう場所〔大型家電量販店〕

販店の大きさの規模がわかるだろう。

　こうした大型店化と価格競争の熾烈化により，秋葉原系の家電量販店は勢いを失う。それに対し，非秋葉原系とよばれるヤマダ電機をはじめとするロードサイド（郊外）の家電量販店，またカメラ店を前身とした駅前や都心に店舗を構えるヨドバシカメラやビックカメラなどのレールサイドの家電量販店が規模を拡大することになる。これが，今，私たちの目の前にある家電量販店の風景になっている。

　ちなみに，最近，ヤマダ電機等のロードサイド店も駅前店が増加したことで，このロードサイドとレールサイドの差異は消失しつつある。しかし，たとえば新宿東口のヤマダ電機LABIとビックロ（ビックカメラ）のフロアを比較してみると，カメラ製品に関してヤマダ電機はデジカメのみのあつかいだが，ビックカメラはフィルムカメラもあつかっていたりする。このあたりに郊外店とカメラ販売出自の家電量販店の違いが出ていたりして，ちょっとした伝統というか，商業文化の違いを垣間見ることができる。

独特の店舗スタイル

　このような大型化（ないものがない）と安さをめぐる競争という家電量販店の「歴史」。この流れの中で，冒頭でも述べたように，家電量販店独特の店舗のスタイル――その騒がしいとよぶほかない空間――というものも産まれてくる。

　たとえば，秋葉原にあったロケットという家電量販店の店舗のけばけばしさは有名だ。ロケットは1964年，東京オリンピックの年に秋葉原に開業。「激安」という言葉を産み出した，という話でよく紹介される家電量販店だ。三宅理一が指摘するこの店の原色のグラフィティばりの垂れ幕広告といった特徴は，今でもネットなどで話題にのぼる。こうした家電量販店の広告や外観は，「赤い秋葉原」という独特の色彩イメージを作り出す重要な要素でもあった。ファッショナブルさとは無縁の，目を引く，目立つといった刺激的な感覚を重視するあり方。こうした特徴は現在の家電量販店にも通じるものがある。

　このような目立つ工夫は，ひとつには，商業の至上命題でもある販売促進のための売場づくりという理由にもとづくものだろう。しかし，それが同時に，商業施設としての特徴，いわば一種の店舗文化にもなっている。

たとえばヨドバシマルチメディアAkibaでは，開業時扱う商品が60万品あったのだが[*6]，これだけの商品を並べるフロアには，極力"白い壁"を作らないようにしたという[*7]。こうした店内の工夫は，どこまでも商品が溢れていること＝豊かさを示すとともに，見てまわることで消費を促すという人間工学的な考えにもとづくものであるだろう。しかし，この光景自体が，視覚的な騒がしさを持つ，独特の店舗の風景をつくりだしている。

このような例は，家電量販店にあふれている。よく見かける商品の積み上げは「在庫が豊富」にあり「必ず商品がある」と見せることで，この店には欲しい物がないという気持ちにさせないための工夫だそうだ。またある量販店では，売場案内はデザインよりも見やすさを優先した結果，文字を大きくし，多色を使うことになったという。さらに各売場の位置をわかりやすくするために，分類は明確に表示するという[*8]。

これらの工夫は販売促進や，消費者誘導のナビゲーションという目的が第一だろう。しかし，こうした家電量販店の特徴——どこまでも商品があふれ，過剰なナビゲーションがあるというのは，逆に他のショッピングモールといった商業施設とは一線を画する独特の雰囲気を出す要素になっている。

とはいえ，家電量販店側もこうした自らの特徴に自覚的だ。2012年9月にオープンした新宿のビックカメラとユニクロによる共同店舗，ビックロは自らの店舗を「素晴らしいゴチャゴチャ感」と位置づけている。この言葉はビックカメラとユニクロがミックスした共同店舗の比喩であろうが，これまで論じてきた家電量販店の特徴を，よく言いあらわす言葉でもある。

二つの消費空間のスタイル

異質なものとしてのMacコーナー

さて，都心の大型家電量販店を見てまわるととくに目立つのだが，このゴチャゴチャした雰囲気が一見途切れる，違和感のある空間があらわれる。それは何か。それはMacのコーナーである。

家電量販店のなかでMacの空間は一種，独特の違和感を感じさせる。他の商品スペースから完全に分離され，そのコーナーは黒／木目／シルバーを使っ

たシンプルなデザインで構成されている。値札や商品説明などの情報は極力控えめだ。また他のPCコーナーではぎっしりとPCが並列して置かれているのに対して、余裕をもった商品配置がなされている。さらに店員は黒シャツで統一されていることが多い。それは他のコーナー、たとえばプロバイダーコーナーの青やオレンジの原色が使われるコーナーとは明らかに異なる洗練さを醸し出している。このMacのコーナーは家電量販店のなかで、その周囲の空間とくらべると、明らかに異質だ。

　こうしたMacコーナーの存在は、当然、Macが意図的に行っている戦略である。ストア・イン・ストアという手法。つまりアップルストアというMacの直販店のコンセプトを、そのまま他の消費空間に入れ込むという手法である。

　この手法は、もともとアップル側から量販店に提案し1997年に発表された戦略であるという。そのとき目指されたのは「ラルフ・ローレン体験」だという（ちなみにラルフ・ローレンとはアメリカのファッションブランドである）。この体験とは、どのデパートであっても、ラルフ・ローレンのコーナーに入れば、その世界観に入り込め、陳列された商品もその世界観の中で、より美しい物に見えるという効果を引き出そうとするものである。アップルのストア・イン・ストアの戦略は、この手法をMacにも導入した結果であるとのことだ。[*9]

　「ぎっしり商品を積み上げる」店と異なり「もったいないくらいの贅沢な空間の使い方」をしている。[*10]宮沢章夫がこのように（ユーモラスに）指摘するように、Macコーナーの特徴は多くの人も感じている。あの洗練された感じや、店員にニコニコとフレンドリーに話かけられるときは、なんだがむず痒さを感じてしまうときも多いのだが……。

　いずれにせよ、あらためて店内をみれば、PCという商品は同じものでありながら、Macコーナーのような"贅沢な"空間に対し、"ぎっしり"とした空間で商品を陳列する違いがあるということだ。私たちが、こうした異なる消費空間のスタイルのなかで消費をしているという、何気ない事実を家電量販店は気づかせてくれる。

▧ テーマ化の理論で説明してみる

　こうした家電量販店とそのなかのMacコーナーのソリの悪さというか、ア

ンバランスな消費空間のあり方。この消費空間の違いは一目瞭然だ。

　この違いの意味を考えるためにも，ここで現在の消費社会を語る際に，よく引用される概念を参照しておこう。その概念とはテーマ化だ。この概念はアラン・ブライマンが，現代社会や消費社会を説明する「ディズニーゼーション」のなかで，その特徴のひとつとしてあげたものである。「対象となる物体に意味を吹き込む事で，実際よりも魅力的で興味深いものに変える」こと[*11]。端的にいえば，商品やサービスが提供される消費の環境に，何らかの一貫した世界観や物語を与えることだ。こうしたテーマ化は日本でも多くの消費空間——たとえばショッピングモールやフードパークなど——が導入している。たとえば1999年にオープンした東京，お台場のショッピングモール，ヴィーナスフォートはイタリア"風"な意匠をとっていた。最近では，空港のような公共性の高い空間にある商業施設でも，江戸らしきイメージやヨーロッパの町並みらしきイメージのデザインになっていたりする[*12]。

　こうした消費空間のテーマ化をブライマンは，売り買いという直接的な「商業性」を見せないようにするものと示唆している[*13]。つまり，商業施設が「物を買わせる場」ということを，あまりにも直接的に示すことを隠蔽するためにテーマ化の意匠が用いられるというのだ。おしゃれな商業施設は，おしなべてこの原理が入り込んでいるともいえるだろう。

　こうしたテーマ化のあり方からすれば，家電量販店内のMacのコーナーもそれをなぞっている。MacのPCやiPadなどのタブレットは，統一的なデザインのコーナーにスペースの余裕をもって置かれる。そして，そのコーナーに置かれることで，Macらしさがさらに高まるしくみだ。

　それに対し，家電量販店とはこうしたテーマ化に対して，かなり無頓着な消費空間に見える。誤解を恐れずにいえば，先にのべたような売場の工夫とそれが産み出す騒がしさの雰囲気は，この消費空間のテーマ化に対抗しているかのようだ。

非Macコーナーの"メタ・メッセージ"

　このように家電量販店のなかのMacコーナーとそれ以外の違和感をみると，この対立は，たとえば洗練されたショッピングモールのような空間と，ディス

4 消費空間のスタイルがせめぎあう場所〔大型家電量販店〕

カウント的な家電量販店との間の消費空間をめぐるせめぎあいの場であるかのようにも見えてくる。しかし，何をめぐってせめぎあっているのか。これを考えるためにも，あらためて家電量販店を眺めなおしてみよう。

たとえば商品の展示方法をみてみよう。Macのコーナーを除けば，家電量販店はブランド（メーカー）ごとで商品を明確に分けていない。NEC，富士通，ソニー，パナソニック，HP，Dell……Macコーナーの横のPC売場をみればわかるように，各メーカーブランドの扱いは並列的である。家電量販店は商品カテゴリーで商品を分類する習慣があり，ブランドでの分類ということは，あまり考慮されていないようだ。[*14]

このように家電量販店の売場は，商品のブランド性を際立たせるつくりにはなっていない。ブランドとは物にさまざまな物語を与えることで商品がオーラを帯び，それゆえに他の商品と違う価値を持つことを意味する。[*15]テーマ化とは，こうしたブランドの魅力をさらに引き出そうとする消費空間としての工夫だといえよう。それに対し，家電量販店のPCコーナーは，「プロバイダーを一緒に契約すると安くなる」「ポイント還元率」「スペック情報」といった，数々の選択情報＝ナビゲーションの提示が特徴的だ。つまり，家電量販店の展示とは，商品を選ぶ個人の選択がしやすいようにすべきだ，という機能性と効率性が押し出されている。

それゆえにというべきか，こうしたPCコーナーを見ていると，「テーマ性があったとして，それで物は売れるのか？」という家電量販店のメタ・メッセージが発せられているかのようだ。言い換えれば，それは「売場にテーマ化（いつもと違う世界観）を導入したところで，結局，個人の選択と何か関係あるのか」という消費の場への懐疑を，私たちに訴えかけている空間に見えてくる。

一方，消費者の側からすれば，こうした「選択肢の豊富な売場」に慣れていくことは，テーマ化された消費空間が商品を輝かせる手法だ，というサービス側の思惑を暴いてしまうリテラシーを学習していくことにつながる。消費空間が素敵だから，ブランドが素敵だから商品を選ぶ，それは消費の"正解"ではないのではないか。要は自分で選択した「スペックが高いものを，お得に，すぐに」手に入れられることが"正解"だ，というように。家電量販店はそうした消費へのまなざしが，より強化されていく場所のようでもある。これは消費

空間に対して，消費者が妙に「冷める」ことをもたらす（家電量販店で実物を見てネットで買うという人の行動原理はここにあるのではないか）。

　ちなみに，こうした消費者の考えは，おそらく家電量販店にも感知されているのだろう。一層の家電量販店の大型化，店員サービスの一層の向上，過剰なまでの店内のナビゲーション情報。これらは「"正しい商品"が望まれているので，もっと多くの選択肢＝商品が必要なのではないか」「より目を留め，選択してもらえるためのナビゲーションが必要なのではないか」といった，消費者の「冷め＝店舗リテラシー向上」に対する家電量販店側の対応策でもあるかのようだ。

ゆらぎのなかの大型家電量販店

大型家電量販店の不安？

　ともあれ，家電量販店という消費空間は，テーマ化が進む現代の消費空間に対して，消費空間にテーマ化は無駄かもしれないという，ある意味で身もふたもないメッセージを投げかけている場でもある。

　ただし，こうした点について，家電量販店の側にもゆらぎがあるのではないか。たとえばビックロでは，家電量販店がテーマ化した消費空間となるべきなのか，という実験をしているかのようだ。そこではユニクロと協力して，ファッションと家電を組み合わせた，意外な（？）マネキン（ユニクロコーディネートに3DSを持たせたりする）が現れたりもしている。これはファッションのスタイルを利用して，家電の価値を高めようという試みだ。それは一種のテーマ性の導入といえる。

　ちなみにビックカメラはかつての百貨店跡地に出店することが多いが，この場所は百貨店"ブランド"を象徴する三越の跡地だ。ここに，ビックロのような実験的な店舗が現れるのは，消費空間の記憶が意外に作用しているのかもしれない。こうした場所が家電量販店の懐疑——「『ないものがない』を言い続けるだけでよいのか？」という——問いかけの場となっているのは象徴的である。

　また最近の家電量販店のサービスは，ないものがない商法への自信のゆらぎ

のようにみえるものが多い。というのも，家電量販店のサービスは「選びきれない」ということをサポートする方向に向いているからだ。コンシェルジェ，スペシャリスト，カメラ女子部，そして店員の代わりになるPOPの多用……。これらのサービスは「選択肢の豊富な売場」で商品を選択させることの難しさを，逆に家電量販店自らが表明しているようなものだ。というのも，選択肢の豊富な売場＝ゴチャゴチャの拡大とは，逆に，選びきれない顧客を増やすのではないか，という不安をも導いてしまうからである。

消費の鏡としての大型家電量販店

　いずれにせよ，こうした家電量販店の試みは消費者たる私たちにもかかわることだ。現在の消費空間に私たちが何を望んでいるのか。消費空間が商品を売る場である限り「豊富な品揃えで，お得である」ことは歓迎だ。しかし「最後は電卓をたたく」ということだけが前面に押し出されるだけでは何だか味気ない。消費者たる私たちは，いつもこうした問いを（暗黙のうちに）消費空間に投げかけているのだろう。そうだとすればこうした大型家電量販店の店舗のゆらぎは，消費空間において消費者を捉えようとするための葛藤の現れでもある。消費空間のあり方としてMacコーナー的なものが"正解"なのか，それともゴチャゴチャの空間が"正解"なのか。大型家電量販店は消費空間の悩みが可視化されているかのような商業施設であり，それは私たちの消費に対する態度の鏡でもある。

〔註〕

* ＊1　ここでは大型家電量販店ということばと家電量販店は，とくに意味のある区別として使いわけることはしない。ただしとくに「大型」を強調する場合は，大型家電量販店と表記する。また「家電」とは本章では情報家電や白物家電，PCなどを含めた家電量販店で扱う商品全体を指すニュアンスで使う。
* ＊2　立石泰則 2010『ヤマダ電機の暴走──「年商3兆円構想」の果て』草思社。
* ＊3　中嶋嘉孝 2008『家電流通の構造変化』専修大学出版局，155頁。
* ＊4　三宅理一 2010『秋葉原は今』芸術新聞社，63頁。
* ＊5　五十嵐太郎 2006『美しい都市・醜い都市──現代景観論』中央公論新社，122頁。ちなみにこの本のなかでは，都市景観の色彩イメージについて「赤い秋葉原」に対し，「青い渋谷」が対比されている。
* ＊6　六車秀之 2005「事例研究からみる　商業とエンターテイメント第27回」『月刊　レジャー

産業資料』38巻11号，176-179頁。
* 7 新井美江子 2010「企業レポート　ビックカメラ　"スポ根文化"と事業改革で激戦市場の勝ち残りを目指す」『週刊ダイヤモンド』98巻43号，152-157頁。
* 8 この段落，築山明徳 1999「超優良企業への驀進」『商業界』52巻12号，29-32頁を参照。
* 9 この段落，オーウェン・W. リンツメイヤー／林信行［武舎広幸・武舎るみ翻訳協力］2006『アップル・コンフィデンシャル2.5』（下）』アスペクト，334-335頁を参照。
* 10 宮沢章夫 2008『アップルの人』新潮社，202頁。
* 11 アラン・ブライマン［能登路雅子監訳，森岡洋二訳］2008『ディズニー化する社会』明石書店，40頁。
* 12 こうしたテーマ化の議論と現在の日本の消費空間の状況を論じたものとしては，鈴木謙介 2011「テーマ化される消費都市」『思想地図β』1号，contectures，128-141頁を参照のこと。
* 13 ブライマン・前掲註 * 11，76頁。
* 14 たとえば，2005年ヨドバシカメラマルチメディアAkibaは，国内初のブランド別（メーカー別）展示をすることになったのだが，その売場展開の方法は賛否両論だったという。これについては六車・前掲註 * 6，176頁参照のこと。
* 15 山田登世子 2006『ブランドの条件』岩波書店。

もっとかんがえる

- 一見，店舗間にあまり差がないようにみえる家電量販店だが，実は企業や地域の違いによって，随分，店内の雰囲気や店頭のあり方が異なる。またどんな個人やグループが店に来て，どのように店内を回遊しているのか。こうしたことを，マーケティングということではなく，売場文化といった時代風俗の研究として観察し，記録するというのはどうだろうか。
- 消費社会論はこれまで，たとえば百貨店研究などを通じて「女性と消費」について深く探求して来た。これに対し家電量販店は，PC，カメラなどが販売されているだけではなく，さらに鉄道模型やガンプラ，仮面ライダー，ポケモンカード，ガチャガチャ，アーケードゲームに至る，「男性的」なホビーを多数扱う消費空間だ。ここから「男性と消費」というテーマを考えてみてはどうか。
- 大型家電量販店は都市のランドスケープを一変させる建築物でもある。たとえば池袋や新宿は秋葉原以後，量販店の街となったし，逆に秋葉原は家電の街の象徴性を消失させた後，大型家電量販店であるヨドバシカメラが出現し駅前の雰囲気を変えた。家電量販店という消費空間ができると，街の景観や人びとの行動がどう変わるかなどを探求してみてはどうか。

■ブックガイド

三宅理一 2010『秋葉原は今』芸術新聞社
秋葉原から考える都市文化論では，森川嘉一郎の『趣都の誕生——萌える都市アキハバラ』というサブカルチャーの視点から論じた名著がある。一方，この著作は，電気街とそこに集うマニアたち，そして地元の再開発計画の視点から秋葉原を論じており，読み比べてもおもしろい。また第1章は，家電量販史から戦後史を読み解いており興味深い。

宮沢章夫 2008『アップルの人』新潮社
劇作家，演出家として著名な筆者によるデジタル社会エッセイ。Macやアップルストアを含めた，デジタル社会という新たな出来事と，それに右往左往する人びとについて，ユーモラスに語った1冊。IT社会の妙な力の入り具合に対して距離をとって観察していく。

アラン・ブライマン［能登路雅子監訳，森岡洋二訳］2008『ディズニー化する社会』明石書店
現代社会における「マクドナルド化」を論じたジョージ・リッツアと並び，近年の消費社会論で必ず参照される1冊。文化，消費，労働の各領域において，ディズニーのテーマパーク的な原理が浸透しつつあると分析し，現代社会へのクリティカルな視点を提供している。

〔加藤　裕治〕

Column 2　イケア

コミュニケーションのネタとしての北欧インテリア

▓ イケア大好き「マート族」

『Mart』(光文社，2004年創刊，発行部数21万部)という雑誌がある。都市近郊に住む30〜40代の主婦層を対象とした生活情報誌だが，従来の主婦向け雑誌が料理，節約など実用性中心であるのに対し，「もっと生活遊んじゃおう!」というキャッチコピーを掲げ，雑貨や食材などの「ちょっといいもの」によって日常生活を楽しむことを提案する。本誌から「食べるラー油」などのヒット商品が生れたことで注目を集め，「マート族」という言葉もできた。[*1]

この『Mart』でくり返し特集を組まれているのが，スウェーデン発祥の世界最大家具チェーン店である「IKEA（イケア）」だ。たとえば，「IKEAグッズでお出迎え！初ママ友パーティ」(2007年5月号)，「おもてなしの演出に！IKEA雑貨をアレンジ」(2012年12月号)といった記事が頻出している。『Mart』では海外駐在帰りの主婦が「帰国ミセス」と呼ばれ，読者の憧れの対象となっている。センスの良い彼女たちが滞在先で使っていたのがイケア製品だったため，2006年にイケアが日本進出するのを「マート族」は心待ちにしていたのだ。[*2]

▓ イケアの空間

イケアは家具だけでなくあらゆる生活雑貨を揃え，手頃な価格とおしゃれなデザインで人気を呼び，国内にわずか7店舗（2012年12月現在，千葉，神奈川，兵庫，大阪，埼玉，福岡，宮城に展開）しか存在しないにもかかわらず，知名度を上げてきている。

イケアは単に買い物に行く場所ではない。ときに「家具を売るディズニーランド」[*3]とも言われるように，一日楽しめる場所である。青地に黄色いロゴ（青と黄色はスウェーデン国旗の色だ）が目立つ巨大な店舗に入り，長いエスカレーターを上がると，黄色い買い物袋，鉛筆，商品番号を記入するメモ用紙，紙製のメジャーが用意されている。イケアでは気に入った商品を自分でメモし，最後にピックアップし配送・組立ても自分で行うというセルフサービス形式をとっており（そのために低価格が維持されている），これらの小道具によってその独自の買い物システムへ参加する気分が高められる。店内は順路が決まっており，すぐに目当ての商品にたどり着けるわけではない。まず，すべてイケア製品でディスプレイされた2LDKの部屋やカラフルな子ども部屋といったモデルルームの数々を見学する。ここではソファや椅子に座ってみたり，引き出しを開けてみたりしながら，暮らしたい部屋をイメージすることができる。1階に下りると皿やコップ，かごなどの雑貨が山積みになっている。価格の安さと「北欧らしい」デザインにテ

ンションが上がり，当初買う予定のなかったものまでついカートに入れてしまう。最後に，天井まで届く倉庫でリストに記入した商品を探し出し，自らレジに運ぶ。歩き疲れたら併設レストランのジャム付きミートボール（スウェーデン名物）か，カフェのホットドッグ（100円）を食べて休憩するのが定番コースだ。

　ぐるぐると迷路のような店内を歩いたりセルフサービス形式であったりすることは面倒でもある。にもかかわらず，私たちはそうした手間も含めてイケアの空間の非日常性を楽しんでいるようにも見える。

コミュニケーションのネタとしてのイケア

　『Mart』によれば，都市近郊に住む主婦たちが地域社会（いわゆる「ママ友」コミュニティを指す）で孤立しないためには「コミュニケーションツールとなる情報」が必要であり，そのひとつがイケアであるという。[4]

　イケアがコミュニケーションのネタになり得るのはどういった条件によるのか。第一に，「北欧」＝シンプル，おしゃれ，実用的といった好ましいイメージが共有されていること。第二に，低価格であること。横並び意識が強いとされる「ママ友」コミュニティにおいて，低価格のイケア雑貨であれば話題にしても嫌味になるおそれがない。第三に，イケアの店舗が少なく，また現在通信販売を行っていないため，希少性が維持されていること。最後に，前述したようなイケアのテーマパーク的空間が，家族や友人と買い物に行くのをイベント化していること。

　ただし，ここで想定されるコミュニケーションとはいかなるものだろうか。「イケアでこれ買ったよ」，「いいね！」，「安かったよ」，「いいね！」というやりとりはいかにも表面的である。けれど周囲から浮くことなくつながりを維持するには，そうした当たり障りのないコミュニケーションこそが必要とされる。『Mart』誌上における，イケアの三段トレイにペーパーナプキンを添えた「ホームパーティ」や「おもてなし」の光景が，はなやかでありながらどこか強迫的にも見えるのはそのためかもしれない。

〔註〕
- ＊1　中沢明子・古市憲寿 2011『遠足型消費の時代』朝日新聞出版，138頁。
- ＊2　中沢・古市・前掲註＊1，140頁。なお，イケアは1970〜80年代に一度進出・撤退している。
- ＊3　『北欧スタイル』17号（2009年），61頁。
- ＊4　『Mart』広告掲載に関する基本情報（http://www3.kobunsha.com/ad/mart/index.html 2012年12月24日取得）。

〔青木　久美子〕

5 フランフラン
安心・安全なおしゃれ空間

「つい」を誘発する空間

無目的に入る場所

　フランフラン（Francfranc）に入るのは，たいてい「何となく」という場合が多い。たとえば，誰かとの待ち合わせの時刻まで少し時間があるとき。あるいは，街を歩いていて，通りがかりにちょっと気になったので。はたまた，ショッピングに出かけてお目当ての店を回ったあと，ふと，吸い寄せられるようにして——そんな具合だ。

　そのまま流すだけで，何も買わずに店を出る場合も多いけれど，ふと「これは！」と気になる家具とか雑貨とかに出逢ってしまい，思わず衝動買いをしてしまうケースもあるだろう。あるいは出口近くに，ちょうど手に取りやすいかたちでディスプレイしてある，バスフィズなんかに心惹かれて，高いモノでもないし，といいながら買ってしまうとか。いずれにしても何となく入って，何かいいモノないかな，と店内をゆったり回遊し探索する。それがフランフランの典型的な楽しみかただ。逆にいえば，つい入ってしまい，ついうろうろと眺めてしまい，つい買ってしまうといったように，何重にも「つい」を誘発するのが，フランフランという空間の特徴だ。

　じっさいフランフランが実施しているアンケートでも，顧客の来店頻度は

1ヶ月に1回が40％，1ヶ月に2回以上が30％となっている。来店理由の項目でも「何となく足を運んでしまう」という人が一番多く，全体の65％を占めている。[*1] つまりフランフランは，とくに欲しいものがない客が，習慣のように何となく店内に入り，何となく回遊しているうちに欲しいモノと出逢って買っていく，という購買パターンで支えられているのだ。これはフランフラン側でも十分に自覚していて，みずからのショップ展開を「時間消費型」と位置づけている。

多幸感の浸透した空間

　フランフランに入ってみよう。明るくて色鮮やかなその空間は，外から入ると，ちょうどテレビの「彩度」「明度」をひと回り強くしたかのような印象を与える。外の世界よりもひと回りビビッドな世界。その視覚的コントラストが，まずは高揚感をあおる。店内を見渡すと，白を基調とするスペースに，洗練されたディスプレイが配置されている。インテリア雑誌からそのまま切り抜いてきたようで，どこか非現実感を漂わせる空間。いってみれば，周囲の現実から1cmだけ地上に浮いたような，微妙に現実離れした感じ。

　並んでいる商品に目をやってみよう。鮮やかな色のデスクランプ，ヨーロピアンテイストのケトル，カバのかたちをした貯金箱，アニマル柄のラグマット，インテリアにもなりそうなデザインの掃除機，ポップな色遣いのハロゲンヒーター，等々。いずれも必需品ではないけれど，自分の生活をどこかワンランク上昇させてくれそうなアイテム。こんなかわいいクッションを置けば，自分の部屋もかわいくなるだろう。こんな楽しい絵柄のカップを揃えれば，毎朝の食卓も楽しくなるだろう。こんなバスソルトを使ったら，すてきなバスタイムが過ごせるだろう。そんな軽い夢想を誘うモノたちは，集合的に，フランフラン特有の多幸感を演出している。そう，フランフランの空間を支配する気分は，何といっても多幸感だ。

　それにしても，フランフランというショップは，何というか，いつの間にか私たちの消費環境のなかに姿をあらわし，ひそかにその数を増殖させ，都市空間のあちこちに浸透してきたように感じられる。気がついてみれば，ここにもフランフラン，あそこにもフランフランという状況ができあがっていた，とい

うのが素朴な実感だ。このようなステルス性をもつ増殖プロセスも、フランフランという消費装置の独特さと結びついているように思われる。それではフランフランは、いったいどのような経緯で、どこで誕生したのだろうか。

🖥 時間消費の下部構造

▨ フランフランの沿革

　フランフランは、その日本離れしたスタイリッシュさから、なんとなく、ヨーロッパなど、海外のブランドが日本に出店してきたのだと思っている人も多いかもしれない。けれどもじつは純和風の出自（ことによると泥臭い出自）をもつブランドなのだ。フランフランを経営するバルスは、福井の家具会社マルイチセーリングを母体に、1990年に髙島郁夫氏が独立して立ちあげた企業である。当初は、輸入家具の卸販売とホテルやゴルフクラブを相手とするコントラクトビジネス——いかにもバブル的なビジネス——を手がけていたが、バブル崩壊のあおりで行き詰まってしまう。[*2]

　そんなとき、天王洲アイルにショールーム（それまで赤坂にあった）を移さないか、という話が舞い込む。リサーチをかけてみると、付近のオフィスに勤めるOLが4000人ほどいることがわかり、ビジネス向けのショールームではなく、彼女らを顧客とする小売りのショップに切り替えてはどうか、というアイディアが浮かぶ。とはいえ家具なんて頻繁に売れるものではない。そこで手軽な生活雑貨も一緒に扱えば、来店頻度が上がるのではないかと考えた。ちょうど、輸入雑貨を扱うフォブコープやアフタヌーンティー・リビングなど、雑貨がブームになっていた時期でもあった。

　そうして1992年7月に誕生した天王洲アイルのフランフラン1号店は、当初から、予想以上の人気を集めることとなった。その余勢を駆って、翌93年7月には横浜ランドマークプラザに2号店をオープンする。この店も大きな成功をおさめ、その後97年には15店、2000年には50店と、フランフランの店舗網は急速に拡大してゆく。なかでも転機になったのが、1998年にオープンした新宿サザンテラス店である。「不毛の地」といわれたこの立地での成功を受けて、各地のショッピングモールから出店依頼が殺到し、大量出店に結びつい

たのだという。

背後にある「現実」

　フランフランの商品は、パッケージに日本語やメーカー名が目につかず、客の目線からは、商品が、どこからともなく店内に姿をあらわしたようにもみえる。生産や流通という現実を見えにくくする秘密は、プライベート・ブランド体制にある。家具、照明、ファブリック、生活雑貨、等々、異種のカテゴリーを横断するかたちで、統一テイストに見合うアイテム群をそろえるには、自社生産のほうが都合がよい。そこでフランフランは、自社デザインした製品を中国や東南アジアなど海外の工場で生産する、プライベート・ブランド体制を確立していった。

　そこには同時に価格の問題も潜んでいる。フランフランでは「気軽に手が届くゾーンから、ちょっと背伸びをすれば手が届くゾーンであること」を意識している。そんな価格帯に抑えるためには、生産ロットの拡大によるコストダウンが必要であり、さらにそのためには、店舗数を一定以上に拡大する必要がある。フランフランが店舗網を急速に拡張していった背景には、こんな経済的理由があった。つまり、増大する顧客のニーズに応えて、というよりも、システムとしてのフランフラン自体の存続のために、フランフランの拡大が必要だったのだ。

揺籃はベイエリアの商業施設

　フランフラン的なものの独特さを考えるうえで示唆深いのは、初期店舗の立地である。品川臨海部の再開発街区「天王洲アイル」にしても、超高層ビルの横浜ランドマークタワーに隣接する巨大モール「横浜ランドマークプラザ」にしても、どちらも1990年代以降に開発のすすむ、ウォーターフロントのおしゃれスポットの先駆けにあたる。それらは言ってみれば、もともと何もないところに創出された人工空間であり、意味の濃淡や歴史の蓄積を欠いた、のっぺりとした商業空間である。

　フランフランの「おしゃれ」の質感は、これらベイエリア特有の空間の質感とどこかで通底している。それは、青山・表参道などシンボリックな意味の厚

みをもつ，都心部ファッション街の路面店が体現する「おしゃれ」とは質を異にする。フランフランがその根を張っているのは，巨大資本と結びついた商業空間の「おしゃれ」の位相だ。きらびやかに最先端の記号やイメージをふりまくそれら施設は，人が集まり，賑わっているうちはまばゆい魅力を放つが，ひとたび人気が去り閑散とすると，とたんに虚ろな表情をあらわにする。フランフランの「どこでもない感じ」は，そんなベイエリアの茫漠とした感じと裏腹の関係にある。

だからフランフランが，のちに地方都市の大型ショッピングモールに展開してゆくプロセスは，なにも，ある種の「大衆化」というわけではない。都心の洗練された人たち向けの希少なショップが，地方にまで拡散し，凡庸化してゆく過程，というわけではまったくない。フランフランはそもそもが"都心の外縁"に出自をもつ。何でもない水辺の空間に資本が集中し，巨大な商業施設が設えられた，その片隅になかば偶然的に生まれたショップである。青山・表参道などに店を構えるのは，あくまでも事後，つまり初期の成功を基盤とした出店戦略の一環にほかならない。地方都市のモールへの展開にしても，もともとモール的なものを母胎に産声をあげ成長したショップが，元来の棲息地に戻っただけのことなのだ。

おしゃれ気分の消費

気難しい消費装置

ベイエリアに出自をもち，気づいてみれば，意外とあちこちに増殖しているフランフラン。だがフランフランは，場所を問わず，どこにでも出店しているわけではない。場所を選ぶ装置，ないしは場所に選ばれる装置である。別の言い方をすれば，フランフランのような時間消費型ショップは，単体では成立しない。それ自体が，放っておいても客をつぎつぎと吸い込む，強力な集客力をもつテナントというわけではない。フランフランのポジショニングは，もっと寄生的である。集客力は他にまかせて，街の隙間に，店舗同士の隙間に，そっと身を潜めることで，おこぼれにあずかるような装置である。この点を少し考えてみよう。

立地条件として、まずは場所のイメージが重要だ。周辺環境がおしゃれな非日常性を感じられるようなところ、もしくは、ハイセンスな場所であるという信憑が地元周辺で成立している場所でなければならない。このことは、成功した1号店、2号店が、ともに最先端の湾岸おしゃれスポットに立地していた事実が物語っているだろう。だがさらに強力な傍証となるのは、失敗した3号店の立地だ。バルスが選んだのは、埼玉所沢の小手指だった。フランフラン初の郊外出店を目指したわけだが、周辺環境があまりに日常感にあふれており、これは大きな失敗に終わった（のちに東京でも八王子や錦糸町は売上が伸びずに撤退している）。

商業施設の規模も無視できない要因になる。フランフランでは経験的に、GMS（総合スーパー）やショッピングモールの場合、3万坪以上でないと成り立たないという。他の店舗でひと通り買物をし、一息ついたところで、フランフランを見つけて何となく入ってくる客——こんな顧客がつねに一定数出現するには、ある程度以上の規模の商業空間である必要がある。規模が1万坪程度だと、目的買いの客のみになってしまう[*3]。

さらに店舗面積という点でも、ある程度以上の大きさが必要になる。最大規模の店舗は600㎡強を誇るが、フランフランではある時期、150㎡程度の小規模店舗に見切りをつけ、わざわざ「退店料を支払ってでも」閉じていったという（東京・池袋アルパ店や大阪・心斎橋大丸店など）[*4]。つまり、ある程度の店舗面積がないと、ぼんやりと店内を回遊するうちに、気に入ったモノに出逢わせるよう仕向けるという、フランフランの得意とする時間消費のパターンに持ち込めないのだ。

だからフランフランは、立地条件にセンシティヴな、なかなか気難しい消費装置である。それはいくつかのパラメーターの精妙なバランスのもとで、ようやく成立しうる店舗形態なのだ。潜在的には消費モードにスイッチが入っていながら、とくに目的をもたずにぶらぶらしている、無目的な身体が大量に流動し滞留しているような場所でのみ、フランフランは棲息することができる。典型的には、都市圏の大型ファッションビルやショッピングモールなどが該当する。このようにみてもやはりフランフランは、モール的な空間を本来的な居場所とするショップだといえるだろう。

Ⅱ 無印都市の消費空間

▓ 安心・安全な消費環境

　家具から生活雑貨まで，トータルなコーディネートを意識したブランドとして，フランフランは，無印良品と同列に並べられ，比較されることが多い。けれども「時間消費型ショップ」という店舗モデルの次元では，フランフランはむしろ客層として対極にありそうな，ドン・キホーテやヴィレッジ・ヴァンガードに似ている。粗雑なラベリングをすると，ヤンキー向けのドンキ，サブカル志向の若者向けのヴィレヴァン，そしてOL向けのフランフラン，というところか。コンテンツと客層は異なれども，基本的な仕組みは同じだ。いずれも何となく入り，ぼんやり回遊しているうちに気になる商品を見つけて買う，という消費環境を提供している。

　なかでもフランフランとヴィレヴァンは，趣味やセンスにかかわる商品群を扱うという点で共通点をもつ。二つをさらに比較しつつ考えてみよう。キッチュな雑貨をそろえる「遊べる本屋」のヴィレヴァンはふつう，サブカル向けと思われているが，ヴィレヴァンが相手にしているのは，むしろもう少し薄いかたちで，サブカルらしさに何となく惹かれる人びとである。同様に，フランフランはセンスのあるおしゃれな人向けというよりも，ターゲットになっているのは，おしゃれな感じにぼんやり憧れを抱く人びとである。ヴィレヴァンがサブカル「気分」を安直に消費できる環境だとすれば，フランフランは，おしゃれ「気分」を手軽に消費できる環境だといえる。

　一方で，真性サブカルとヴィレヴァン愛好家はつぎのように区別できる。長年蓄積した厚みのある知識を背景に，うんちくを語り，周囲にわからぬ微細な差異を見分け，確固たる自分のテイストに見合うモノを愛でるのが真性サブカルだとすれば，丸腰でヴィレヴァンを訪れ，それっぽいモノにサブカルらしさを感じて，マイナー気分を味わうのがヴィレヴァン愛好家である。その点，ヴィレヴァンは大衆受けをしないマイナーな雰囲気を漂わせているが，けっしてマイナーな存在ではなく，いわばマイナーを擬装したメジャーだといえる。つまり，このマニアックさは「自分だけがわかっている」という感覚を，みんなに抱かせることで，多くの人びとに受けているのだ。

　他方，おしゃれな人とフランフラン愛好家はつぎのように区分できる。長年蓄積した厚みのある知識を背景に，うんちくを語り，周囲にわからぬ微細な差

異を見分け，確固たる自分のテイストに見合うモノを愛でるのが「おしゃれな人」＝「スタイルのある人」だとすれば，丸腰でフランフランを訪れ，それっぽいモノにセンスの良さを感じて，おしゃれ気分を味わうのがフランフラン愛好家である。フランフランはそういう顧客に「どうして私の欲しいモノがわかったの？」といわせる。「あらかじめ欲しいモノがある→店頭で欲しいものが見つかる」という流れではなく，「店頭であるモノが気になる→前からそれが欲しかった気がする→私の欲しかったモノが見つかった！」という流れをつくりだすのだ。

　別の言い方をすれば，フランフランは，どのアイテムに「おしゃれ」を感じても，フランフランで購入している以上，自分のセンス自体は疑われない，安心・安全な消費環境である。「おしゃれ」に必要な知識やセンスを，いわば外部委託したまま，結果としての「おしゃれ」だけを手に入れられる空間。フランフランが，友人などへのプレゼントを購入する場所として，しばしば選好される――プレゼントの購入は，そもそも「フランフランに買物に行く」という目的意識が生まれるほぼ唯一の機会ではないだろうか――のも，同じことが理由となっているだろう。要は何であれ，フランフランで買っておけば，大きなハズレはないのだ。

多幸感とジャンクのあいだで

突き詰めないことの力

　こう考えてみると，フランフランの体現する「おしゃれ」の位相はじつに興味深い。それはたとえば人びとが"フランフラン的なもの"を語る語彙の，極端な貧困さにあらわれている。ブログでも，クチコミサイトでも，雑誌記事でも何でもいいのだが，フランフランが話題にのぼるとき，「おしゃれ」「かわいい」「楽しい」「遊び心たっぷり」「シンプル」「カラフル」等々と，決まりきった語彙が貼りつけられるだけで，それ以上でも以下でもない。フランフランはいつも「おしゃれだよねー」「かわいいよねー」という相互確認ですまされてしまう。それでいて（あるいはだからこそ）まったく困らずにフランフランは楽しむことができる。

言い換えれば，フランフランには，その細部に固執する"マニア"が不在である。ゆるいファンや愛好家はいても，個々のデザイナーや，仕掛けられるイベントの裏事情，はたまた生産・流通のシステムといった，フランフラン的なものを支える要素にこだわり，裏読みし，せっせと知識を蓄えようとする"マニア"はいない。

　フランフランの商品について，素材や形や色への「こだわり」が語られながら，「『こだわり』がある」ということ以上はべつだん語られない。他のショップとの差異が「デザイン」に求められながら，肝心のデザインの詳細はわりとどうでもいい。色彩にかんするうんちくとか，何系のデザインだとか，ふつう趣味やセンスを資源として他者との違いを誇示しようとする場合には，重要な賭け金になるはずの，様式についての知識がまるで問われない。問われないまま「おしゃれ」でいられる。

　フランフランの強さは，この，突き詰めないところ，あるいは突き詰めようとする志向を誘発せずに，あっさりとしたつき合いを反復する力のすごさ，中途半端さをあくまで維持する力のすごさにある。「おしゃれだよねー」「かわいいよねー」といった，どこまでも表層的な印象や感想だけで成立する「おしゃれ」の次元を，そのままで持続させる仕組みの強さ。顧客の立場からしてみれば，それは「こだわり」や「デザイン」に触れながら，しかもそのつど深さ志向から解放され続けることだといえよう。フランフランに独特の快楽も，たぶんそこから引き出されているのだろう。「おしゃれ」に接しながらも，深さにとらわれず，脱力した浅い反応を許され続けることの快楽――。

多幸感とジャンクのあいだで

　店内に一歩入り込むと，明るく，多幸感あふれる消費空間に浸ることができるフランフラン。そこに楽しげな表情を浮かべて並んでいる，ポップでカラフルなアイテムは，しかし一様に寿命が短い。フランフランでは，新鮮さを演出するために，全アイテム1万5000点のうち5000アイテムを1年間で入れ換えるという。定番ものはあまり置かず，つぎつぎと消費をうながすのである。「季節の変わり目に衣替えをする感覚で，食器や雑貨も替えていただけるといいと思います」[*5]。

5 安心・安全なおしゃれ空間〔フランフラン〕

　ポップでカラフルなアイテムは，いったん飽きが来ると，どうしようもないゴミに見えてしまうアイテムでもある。フランフランの商品が醸しだす多幸感の裏には，それぞれのアイテムが，つぎの瞬間にジャンクに反転してしまう可能性が，ぴったりと貼りついている。それはちょうどフランフランの「どこでもない感じ」が，ウォーターフロントの巨大商業施設の，茫漠とした感じに結びついているのと似ている。けれども多幸感の向こうに透けてみえる，ひりつくような虚ろさと目が合ってしまうからこそ，私たちはつい，フランフランに吸い込まれてしまうのかもしれない。

〔註〕
* ＊1　『まるごと1冊フランフラン!!──the 15th anniversary』（エイ出版社，2007年）。
* ＊2　以下，フランフランの沿革については，髙島郁夫 2008『フランフランを経営しながら考えたこと──Francfrancからデザインビジネスの可能性を拡げるバルスの戦略』経済界を参照。
* ＊3　「小売業の覇者たちに学べ！　バルス　髙島郁夫社長」『経済界』2005年10月4日号。
* ＊4　「異色企業　バルス　生活空間を提案する店作り　家具・雑貨で若い女性つかむ」『NIKKEI BUSINESS』1998年10月26日号。
* ＊5　「超人気ショップの大ヒットアイテムBEST3」『an・an』2000年6月2日号。

もっとかんがえる

- 同じフランフランであっても，都心部の路面店やファッションビル内の店舗と，郊外のショッピングモールに入っている店舗とでは，客層や，使われ方が異なっていると考えられる。都心部と郊外の比較から，同じ「時間消費型ショップ」について，さらに微細な類型化ができるだろう。
- しばしば同列に並べられる無印良品とフランフラン。けれども前者のほうが，あらかじめ買いたいモノが決まっている目的買いの顧客が多いように思われる。店内での商品の見方，歩き方，滞在時間，等々が，両者でどのように異なるのかを調べて比較してみるのもよいだろう。
- フランフランは女性客がマジョリティをなす空間だが，そこに男性客が1人，または少人数で入ったとき，どのようなふるまいをするのか観察してみる。ジェンダーの観点からショッピングの空間を考えるひとつの事例として興味深い。

Ⅱ　無印都市の消費空間

■ブックガイド

髙島郁夫 2008『フランフランを経営しながら考えたこと——Francfrancからデザインビジネスの可能性を拡げるバルスの戦略』経済界
　フランフランの経営母体バルス社長の髙島郁夫氏による，自身のマーケティング戦略の解説。フランフランが中心事例になっているが，現代の消費文化全般を読み解くうえでもヒントになる論点が含まれる。

中村うさぎ 2004『欲望の仕掛け人』日経BP社
　小説家中村うさぎによる，フランフランやドン・キホーテをはじめとする消費装置の仕掛け人たちのインタビュー集。丁々発止のやりとりから，欲望を喚起する種々の工夫が浮かびあがる。

若林幹夫 2005「余白化する都市空間——お台場，あるいは『力なさ』の勝利」吉見俊哉・若林幹夫編『東京スタディーズ』紀伊國屋書店，6-25頁
　湾岸の商業空間に漂う「力なさ」の由来を，テーマパーク的に内向きに閉じる商業施設によって，周囲が「余白化」されるという点に求める鋭い分析。現代の都市空間の性質を考えるうえで重要な示唆を含む。

〔近森　高明〕

6 ショッピングモール
「箱庭都市」の包容力

🚲 都市生活者のオアシス

外がつまらなく，なかが楽しい

　人生でこんなにも退屈だった散歩はない——ショッピングモールを歩いた私のいつわらざる感想だ。といっても，なかを歩いたわけではない。周囲をぐるりと1周してみたのだ。では，何がつまらなかったか。まず，敷地面積が広大で，1周するのに40分かかった。その日は8月の炎天下。なのに，疲れても休むところがない。道中ではほとんど誰ともすれちがわない。警備員からは不審な目でみられてしまった。

　おまけに景色も単調だ。モールの外観は，周囲の風景から浮いて要塞のようにそびえ立っており，窓がない。行けども行けども，真っ白な壁があるばかり。たいていの公共建築物は，みただけで目的や役割がわかるようになっているが，モールの外観はのっぺりしていて，外からなかが見渡せない構造になっている。同じような景色がただ続いてゆくのは，遊歩する楽しみを根こそぎ奪う。こうして私は，自分で決めたことなのに，「返せよ！ 私の時間」と思ったのだった。

　が，なかに入るとそこには，一転して楽園が広がっていた。気候や天候に左右されず，いつでも昼のように照明が輝いていて，室温も一定に保たれている。

道幅は広いし、車にひかれる心配もない。歩き疲れたらそこらのベンチに腰掛ければよい。あちこちでお年寄りがくつろいでおり、気兼ねなくだらだらできる。通路脇にはベビーカーが置かれていて、幼児がそれに乗ってはしゃいでいる。通路はカーペット敷きで落ち着いた雰囲気を演出しており、長く休んでも窮屈な感じがしない。外のつまらなさとは対照的な、なかの居心地のよさ――私たちがモールに吸い寄せられる一因には、こうしたギャップも関係していそうだ。

わざわざ歩いてみたくなるフシギ

　もう少し内部をうろついてみる。「モール」という言葉が遊歩道を意味することからわかるとおり、ショッピングモールの楽しみは、なにより歩く楽しみだ。衣料や生鮮食料品はもちろん、ペットに雑貨に保険まで、モールにはじつにさまざまな種類のお店が入っている。しかし圧倒されるくらい店舗の数は多いのに、初めて訪れたモールでも、それなりに歩けてしまえるし、歩くことに苦痛も感じない。むしろ私は、どこを歩こうかというちょっとした思案を楽しんでいることに気づいた。

　じっさい、館内にはフロアガイドや案内表示が充実しているが、あまり人びとがそれらを頼りにしている様子はない。常連客はもとより、たまたま迷い込んだような人たちも、説明書を読まずにゲームをはじめるプレイヤーのように、ガイドを読まずにふらふら歩き、歩きながら館内の構造を学習していく素振りが目立つ。一度でもRPGを遊んだことのある人ならば、別のRPGを遊んでも、操作方法やダンジョンへの潜り方を「知って」いるように。

　もちろん、私たちがそれなりに歩けてしまえるのは、どこのモールも建物の構造や入っているお店が似通っているためだ。だが、似通っているにもかかわらず、私たちが他のどこでもなく、わざわざモールを歩いてみようと思えるのは、どうしてなのだろうか。

📺 屋内に都市をつくる

「箱庭都市」の成立と展開

　そのことを考えるために，まずはモールが誕生した経緯をおさえておこう。広大な土地を有するアメリカでは，古くから移動の手段に車が愛用されており，幹線道路沿いに商業施設を集め，人びとが一度に大量の商品を購入できるサービスを洗練させてきた。その来歴は，おおむね以下のような手順を踏んでいる。

　はじめに考えられたのは，道沿いに店を並べることだった。バラバラに店が点在しているより，集まっている方が多くの客が見込めるし，ドライバーも助かる。こうした発想から，道路から簡単に出入りできるところに駐車場を設け，そのスペースに面して簡素な店が一列に並ぶようになったのだ。そして，つぎに画期的だったのは，店どうしを向かいあわせにしたことだった。すなわち，店舗は車座になってみつめあうように並べられ，駐車場はその周囲を囲むように配置されるようになったのだ。さらに，そうして円の内側が歩行者専用の空間として隔離されてしまえば，「全体に屋根をかぶせるのは時間の問題」だった。すなわち，「店舗が外側から見えなくなるという決定的な変化によって，ショッピングモールはいまのような形態になったのである[*1]」。

　以上は20世紀のおよそ前半をかけた変化であるが，モールが全天候型の遊歩する空間，いわば「箱庭都市」として快適さを高めていくのはこれ以降である。アメリカにおけるモールの黄金期は1960年代から1980年代とされるが，1960年代初頭の段階では全米に約5000ヶ所，1980年代末の時点では約2万2000ヶ所を数えるほどに浸透する[*2]。以後は数でこそ飽和状態をむかえるものの，核となる店舗にゴルフ場や水族館を備えたモールも登場し，モールは生活の目的を満たす以外にも，娯楽性やテーマ性を高めて観光地的な役割を果たすようになっていった。

　現在の日本のモールは，こうしたアメリカ流の建築設計に重きを置いている。日本で吹き抜けのあるモールが広まるのは，大店法が改正した後の1990年代からだが，近年では地方都市に限らず，首都圏の中心部においても，さま

ざまな建築物でモールにみられる空間の作り方が踏襲されるようになった。この傾向を，都市の風景が貧しくなっていく「ファスト風土化」と捉えるか，安全で快適な空間が広がっていく「ショッピングモーライゼーション」と捉えるかはさておき，モール的な空間はもはや，私たちの日常と切り離すことができない。

「均質化」と「テーマパーク化」の議論を超えて

以上の経緯で，いまやモールは社会を読み解くひとつの象徴として注目されている。とすれば，つぎにみておきたいのはモールの語られ方だろう。モールが論じられるさいの典型的な切り口は「均質化」と「テーマパーク化」で，前者を代表するのが評論家の三浦展の議論，後者を代表するのが社会学者のジョージ・リッツァの議論である。それゆえ，これらを概観すれば，モールがどう位置づけられているのかを大づかみにできるはずだ。

まず，三浦の議論の根底にあるのは，モールや家電量販店の地方への進出によって，「本来固有の歴史と自然を持っていた地方の風土が，まるでファストフードのように，全国一律の均質なものになってしまっているのではないか」という疑問だ。そこで危惧されているのは，社会や文化の「下流」方向への均質化であり，ジャンクな店舗や商品に囲まれることで地域の共同性が失われ，凶悪な犯罪をまねく危険性があることである。[*3]

一方，リッツァはモールを，人びとに必要以上の消費をあおる「消費の殿堂」の典型とみる。彼によれば，アメリカ最大のモールである「モールオブアメリカ」と「ディズニーワールド」との間に本質的な差はない。前者はテーマパークのあるモールであり，後者はモールのあるテーマパークである。ちがいはせいぜい，ショッピングと娯楽の比重が異なることくらいで，ディズニーワールドが遊園地やキャラクターを利用して敷地内の店舗を宣伝し，グッズや土産物を買わせているように，モールもまた，映画館や児童の遊び場など，娯楽の手段を使って人びとをまねき寄せ，消費に駆り立てているのだという。[*4]

なるほど，どちらも興味ぶかい指摘ではある。ただし，注意も必要だ。まず，「均質化」ということなら，明治期の文明開化は城下町の風景を一変させ，戦後の高度成長期は農村の風景を大きく変えてきたわけで，それは今にはじまっ

た話ではない。また「テーマパーク化」にしても，文化的な背景が異なるアメリカの状況を，そのまま日本にあてはめるわけにはいかないし，そもそも，日本とアメリカではモールの受容にタイムラグがある。

なにより「均質化」と「テーマパーク化」は，互いに矛盾しあう側面をもつ。モールを「均質化」の象徴と考えたなら，全国どこでも類似の店舗が入っていないとおかしくなるが，「テーマパーク化」の象徴と考えたなら，人びとを消費に駆り立てるべく，他の施設にないアトラクションを設置する差別化が重要になるだろう。この意味で，「均質化」と「テーマパーク化」の議論は，相性が悪いのだ。

しかしそれにもかかわらず，双方の議論には似た側面もある。三浦は「よい品をより安く」といった宣伝コピーに象徴される，安売りスーパーから発展したモールを想定し，リッツァは最新の娯楽施設を備え，観光地としても通用するメガモールを想定しているが，いずれも，①論者自身の「モール観」が強く表れており，②みちびきだされる結論は悲観的で，③どこか「上から目線」で消費者を捉えているところがよく似ている。

さて，こうしてみると，私たちはどうやら別の道筋をとった方がよいように思えてくる。とくに双方の捉え方では，私たちがモールにおもむき，歩いてみたくなる一種の愛着は，ごっそりと削ぎ落とされてしまうだろう。そこで以下では，いわば「下からの目線」で，モールの開発者がそこをどのように歩かせたがっており，また，遊歩者がどのように歩きたがっているのかを，具体的に掘り下げてみたい。

開発者と遊歩者の論理

「箱庭都市」の歩き方

話のとっかかりとしてまずは，現代における歩行の意味を考えるところからはじめよう。「メタボ」が話題になる昨今では，お金のかからないニュースポーツとして「ウォーキング」が注目されているが，これはよく考えるとフシギな話だ。歩くことは元来，人類にとってもっとも大切な行動であったはずなのに，ふだんの歩行と区別して，わざわざ歩くことの効能に光をあてているからであ

る。裏を返せば，私たちはそれほどまでに，ふだんの歩行を無意味で退屈に感じているかのようであり，現に私たちは，通勤や通学の途上で，隙あらばケータイをいじったり，音楽を聴いたりと，いろんな用事であわただしい。

　モールを歩くことは，この点で「ウォーキング」と似ている。車の文化が発展した現代では，近くのコンビニに行くのですら，歩くことを惜しみ，車で出かける人はめずらしくない。しかしそんな人でも，モールに着くとスイッチが切り替わるように，意気揚々と建物内へと乗り込んでいく。現代人は外をあまり歩きたがらないのに，モールではすすんで歩きたがるのである。

　だとすると，私たちはどうしてモールを歩きたがるのだろうか。このことを考えるには，都市での歩行を引き合いにだすとよい。たとえば，スクランブル交差点で信号を待つ人びとの姿を想像してみよう。そこでは信号が変わるやいなや，徒競走で「よーい，どん！」のピストルが鳴り響いたかのように，人びとは我先にと反対側へ飛び出していくだろう。このように，都市では人は，往々にして早足で集中して歩く。多くの人が，まるで重要な目的でもあるかのようにセカセカ歩き，少なくとも，そうした素振りをみせている。それは，めまぐるしい都市のリズムが人びとの体に染み付いているからかもしれないし，ゆったり歩いていると，まるで自分が誰からも必要とされていないようで，淋しく思えるからかもしれない。

　ところが，モールの場合はそうではない。そこではむしろ，ゆったり歩くことを求められるようなおもむきがある。当然モールでは，段差を気にして歩く心配も，誰かの歩きタバコで不快な思いをする危険もない。しかし注意したいのは，そうした物理的な条件よりも，人びとの意識のあり方だ。都市では，行き交う人が何のために歩いているのかを知る由もないが，モールはちがう。どこかに目的があって歩くのではなく，モールに滞在すること自体が目的とみなされる。誰もがみな，同じ「買い物客」という役柄でまなざされるから，モール内をせわしなく歩くのは，空間の秩序を乱すばかりでなく，なんだかカッコ悪い。つまりそこでは，目的をもって歩く（ふりをする）暗黙のルールから解放されるのである。

6 「箱庭都市」の包容力〔ショッピングモール〕

▓ 開発者の側の論理

　ただし，モールでゆったり歩くことが求められるのは，なにも他人の目線を意識したり，場面にあわせて行動したりするからだけではない。モールという建物の設計が，私たちに遊歩をうながすように仕向けているからでもある。このことを理解するために，ここでは百貨店との対比で考えてみよう。

　典型的な百貨店とモールのちがいは何だろうか。すぐに思いつくのは立地だろう。百貨店は鉄道沿いに設けられ，都心の主要な駅に直結して建てられてきたが，モールは幹線道路沿いに設けられ，都心から離れた周辺部にも建てられやすい。このちがいは建物の形状にも表れていて，百貨店は縦長の形をとるのが一般的だが，モールは広大な敷地を利用し，横に伸びた形をとるのが一般的だ。

　また，人びとの移動の仕方も異なっている。百貨店では「婦人服のフロア」「紳士服のフロア」「スポーツ用品のフロア」など，フロアごとに性別や年齢でターゲットが明確に区切られていて，だからこそ人は，エレベーターで目当てのフロアに直行すれば，必要のないフロアを無視していられる。他方，モールもフロアごとに統一感をもたせてはいるものの，店舗の配置はよりゆるやかだ。人びとは1階から2階へ，手前から中央へと，なだらかなグラデーションを描くように移動していくだろう。

　集客の工夫にもちがいがある。百貨店では最上階にレストランが，最下層に食料品売り場が設けられており，上階に立ち寄った人びとを階下へ導く「シャワー効果」や，地下に訪れた人びとを階上へ導く「噴水効果」など，縦の移動が期待されている。一方，モールの場合は，来訪者にフロアをくまなく横断してもらうための配慮がある。建物の端には，多彩な飲食店を集めたフードコートが設けられ，イベントなどは，フロアの中心部に位置するセンターコートで催されやすい。百貨店における集客の工夫と比べた場合，水流がぐるぐる弧を描くイメージで，「流れるプール」のような効果と呼べばよいだろうか。

　そもそも，複数の商業施設の集合体であるモールは，単一の商業施設である百貨店よりも，人びとを回遊させる工夫が徹底している。図表6-1は，消費金額を縦軸に，滞在時間を横軸にとって，私たちが日常的に訪れるさまざまな商業施設をプロット化したものだ。[*5]これによると，滞在時間が短く，消費金額

Ⅱ　無印都市の消費空間

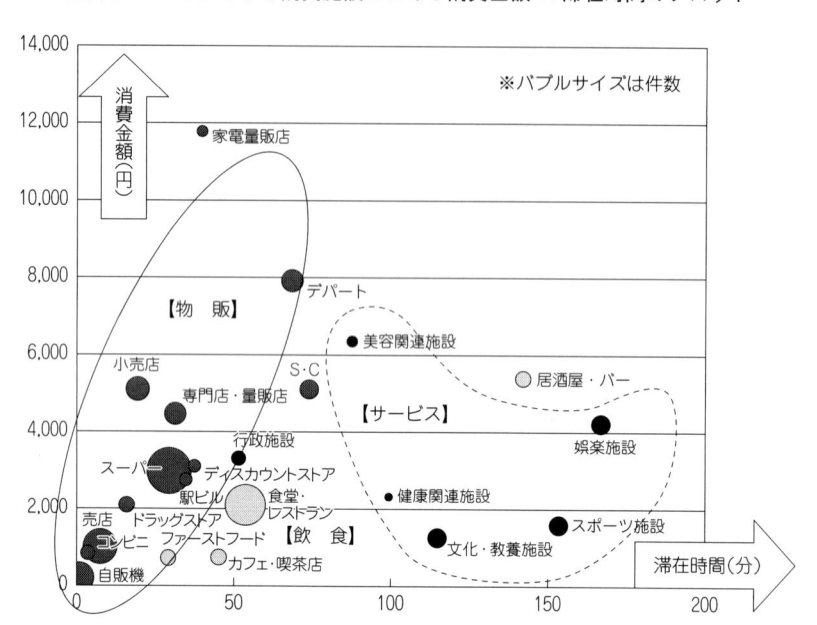

図表6-1　さまざまな消費施設における消費金額×滞在時間のプロット

「東京圏生活者の移動と消費に関する調査研究」［中人ほか 2006］

の多い施設の典型は家電量販店や百貨店（デパート）で，反対に滞在時間が長く，消費金額が少ない施設の典型は，シネコンやジムに代表される娯楽・スポーツ施設である。ここからわかるのは，お金を消費する施設と時間を消費する施設とが，しばしば拮抗しあう関係にあることだろう。

　モールには，図に示された多くの施設が含まれている。一般に，時間消費型の施設では客はたいしてお金を使わないとされるが，人びとにお金を落とす機会を突きつけないと，お店は儲からずにつぶれてしまう。そこでモールでは，フードコートやシネコンのような来店目的性の高い施設を，建物の入口からなるべく遠ざけておき，人びとにモール内をわざと歩かせ，立ち並ぶ専門店の前を通ってもらえるようにしている。個々の施設の配置を巧妙に計算することで，来訪者の滞在時間と消費金額をともに高める環境を工夫しているわけである。

6 「箱庭都市」の包容力〔ショッピングモール〕

▓ 遊歩者の側の論理

　さて，こうした思惑を知ると，私たちはいかにも企業の思うままに操られているようで，いい気がしない。だが，目線を変えて遊歩者の立場で考えると，ちがった側面もみえてくる。以下では一例として，大阪府に住む大学生Ａさん（男性，21才）の体験をインタビューから抽出しよう。

　Ａさんがショッピングモールと出会ったのは，中学生のころだ。小学生までは地元の商店街，とくにおもちゃ屋でよく遊んでいたという。また，スーパーマーケットにもよく行った。そこにはゲームセンターがあったからだ。しかし高学年になるとゲーセンがつぶれ，スーパーからは遠ざかるようになる。一方，中学生になると，家から自転車で15分の距離にモールができて，以後はそこに通って遊ぶようになった。なにより「気楽に過ごせるのが新鮮だった」という。

　ただし，モールに通っているからといって，個々の店舗や商品に深い愛着があるわけではない。本屋の品揃えはあまり充実していないと考えているし，行きつけの服屋もあるにはあるが，「服があまり派手じゃないから」と消極的な理由だ。本や音楽にふれるなら，家の近所に古本市場があるし，通学途中にも書店やTSUTAYAがあるから，わざわざモールで買う必然性は乏しい。おしゃれな服がほしい場合は，都心の複合商業施設である，なんばパークスでも売っている。それでも彼が足を運ぶのは，お金がないこと，つまり「財布の中身的に」モールがちょうどよいと感じているからだ。

　そして現在のＡさんは，用途に応じて三つのモールを使い分けている。見た目が同じようなモールでも，同じように利用することはなく，牛乳が安いのでＸモール，映画はＹモール，服をみたりするのはＺモールと，彼のなかでは役割が明確に決まっている。しかしその一方で，どのモールを回るさいにも，決まって立ち寄る「巡回ルート」のようなものがある。最寄りのＸモールでは，必ずといってよいほどヴィレッジヴァンガードに入るそうだが，他のモールでも書店とレコード店は必ず回る。このように，モールに行ったらどういうところを回るのかが彼のなかにできていて，初めて行くところでも自然に歩いていることに「奇妙な印象を受ける」のだという。

　なるほど，たしかに彼は巡回していた。じつは上記のインタビューをおこな

う前に，Aさんとその友人に同行し，Zモールを歩く2人の姿を（了解を得たうえで）尾行させてもらったのである。このときも彼らは1階の専門店には目もくれず，上階にある文化的な関心を満たす店に直行している。雑貨屋にはたまたま入ったものの，何も買わずに3分で退出。とくに滞在時間が長かったのが，ヴィレッジヴァンガード（8分），タワーレコード（23分），紀伊國屋書店（34分）の三つだ。ただしヴィレヴァンでは，周囲を一周して何も買わずに退出。タワレコでは，洋楽→邦楽の順で棚を巡回し，紀伊國屋書店では，楽譜のコーナーに立ち寄った後，ライトノベル，マンガ，文庫本，音楽雑誌のコーナーを巡回していった。

　この歩行ルートからわかることは，Aさんたちが一見，無目的に歩いているようでいて，その実，立ち寄る店やコーナーを明確に選別（スクリーニング）していることだ。とくに注意したいのは，どこに立ち寄ったかよりも，どこに立ち寄らないかである。自分たちの関心に沿わないものは，みえてはいるものの，目に映ってはいない。そうであればこそ，たとえそこが初めて訪れたモールであっても，Aさんたちはあたかも「けもの道」のように，おのずと決まったルートをなぞっていったのだと考えられよう。

「安心された多様性」を買いに行く

目的はなくても，行き先は決まっている

　以上，モールを歩くことの意味を検討してきた。ここまでの議論をふまえ，あらためてモールのもつ魅力をふりかえってみよう。

　最初に確認できるのは，遊歩者が自在にモールの意味を読み替えていることだ。すなわち，三浦やリッツァが指摘するように，人びとは必ずしもモールを均質な空間とは捉えていないし，娯楽の手段で過剰に消費をあおられているわけでもない。Aさんの場合はむしろ，モールごとの個性を認識しているからこそ，三つのモールを使い分けていたのだし，無駄な出費をひかえ，堅実な消費生活をおくろうと努めていた。

　つぎに確認できるのは，遊歩者がモールに利便性以外の魅力も感じていることだ。先にみたとおり，モールは人びとの消費金額と滞在時間とをともに高め

る設計を工夫している。だがAさんの場合は，自分に関心のあるものをピンポイントで消費する傾向が強く，とくに「これ！」といった目的がない場合ですら，行き先はあらかじめ決まっていた。

つまり興味ぶかいのは，そんな予定調和の行動をとっている場合でも，モールに飽きを感じていない点にある。個々の商品はモール以外の場所でも買えるし，ウェブでも買える。お金がなくても，やりくりする手段は他にもある。だからAさんは，特定の商品を買いに行くためだけに，モールに足を運ぶわけではない。だとすると，どうして彼は，それでもモールに通ってみたいと思えるのだろう。

何をしても許される感覚

インタビューのなかで，この点に示唆を与える言葉は「気楽」である。Aさんにとってモールは，これまで訪れたどの施設よりも「気楽」であり，ゆえに「新鮮だった」という。そして，この感覚をモールでもっとも味わうことのできる空間は，おそらくフードコートだろう。

フードコートの利用目的が食事であることは疑い得ない。しかし，複数のモールで人びとの行動を定点観測していると，じつに半数近くの人びとが，食事以外の目的で利用していることに気づかされる。昼寝や読書，宿題といった行動はもちろん，昼下がりの空いた時間帯には，中学生が集団でカードゲームに興じていたりする。別の店で買った飲食物を持ち込む人や，何も買わずに無料で提供される水だけを飲んで過ごす人も多い。

食事をするはずの空間で，食事をしなくてもよい自由——ここには，人びとの多様な行動を多様なままで容認する，一種のふところの深さがある。このふところの深さは，たとえば，私たちが学生食堂で経験する（した）ものと似ているだろう。しかしもちろん，学食とフードコートとの間には決定的なちがいもある。学食には学生以外はまず訪れないが，フードコートには老若男女を問わず，不特定多数の人びとが訪れる。この意味でフードコートは，きわめて公共性の強い空間といえる。

それゆえ，学食でくつろぐ人がいても，私たちはさして気に留めないだろうが，フードコートで奔放にふるまう人びとがいた場合，私たちは「公共のマ

ナーが低下している！」と，お説教のひとつも述べたくなるかもしれない。しかしここまでの議論をふまえたなら，それとはちがった解釈もみちびけるはずだ。すなわち，公共性の強い空間であるにもかかわらず，他で求められるマナーを強く要求されない空間として定着してきた点にこそ，モールのモールらしい特徴があるのではないか，と。

　人びとがモールに感じる魅力の源泉は，おそらく，このふところの深さと無縁でない。今日のモールは，屋内にしつらえられた「箱庭都市」のなかで，各人の行動の自由を最大限に許容する傾向にある。ベンチで寝転んだり，通路脇の柵に寄りかかってブラブラ遊んだりしていても，「モールだから」という理由で大目に見てもらえる。そのことがもつ，独特の心地よさと快適さ──私たちはモールを訪れることで，空間全体を包みこむ寛容な雰囲気こそを「買って」いるのかもしれない。

〔註〕
- ＊1　パコ・アンダーヒル［鈴木主税訳］2004『なぜ人はショッピングモールが大好きなのか──ショッピングの科学ふたたび』早川書房．
- ＊2　Nancy Cohen 2002 *America's Marketplace: The History of Shopping Centers*, Greenwich Publishing.
- ＊3　三浦展 2006『脱ファスト風土宣言──商店街を救え！』洋泉社．
- ＊4　ジョージ・リッツァ［山本徹夫・坂田恵美訳］2009『消費社会の魔術的体系──ディズニーワールドからサイバーモールまで』明石書店．
- ＊5　中人美香・小野由樹子・前川幸子・会田雅彦 2006「東京圏生活者の移動と消費に関する調査研究」『JR East Technical Review』16号，21-26頁．

もっとかんがえる

- 私たちはふだん無自覚にモールを歩いているが，自覚してみると何がみえてくるのか。そのことを調べるために，自分や知人の歩いた軌跡（トラック）をフロアマップに記し，お店での滞在時間を計測してみよう。歩行者の属性ごとに異なる，一定の規則性が発見できるかもしれない。
- モールは均質な空間とみなされているが，じっさいにはどこまでそういえるのか。モールのある土地の地理と歴史を調べてみよう。モールが建つ前に，そこには何があったのか。周囲にはどんな人びとが住んでいて，どういう施設が点在しているのか。そうした関係性のなかにモールを位置づけてみると，それまで均質に思えてい

たモールの、均質ではない側面が浮かび上がってくるだろう。
- モールが私たちの多彩な行動を許容しているとして、具体的には何を許容しているのか。10代の若者と親子連れで、モールでの行動様式にどういうちがいがみられるのかを観察してみよう。そのことで、モール的な空間が全国に広まった理由をいっそう明らかにできるかもしれない。

ブックガイド

パコ・アンダーヒル［鈴木主税訳］2004『なぜ人はショッピングモールが大好きなのか——ショッピングの科学ふたたび』早川書房
　米国はもとより、世界中のモールを視察したコンサルタントによるマーケティングの書。集客のコツを考える体裁になってはいるが、手続きは人類学的で、モールで体験する一連の行動を項目別に整理している点が示唆に富む。

ジョージ・リッツァ［山本徹夫・坂田恵美訳］2009『消費社会の魔術的体系——ディズニーワールドからサイバーモールまで』明石書店
　社会の合理化を意味する「マクドナライゼーション」という造語で知られる著者の消費社会論。ヴェーバーの学説を下敷きに、モールにみられるような便利で快適な現代人の消費生活を、網羅的かつ批判的に検討している。

速水健朗 2012『都市と消費とディズニーの夢——ショッピングモーライゼーションの時代』角川書店
　気鋭のライターの手による、コンパクトなショッピングモール論。「車社会化」を意味するモータライゼーションにひっかけ、モールのような空間が日本社会の全域をおおっていく背景を、豊富な事例をもとに読み解いている。

〔木島 由晶〕

7 パーキングエリア
目的地化する休憩空間

🚲 パーキングエリアにたちよる

　ある休日。東京ICから東名高速に乗り，15kmほど進むと港北パーキングエリア（以下，PA）の標識が現れる。渋滞していたため，ここで休憩することにした。駐車場から降りたつと，コンビニ，軽食コーナー，横浜限定の幟が立つ売店が目に入る。すれ違う家族の「海老名で食べるんじゃなかったの？」「そのつもりだったんだけど，つい」という会話が聞こえてくる。買い物したくなるが，我慢して先へ進む。

　15kmほど進み，到着した海老名サービスエリア（以下，SA）は，イオンやらぽーとのような外観である。都市で目にする吉野家やドーナツプラントや地元食材を使用したメニューを掲げた店舗や売店，ご当地の名産品売り場もある。食事を済ませたあと，名産品も気になるが帰路のSAで購入することにして目的地へ進む。富士山を前方に眺め，この日の目的地である御殿場へ向けて約50km進むと足柄SAがある。目的地はもう直前だが，何となくたちよる。

　このような高速道路上の経験，そしてPA・SAを前にドライバーが運転の緊張から解放される一方で，同行者が目を輝かせ出すことは珍しくないだろう。それゆえにPA・SAは，ドライバーと同行者の緊張と弛緩が逆転する移動中の「オンとオフの交叉点[*1]」である。また，PA・SAは「旅のオアシスであ

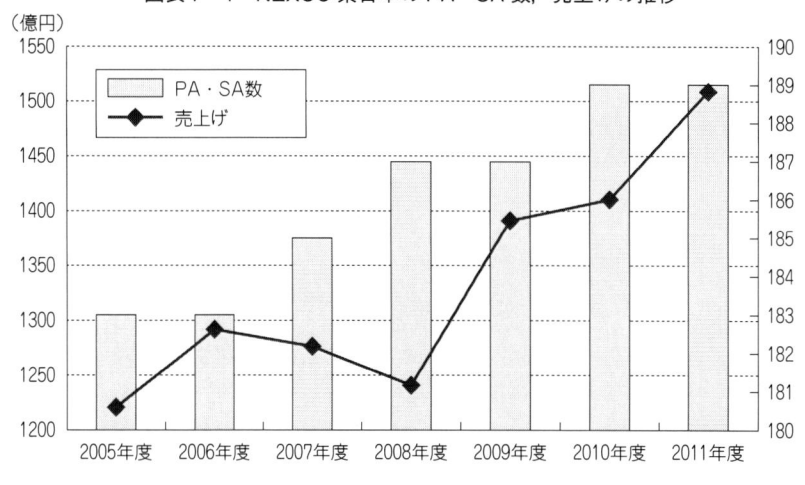

7 目的地化する休憩空間〔パーキングエリア〕

図表7-1 NEXCO東日本のPA・SA数,売上げの推移

NEXCO東日本HP「定例記者会見資料」各年版

り,またハイライト[*2]」と言われるように,私たちはPA・SAへの寄り道を無駄とは思わず,高揚感を覚えることもある。本章は,この高揚感を起点にPA・SAの現在を考えてみたい。

🖥 PA・SAという空間

▓ PA・SAの定義と現況

全国高速道路建設協議会によると,PA・SAは全休憩施設間で約15〜30km[*3],SA相互で約50〜150kmと配置間隔が規定されており,PAは駐車場,園地,公衆便所,必要に応じ売店,給油所を備えた休憩施設をいう。一方,SAは駐車場,園地,公衆便所,無料休憩所の他に食堂,給油所,売店などを備えた休憩施設をいう。

1963年開通の名神道路に日本最初の大津SAが開業して以降,2012年までに549ヶ所まで増えたPA・SAは,2000年以降,消費空間へ変容を遂げ,その売上げも増加した(図表7-1)[*4]。その第一の要因は,2005年の高速道路民営化である[*5]。それにより,日本道路公団(1956年設立)はNEXCO東日本・中日本・西日本へ,PA・SAの管轄も2006年に道路施設協会(1965年設立)から上記3

091

社系列の管理会社へ分割民営化された。第二の要因は、2008年からのETC割引や2010年の無料化実験など高速道路の構造的変化であり、第三の要因は、近年の「駅ナカ」や「道の駅」などの展開とも重なるPA・SAの商業施設化である。続けて、消費空間としてのPA・SAを別の角度から見てみよう。

休憩地と都市的空間

　古代道には駅家(うまや)という休憩地が16kmごとに存在した。[*6] 江戸時代の宿場町は「交通運輸の駅伝業務を扱うために設定された『都市』[*7]」と言われるように、物流や人の定住が生じる休憩地に都市は発展してきた。だが、高速道路が発達した現代の宿場町は「モーテル街やインターチェンジに存在する休泊施設[*8]」と言われる。このように今日の物や人の移動の幹線のひとつとなる高速道路においては、都市的空間の基盤はインターチェンジなどの都市と高速道路の中継する地点に置かれてきた。このために、PA・SAは移動の通過点あるいは休憩施設として捉えられてきたと考えられる。

　だが、近年のPA・SAは、ただ単に休憩施設としてではなく、都市的空間と同様に捉えられるようになってきている。その手掛りは、街の見所をランキング形式で紹介する『出没！アド街ック天国』（テレビ東京）のような番組に見出せる。2005年12月24日の放送ではPA・SA、2012年10月13日の放送では東京駅が取り上げられた。このような紹介に違和感を覚えないのは、街を消費装置とみなす都市的経験──ジャンクな消費装置が並ぶ無印都市の経験が私たちに浸透している証拠となる。したがって、フランチャイズやチェーンの並ぶPA・SAを都市的空間として受容することは、私たちがそこに無印都市の匂い──「無印都市性」を嗅ぎ取っていることを示唆している。

　とはいえ、消費空間と結びつく「無印都市性」だけがPA・SAの魅力ではないはずである。そうであるならば、PA・SAを語ることは都市の消費空間を語ることで事足りてしまう。むしろ、それに回収されないPA・SAの何かに私たちは高揚感を覚えるのではないだろうか。そこで本章は、PA・SAに関する雑誌記事を資料に、PA・SAの設計側の論理とユーザーである私たちの受容の歴史的変遷をひもときPA・SAの現在を明らかにする。[*9]

休憩地と目的地

PA・SAの性格とその機能

　PA・SAが開業して以降の中心的議題はその空間の性格にあった。1970年の『高速道路と自動車』の座談会[10]で，建築家の柳英男は「高速で走ってきた車，あるいは人，その両方に休養をとらせる」ことにPA・SAの性格を求めた。一方で建築家の黒川紀章は，PA・SAを高速道路の付属施設ではなく，自然と調和した目的的な施設として捉えていた。そして，「目的的」なPA・SAは「税金の無駄使いという声が出てくる可能性があるというふうな思想が，どうも建設省の中の一部にある」というジレンマに言及した。それはPA・SAが公共施設である以上，均質，画一的な空間となる側面があるためである。

　そこで持ち出されたのが「人間性を回復するところ[11]」というPA・SAの性格であった。「人間性の回復」は，1969年の国民生活審議会による報告書でも軸に据えられた語彙である[12]。都市化とともに失われた旧来の地域共同体の回復を意味するこの規範的な語彙は，都市空間の緑地の回復などにも謳われた時代的なキーワードであった。だが，この近代化の反省を促す語彙が近代的な高速道路のPA・SAに転用されることは，どこか矛盾があるように思われる。では，なぜそれはPA・SAに用いられたのだろうか。

　その理由は「人間性の回復」の場としてのPA・SAを高速道路上で「もっとも人間くさい場所[13]」とする語り方から読み取れる。この語り方は，無機質なコンクリートに覆われた高速道路，自動車という機械に抗う人間という図式を強調する。そして，自動車を運転する主体であるはずのドライバーが，高速道路上で自動車という機械に閉じ込められ，主体性を喪失してしまうことを危惧し，ドライバーの主体性を取り戻すための空間としてPA・SAを位置づけ，公的施設ゆえのジレンマを回避しようとする。つまり，「人間性の回復」という語彙は，PA・SAを高速道路上に突如生じるオアシスのような一息つける休憩施設としての機能の充実を図るための戦略として用いられたのである。

　PA・SAは，1982年までに171ヶ所，高速道路の17.1kmに1ヶ所の割合で置かれるなど量的整備が進んだ。その渦中で問われたのがPA・SAの休憩施設

としての機能であった。ではその後，休憩施設としてのPA・SAは，どのような変容を遂げたのだろうか。

PA・SAの新たな戦略：休憩施設から商業施設へ

「ショッピングセンター化」[*14]は，1980年代にPA・SAの将来の姿のひとつとされていた。2000年代に入ると，それはPA・SAを語るキーワードとなった。

「道路の付属物としてのSAから，SAそれ自体が目的地になる」この発想の転換で行った工夫が集客につながった[*15]

移動の通過点に過ぎなかったSAから，目的地として選ばれるようなSAへと，新しいスタイルへの転換に取り組んでいる[*16]

近年のPA・SAは「休憩施設から商業施設へ」「デパ地下風」「複合商業施設」などそれまでとは異なる「目的地」としての性格を強調する。その代表にPasar（NEXCO東日本，2008年〜），EXPASA（NEXCO中日本，2010年〜）がある。

PAとSA，リラクゼーションのRを組み合わせたPasarは，おしゃれで機能的な消費空間を演出している。Pasar幕張を例にすれば，下り線では東京気分を感じられる店舗，上り線では千葉気分を演出できる店舗を用意するなど機能的な消費空間だけでなく「ご当地性」も重視していることが理解できる。

PA・SAの概念を超えるという意味を込めたEXとPA，SAを組み合わせたEXPASAも，おしゃれな内外装の空間を演出し，出店する都市型店舗にも地産地消による「ご当地性」を重視することを求めている。とりわけ2011年12月に全面開業した，都心へ向う最後のSAであるEXPASA海老名（上り）は無印都市そのものである。[*17]

「食べたい・欲しい」といったニーズだけではなく，帰宅後や翌日までのニーズにもお応えできるモノ・コトを備えたサービスエリア[*18]

「1.5日分のマイパートナー」を謳うこのSAは，総テナント数28と国内最大規模を誇る。その外観はショッピングモールさながらである。店舗内は，ご当地の名産品や成城石井やPAOPAOなどの都市型店舗が並ぶデパ地下のような賑わいを見せ，さらにセレクトショップのユナイテッドアローズも出店し，

おしゃれで便利な空間となっている。

　PA・SAの戦略は，信越本線横川～軽井沢間の廃止前の駅を再現した「ご当地性」を強調する横川SA（上り線）など多様である[*19]。だが，想定するユーザーを家族に拡大し，「無印都市性」と「ご当地性」の組合せからなる独自の消費空間を創出している点では共通する。その組合せのグラデーションが「ご当地性」に溢れるPAやSA，商業施設化するSA，デパ地下化するSAという形態に現れる――PA・SAの階層化。民営化以降のPA・SAの固有性は，通過点としての休憩施設であったPA・SAを消費の目的地とする戦略に求められる。

PA・SAの戦略と受容の齟齬／共振

　商業施設としてのPA・SAに満たされる感覚が高揚感として現れているならば，私たちは休憩施設としてのそれの何に満たされなかったのだろうか。その点を明らかにするために，国会図書館NDL-OPAC（11件），大宅壮一文庫（175件）から得られたPA・SAの受容に関する雑誌記事も対象に含め，ユーザーの視点から休憩施設から商業施設へという戦略展開を考察する。

　はじめに民営化以前のPA・SAの戦略とユーザーの受容との関係を押さえよう。この時代において設計側はPA・SAを休憩施設として考え，その機能を高めるために自然との調和を図ろうとしていた。それに対してユーザーは，PA・SAを以下のように捉えていた。

> 商業施設の利用が活発な反面……自然志向的なスペースの利用は一般に予想に反して低調である。……欧米人の休憩施設利用が自然と静寂，高速道路からの隔絶感……指向する傾向が強いのに反して，わが国の場合は……賑わいを求める傾向が強い[*20]

　上記引用からは，ユーザーが設計側の意図に反してPA・SAでの消費を楽しもうとしていた様が理解できる。その様は，欧米人の自然志向的な休憩施設利用とは位相を異にする日本独特のPA・SAの受容として捉えられ，設計側の戸惑い，驚きが語られた。図表7-2を見ると，雑誌記事の量は多くないものの，PA・SAのご当地「グルメ」やPA・SAの売りを紹介する「PA・SAガイド」が中心的話題であったことが理解できる。ここからはPA・SAの「ご当地性」の消費を期待するユーザーの姿が読み取れる。しかし，「ご当地性」

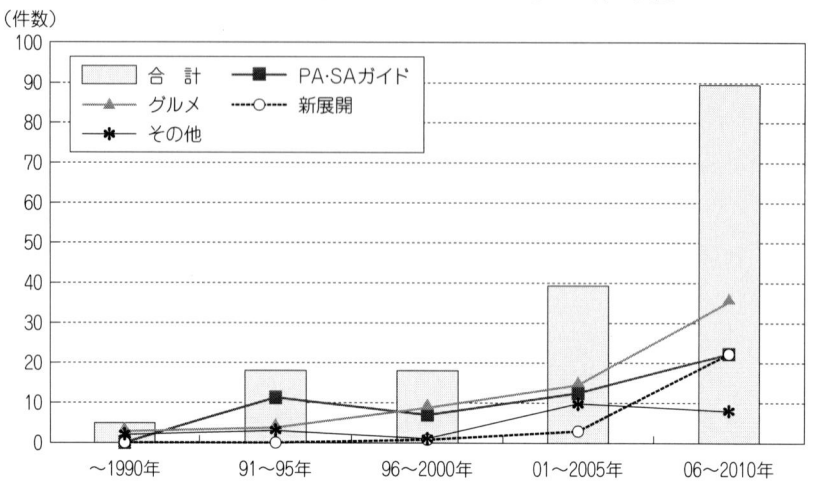

図表7-2　雑誌記事におけるPA・SAの語られ方の変遷

と結びつく記事の内容は「グルメ」や施設などのあり方を否定的に捉えるものが多く見られる。すなわち，民営化以前の記事では，PA・SAの「ご当地性」の消費への期待が裏切られたことに対する「不満」が語られていたのである。この点が重要である。それは，PA・SAでの消費を期待していたユーザーと設計側の戦略との間には齟齬が生じていたことを示唆するためである。その意味で，「ご当地性」を備えたPA・SAはユーザーを惹きつけるものの，どこか満たされない消費空間であり続けていた。

　一方，民営化以降は，PA・SAを商業施設として仕立てる設計側の戦略と消費を楽しみたいユーザーの欲望が共振するようになった。それは，2006年以降の記事数の急増からも理解できる。中心的話題が「グルメ」「PA・SAガイド」であることは以前と同様であるが，"進化""テーマパーク""ショッピングモール"などPA・SAの「新展開」を媒介として「グルメ」「PA・SAガイド」が語られるようになった点に決定的な差異がある。それは，「新展開」に引き寄せられる「無印都市性」と「ご当地性」が同居する今日的なPA・SAの肯定的受容と重なる。かつてから「ご当地性」を消費する空間を私たちが欲望していたことを踏まえるならば，商業施設化するPA・SAの戦略はユーザーの潜在的欲望を察知した結果として捉えることができる。このように設計側と

ユーザーの欲望が折り重なるために，私たちは，ついPA・SAにたちより，どこか満たされてしまう。

　以上より，①設計側の戦略と独立したPA・SAを消費の目的地として受容し続けてきたユーザーの欲望の歴史性，②設計側の戦略とユーザーの欲望が共振し，どこか満たされなかったPA・SAからどこか満たされてしまうPA・SAへ変容した現在性が浮かび上がる。

非日常性の中の日常性／日常性の中の非日常性

　設計側／利用者に休憩地としてしかみなされないのであれば，PA・SAは簡素な空間であり続けたはずである。そうではなく，変化を続け目的地化されるPA・SAは，設計側の戦略と無印都市的な消費スタイルが身体に染み付いた私たちの欲望が共振関係にある現在を描き出している。

　本章は，民営化・商業主義化によって個性を失った虚無な空間としてPA・SAを批判的に捉えるのではなく，そこに惹き付けられる高揚感と向き合い，目的地化する休憩空間としてのPA・SAの現在を理解した。私たちは，移動という非日常性の中に現れる日常的な「無印都市性」の安心感，その安心感に亀裂を入れる非日常的な「ご当地性」による衝撃をPA・SAに嗅ぎとっている。あるPAでは別のSAを，SAでは目的地や帰路のSAを期待しながらも，吸い込まれるようにPA・SAにたちよってしまうのは，それぞれのPA・SAが「無印都市性」と「ご当地性」のグラデーションを異にする個別性を有しているためである。それゆえに都市から都市へ移動する途中でPA・SAにたちよる一連のプロセスが，私たちにとって高速道路を利用する目的のひとつとなりうるのだろう。それはまた，無印都市のネットワークを結ぶ消費空間としてPA・SAが現前していることを物語っている。

〔註〕
* 1 　内田隆三 2005「駅ビル」『10＋1』39号，118頁。
* 2 　武田文夫 1968『日本のハイウェー――高速時代の経済と生活』日本経済新聞社，157頁。
* 3 　全国高速道路建設協議会編 2007『高速道路便覧2007』全国高速道路建設協議会。
* 4 　各社HPによる。2012年11月現在，NEXCO東日本はPAを113，SAを76の計189，

II　無印都市の消費空間

　　　　NEXCO中日本はPA・SAの合計178，NEXCO西日本はPAを90，SAを92の計182を管理・運営している。
* 5　高速道路民営化に至る議論は以下を参照されたい。猪瀬直樹 1999『日本国の研究』文藝春秋。
* 6　児玉幸多 1999『日本史小百科　宿場』東京堂出版。
* 7　宇佐美ミサ子 2005『宿場の日本史――街道に生きる』吉川弘文館，12頁。
* 8　芳賀登 1977『宿場町』柳原書店，18頁。
* 9　雑誌記事検索結果（139件）の内，高速道路と無関係の記事（42件），建築計画に関する研究資料（50件）などを除き抽出した36件を対象とした。
* 10　奥平耕造・黒川紀章・柳宗理・柳英男ほか 1970「座談会　高速道路とサービスエリア――その目的と性格」『高速道路と自動車』13巻5号，46-56頁。
* 11　荒井豊 1974「サービスエリアに対する一つの見方」『高速道路と自動車』27巻8号，42頁。
* 12　河島恒 1982「サービスエリアの課題と展望〈前編〉――計画者の立場からの私的考察」『高速道路と自動車』25巻8号，49頁。
* 13　国民生活審議会調査部編 1969『コミュニティ――生活の場における人間性の回復』大蔵省印刷局。
* 14　河島恒 1983「サービスエリアの課題と展望〈後編〉――計画者の立場からの私的考察」『高速道路と自動車』26巻1号，41頁。
* 15　「SA新時代　民営化後のビジネスチャンスと可能性を探る」『VENTURE LINK』406号（2009年），20-41頁。
* 16　「伸張する"交通インフラ隣接型"商業施設――鉄道駅，高速道路，空港，道の駅……」『SC JAPAN TODAY』439号（2011年），17-68頁。
* 17　NEXCO中日本では2012年に新東名高速道の一部開通とともに新たにNEOPASAというブランド名で商業施設型SAを展開している。
* 18　NEXCO中日本サービスエリアパーキングエリアページ（http://www.c-nexco.co.jp/sapa/search/expasa/ebina_u/info/　2012年11月19日取得）。
* 19　東日本高速道路㈱事業開発部エリア事業課 2010「SA・PAのイメージを刷新する取組」『道路』883号。
* 20　河島・前掲註＊12，53頁。
* 21　PA・SAのご当地グルメを好意的に紹介する書籍が刊行されていたことは確かである。生内玲子 1987『ハイウェイ／サービスエリア　味の旅』カラーブックス，メディアユニオン編 1987『高速道路のうまい味――行動派グルメが新発見！』光文社，など。

🐎 もっとかんがえる

- 2000年代に入り，高速道路のみならず多くの特殊法人などが民営化されるようになった。PA・SAの盛況さは，民営化のポジティブな側面を示している。だが，民営化に伴う競争原理の導入は，ネガティブな側面も併せ持っているはずである。どのような問題点があるのかを考えることもPA・SAの特徴を理解するうえで重要な作業となるだろう。
- 鉄道駅，空港，道の駅などさまざまな交通インフラに隣接する商業施設とPA・SA

は並列に語られることがある。それらに共通する戦略と固有の戦略を比較することで，PA・SAと類似的な商業施設の類型化をしてみることも興味深い。
- PA・SAは，ドライブ客のみならず長距離ドライバーも利用している。両者のPA・SAでの過ごし方，滞在時間，利用時間等などがどのように異なるのか，あるいはPA・SAの規模や場所によってどのように異なるのかを考えてみるのもよいだろう。

ブックガイド

猪瀬直樹 1999『日本国の研究』文藝春秋
高速道路の民営化がどのような文脈で生じたのか，何が問題とされたのかが克明に描かれている。PA・SAを取り巻く社会的文脈を理解するための重要なポイントが記されている。

速水健郎 2012『都市と消費とディズニーの夢――ショッピングモーライゼーションの時代』角川書店
「ショッピングモーライゼーション」というキーワードで現代社会の都市の消費空間の様相が捉えられている。PA・SAを都市の消費空間と接合するポイントや他の商業施設との共通点と差異を読み解くためのヒントが散りばめられている。

武田文夫 1968『日本のハイウェー ―― 高速時代の経済と生活』日本経済新聞出版社
日本に高速道路が誕生した頃の高速道路への期待と課題が記されている。この時代の合理的な移動を可能にする高速道路という語り方の頑強さを理解することは，現代社会の高速道路の特色を考えるうえで重要な意味を持っている。

〔高久 聡司〕

Column 3　AKB48劇場／AKB48ショップ

都市はアイドルを育て，そして消費する

　AKB48（エーケービー フォーティエイト）というアイドルグループがある。東京・秋葉原を拠点とするAKB48のほか，名古屋・栄（SKE48），大阪・難波（NMB48），福岡・博多（HKT48），インドネシア・ジャカルタ（JKT48），中国・上海（SNH48）の姉妹グループが活動している。これらはAKB48グループ（以下，AKB）と呼ばれ，2013年5月現在，メンバーは300名を超えている。

　AKBの人気は，CDセールスやメディア露出の点では，今や「国民的」と表現しても過言ではない。しかし，キャンディーズや山口百恵，松田聖子といった，かつての「国民的アイドル」とは違って，知らない人にはほとんど知られていないとか，相当数の人々からかなり激しい敵意が向けられている（アンチと呼ばれる）とかという状況にある。ここでは，無印都市の概念を参照しながら，AKB現象の一断面を描いてみたい。

　AKBを知るには劇場公演に行くのが良いが，競争率が非常に高く，現在席を得るのは容易なことではない。DVDやYouTube上の動画，生中継の動画配信でも見られるが，そこでテレビ番組では窺い知れない事態を目撃するはずだ。AKBの重要な特徴には，専用劇場という拠点でほぼ毎日公演を行うことがある。寄席や芝居と同じタイプの，身体を介したライブ経験が，日常的に，安価に都市の若者（あるいは「前期中年者」）に開放されている。その場での，アイドルとファンとの物理空間の身体的な共有（「ここに，いること」を互いに体感すること）がきわめて深い意味をもっている。

　この現象をとおして私たちが気づかされたのは，アイドルになることを現実として（リアルに）熱望する，多くの少女たちが全国に存在しているという事実である。劇場で歌い踊り，声援を受けるという生身のパフォーマンスが，生活のすべてをかけるに値するとみなされている。専用劇場が，潜在していた少女たちの熱いエネルギーを各地の都市空間内にとり込み，グループに動力を与えている。AKBのメンバーの多くは，若い年齢で研究生として過酷なレッスンを開始し，未熟なままに公演の初日を迎え，多人数のなかでのきびしい競争を経て熟練し，やがて卒業のほか多様なかたちの活動終了を迎えることになる。

　生まれから終わりまで，アイドルのライフコースを晒(さら)すというリアルが，ファンのより深いコミットメントを生んでいる。ファンはアイドルの人生の諸局面に参加し，運営に意見して，有効性感覚が得られる仕掛けが用意されている。たとえば，たくさんCDを買い込んで「選抜総選挙」の投票権を得て，自分の支えたいメンバー（推しメン）に良い立ち位置を与えようとしたり，握手会の参加権（握手券）を入手して，推しメンと直接に言葉を交わしたりすることができる。これは「タニマチの大衆化[*1]」とでも呼べる

状況だろう。少女たちの熱望とファン層の欲望が，さまざまな仕掛けを通じて（みかけ上，幸福に）出会い，そこでつぎつぎ生まれる物語を消費しながら，各地の都市空間に定位しているのである。

このグループの名称はとても興味深い。放送局や空港のコード（3レターコード，成田空港はNRT）のようなネーミングを用いているが，この種のコードは地域的固有性を維持しながら，同時に標準化がなされていることを意味するものだ。あたかもこのモデルが全国の都市で成立可能だということを暗示しているかのようである。2005年の発足の当初からAKB的なものが日本の（そして海外の）大都市で成立する，受容されるという感覚をもち得たプロデューサーを，いや，さすがだなあと思ってしまう。このコラムの執筆の時点では，大都市がAKBを有していることは，若者の文化活動を支える，その都市の文化力の高さを証明する，とまで言えそうである。

さて，ここまでややポジティブに述べてきてしまったが，AKBにアプローチする別の切り口として，グッズ販売店舗であるAKB48ショップに触れておこう。これらは全国21都道府県に31店舗（2013年3月現在）あり，ほとんどが総合ディスカウントストア，ドン・キホーテの店内にある。[*2] 劇場に比べればはるかに立ち入ることは簡単なはずだが，ある層の人びとにとっては，足を踏み入れにくい，行ってみようとは思わない，心理的距離の大きい場所である。無印都市の「上品」な方ではないアイコンの一つだと言える。AKB48ショップは，大都市の縮図のようなごちゃごちゃとしたこの店内の一角にあり，驚くほど華やかさというものがなく，無造作である。コソコソと男子高校生がやってきて，さっと商品をもってレジに去っていく。ヤンキーなカップルが，嬌声を上げながら通り過ぎたりする。芸能という領域はそのはなやかさの背後に，庶民的なある種の「貧しさ」があるものだが，ショップに行くと，これもまた，まぎれもなくAKBの一面であることを認識させられる。この場所の空気は，上品な人びとには馴染めないものだ。AKBが纏う（まと）うこの種の階層性は，AKB現象を読み解く重要なカギであると思う。読者のみなさんなら，そこで何を感じるだろうか。

〔註〕
* 1 タニマチ：谷町。本来は，大相撲で使われている言葉（隠語）で，力士のひいき筋・後援者のこと。ひいきにしている力士に多額の小遣いを渡して，後援する人たち。そこから，他のスポーツ選手，芸能人などに拡張して用いられてきた。タニマチであることは，社会的な威信を獲得することにつながっていた。
* 2 2013年3月現在，秋葉原，なんば，博多の三ヶ所にある「AKB48　CAFE & SHOP」は含まない。これらのショップはずいぶん雰囲気が異なっている。

〔参考文献〕
仲谷明香 2012『非選抜アイドル』小学館。

〔轟　亮〕

III

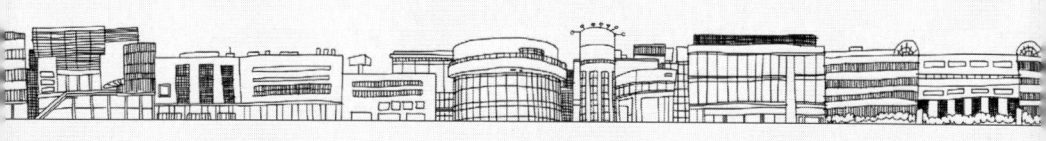

無印都市の趣味空間

8 マンガ喫茶
孤独と退屈をやりすごす空間

マンガ喫茶という空間

なぜマンガ喫茶に出かけるのか

　「時間制料金でコミックが読み放題・インターネットが使い放題」を売りにするマンガ喫茶が登場したのは，1990年代のことといわれる。それから20年，マンガ喫茶はいまや日本全国どこの街でも見かけるようになった。業界団体大手の日本複合カフェ協会によれば，協会に加盟しているマンガ喫茶やインターネットカフェは，全国で2224店舗（2013年1月現在）にのぼる。この数に非加盟店を加えれば，現在も3000店舗以上が営業しているとされる。

　駅前やロードサイドの風景にすっかり溶け込んだマンガ喫茶だが，興味のない人には，なぜマンガを読む場所にお金を払う客がそんなにいるのか，いぜん不思議に思われるかもしれない。マンガ喫茶の平均的な料金は1時間約400円だから（パック料金なら9時間1600円程度），飲み物1杯で何時間も粘れる喫茶店に比べれば，必ずしも安価な場所とはいいがたい。またマンガ喫茶にはネットやゲームを楽しむ客も多いが，彼らに対しても疑問を抱く人はいるだろう。これだけパソコンも携帯ゲーム機も普及している時代に，なぜわざわざマンガ喫茶に出かけるのか，と。そこにはどんな魅力があるというのだろうか。

▧ 目的不要の暇潰し空間

かくいう筆者もふだんからマンガ喫茶を頻繁に利用している一人だが、あらためてその魅力を問われると、いささか返答に困ってしまう。なぜか。マンガ喫茶を利用する客の1番の理由は「暇潰し」であり、インターネットやゲームといった特定の目的で入店する客は存外少ないからだ。[*1]

たとえば筆者がマンガ喫茶によく立ち寄るのは、外出先で時間が空いたときか、一人でのんびり食事や休憩をとりたいときである。そんなときは近くのコンビニで軽食を買い、リクライニングチェアに体を沈ませ、週刊誌を斜め読みしながら、ゆったりくつろぐ。ときにはマンガすら読まず、居眠りしたまま半日過ごしてしまうこともある。終電を逃した夜や自宅のパソコンが故障したときには、一時的な避難場所としてマンガ喫茶に駆け込むこともあるが、ふだんはとくに目的もなく、ただ気分転換を図るために立ち寄るというケースが多いのである。

他の客も筆者と同様、思い思いの過ごし方をしているようだ。受付の前には、ダーツの予約をする客、ネットゲーム用のカードを購入する客、お気に入りの部屋が空くのを待つ客などがいつも並んでいる。客層も高校生の集団、中年のサラリーマン、スーツ姿の若い女性などばらばらで、カップルで入店する客も珍しくない。最も混雑するのはやはり週末の深夜だが、平日の昼間や早朝の時間帯でも店の中は人の気配（活気ではなく）で満ち満ちている。

たとえば個室のブースを歩けば、携帯電話の着信音、いびき、寝返り、キーボードを打つ音、荷物を広げる音、ヒソヒソ声、食事を運ぶ店員の声など、さまざまな雑音が聞こえてくる。なかでも大きな寝息を立てている客は結構いるのだが、他の客はあまり気に留めてないようだ。マナーに反する行為——とくにカップル席でのいちゃつき行為と携帯電話の通話——はもちろん注意されるが、基本的に部屋の中では何をして過ごそうと、干渉する者はいないのである。

▧ 孤独と喧騒を求める心理

こうした人のうごめきを感じられる程度の距離感は、じつはマンガ喫茶という空間を考えるうえで欠かせない要素でもある。マンガ喫茶の部屋には鍵がなく、ドアや天井にも必ずすきまが空いているため、防犯性や防音性はホテルな

どに比べると決して高くはない。あえて完全な個室にしないのは，風俗営業法上，旅館業として扱われるのを避けるためである。このあたりにホテルでも喫茶店でもない，マンガ喫茶という業態の曖昧さが表れているといえよう。

だが，客にとってはその中途半端な空間が隠れた魅力にもなっているように思われる。じっさい筆者などは，薄暗い部屋の外でいびきや衣擦れの音が時折聞こえていたほうが，かえってリラックスできるくらいだ。それは，集中しすぎた精神が適度に紛らわされるのと，こんな無駄な時間を過ごしている人間が他にもいるということを肌で感じられるからだろう。部屋から漏れるいびきや廊下でのすれ違い，受付での順番待ちといった無言の接触を通じて，客は孤独な仲間がそこかしこにいることを実感するのである。

それにしても我ながら不思議に思うのは，マンガ喫茶の中でやっている活動は大概，自宅や他の場所でもできることばかりということだ。たとえば個室は概して狭小なので，ゆっくり寝るには全く向いていない。ネットをするなら，時間で課金されるマンガ喫茶よりも，自宅のパソコンを使ったほうが経済的である。コーヒーなら普通の喫茶店のほうが美味しいし，朝まで過ごす場所ならファミレスのほうが安上がりだろう。他にも最近の店舗はダーツやビリヤード，ゲーム機，ビデオソフト，カラオケなどさまざまなアイテムを用意しているが，そのうちマンガ喫茶でなければ利用できないというものは限られている。

要するにほとんどの客は，特定の施設が目当てというより，マンガ喫茶という空間で過ごすことを目的に出かけるのである。マンガ喫茶チェーン『自遊空間』の創業者田中千一は，自宅に帰ればすべてが揃っているにもかかわらず，マンガ喫茶に立ち寄ってしまう客の心理を，次のように指摘する。[*2]

そこには「ひとりきりになれる空間が欲しい」「家族のいる家ではどうも落ち着けない」「お互い干渉するわけではないが，なぜか人がたくさんいるところにいたい」といった現代人独特の複雑な心理が見え隠れしています。

薄い壁で囲まれた個室は，孤独と喧騒を共に求める人びとが最も落ち着ける空間なのである。もっともそうした心理自体は，都市で暮らす者なら誰もが抱く普遍的な欲望のようにも思える。じっさい人ごみに紛れて独りの時間に浸りたい人は，ひと昔前であれば，街の喫茶店や飲み屋あるいは映画館などで過ご

すことが多かっただろう。そうした既存のスポットを押しのけマンガ喫茶がこれだけ増えたのは，別の理由もありそうだ。以下では，マンガ喫茶が今日のようなかたちをとるまでの経緯をみることで，それを考えてみよう。

自宅化するマンガ喫茶

マンガ喫茶からネットカフェへ

　膨大なマンガ蔵書を売りにする喫茶店は1980年代から存在していたが，現在のような時間制料金のマンガ喫茶が東京や大阪に現れるのは，1990年代初頭のことである。当初は個室のある店舗は少なく，客は仕切りのないテーブルや長い机でコミックや雑誌を読むという形式のマンガ喫茶が多かった。

　1990年代半ばからマンガ喫茶の看板アイテムにインターネットが加わり，どの店もパソコンを使うための仕切りや部屋を設置しはじめる。隣席を気にしながらマンガを読んでいた客たちが，外の視線の届かない個室へそれぞれ引き込もるようになるのは，したがって主にインターネット導入以降のことである。

　マンガ喫茶ビジネスが短期間で成長した背景には，インターネットに対する需要もあったと考えられる。1996年のインターネット普及率は人口比で3.3％に過ぎず，この時期のマンガ喫茶は，手頃な料金でパソコン通信やオンラインゲームができる場所として，マンガ好き以外の新たな客層を掘り起こしていたのだ。だがより興味深いのは，一般家庭にインターネットが普及してからも，マンガ喫茶の数は増えつづけたということだろう。インターネット普及率は2001年に46.3％となり，2005年には70％を超えるが，マンガ喫茶の数も1995年から2005年まで毎年約15％ずつ増加し，2008年には2500店舗を超えるのである（日本複合カフェ協会『2008年版複合カフェ白書』）。

　この奇妙な事実が示唆するのは，2000年頃を境にマンガ喫茶の利用客が，ネットやゲーム目的のマニア層から，休憩や暇潰し目的の一般層へと広がったということである。もちろん，自宅でパソコンを使うようになってマンガ喫茶には行かなくなったという人も相当数いるだろう。だがそれ以上に，さまざまな理由でマンガ喫茶に立ち寄る人が増えたことを，店舗数の急激な増加は示していると思われる。

ネットカフェから複合カフェへ

　このことは店内の変化からも確認できる。つまり，運営側も2000年頃から客層の多様化にあわせて，コミックの品揃えやパソコンの性能を充実させるだけでなく，マンガ喫茶を「自宅」のように利用してもらう工夫を積極的に打ち出していくのだ。たとえば，個室にはゴロ寝や仮眠に適した豪華なソファやフラットシートが導入され，女性専用席やカップル席，ファミリールームなどさまざまなタイプの部屋が設置されるようになる。またスリッパや毛布，シャワールームや洗面用具，食事のケータリングなども用意されるようになり，24時間以上滞在する客も現れた。後述するように，マンガ喫茶で何ヶ月間も寝泊りする「ネットカフェ難民」が注目を浴びたのは2000年代半ばのことである。

　そして滞在時間を延ばすために，パソコン以外のアイテムも続々と取り入れられていった。たとえば近年では，ダーツや卓球台，ネイルサロン，エステ，足湯，日焼けマシン，カラオケ，プリクラ，ボーリングやフットサル場まで備えた店舗も登場している。このように現在のマンガ喫茶はもはや「ネットカフェ」とも呼べない多目的施設になっており，業界では「複合カフェ」という名称が使われるようになっている（日本複合カフェ協会は2001年に発足）。

時間消費型ビジネス

　マンガ喫茶がさまざまなアイテムを取り込みながら，マニアックな趣味の空間から居住性を高めた娯楽施設へと，独自の進化を遂げてきたことをみてきた。では，このような変貌は利用者のいかなる欲望を反映しているのだろうか。まず，マンガ喫茶の屋台骨をなす料金システムから考えてみよう。

　飲食物の対価として収益を得るのではなく，客が滞在した時間に応じて課金するマンガ喫茶のような業態は，「時間消費型」ビジネスと呼ばれる。通常の飲食業は客が長居するほど利益率も下がるが，マンガ喫茶では逆に，回転率の悪さがそのまま収益に直結する。このシステムが従来の喫茶店と大きく異なる点であり，また暇潰しアイテムの増殖を必然化してもいるわけだ。時間消費型ビジネスは現在さまざまな分野で展開されているが，マンガ喫茶は，カラオケボックスやラブホテルと並んで，その先駆的な成功例といえるだろう。

　時間消費型ビジネスが受け入れられた要因には，1990年代から続く経済不

況によって，多くの消費者がモノを購入（所有）することに執着しなくなったことなどが指摘されている[*3]。ただ，目的がなくても（またパソコンやゲーム機を所有していても）マンガ喫茶に立ち寄る客が増えたのは，そうした消極的な理由だけではないだろう。そこには，身銭を切っても自宅の外にゆっくり過ごせる居場所が欲しい，という積極的な理由もあるはずだ。

孤独と退屈が流れつく場所

外に出かけて籠もる人びと

　2000年頃から顕著になるマンガ喫茶の「自宅」化は，まさにそうした利用客のニーズに応えた結果と言えるだろう。そこから浮かびあがるのは，多くの人間が入り交じる公共空間のただ中に，純粋な私的領域（居間）を作りだそうとする，いわば〈外籠もり〉の欲望である[*4]。

　たとえば喫茶店や映画館の中で過ごすとき，私たちは独りの時間に浸りつつも，自分の振舞いや姿勢が周囲に迷惑をかけていないか，また他人の身なりや態度に過度な関心を向けてしまっていないか（儀礼的無関心）など，さまざまな配慮をたえず働かせている。またカフェや飲み屋に出入りすれば，店員となじみになったり，隣の客に話しかけられる可能性もあるだろう。共有スペースが多い場所で快適に過ごすためには，こうした微細なやり取りが欠かせない。個室で仕切られたマンガ喫茶に多様な客が集まるようになった理由のひとつは，そのような最小限の交流すら煩わしく感じる人が増えたことにあるのではないか。

　オールナイト（深夜〜早朝）利用の約8％を占めるとされる「ネットカフェ難民」は，そうした現代人の孤立願望を浮き彫りにする存在と言えるだろう。2007年1月にドキュメント番組『ネットカフェ難民〜漂流する貧困者たち』（NNN）が放送され，同年の新語・流行語大賞（ユーキャン）のトップテンに入ったことで，彼らの存在は広く知られるようになった。なかでも注目されたのは，携帯やネットで短期の仕事を得る非正規雇用の若年層である。失職や家族関係の悪化によって住居を失った若者が登録サイトを命綱に，マンガ喫茶の個室で何ヶ月も寝泊りしている実態が，「格差社会」の象徴としてとりあげられたの

だ。2007年夏に調査を行った厚生労働省は，全国に5400人のネットカフェ難民が存在することを公表した（『住居喪失不安定就労者の実態に関する調査報告書』）。その後各自治体でも住民票の交付や一時貸付金，就職相談などの対策を講じてきたが，現在でも「難民」の数は相当いると考えられる。[*5]

孤立する若者たち

批評家の内田樹は，同じネットカフェの中に半年以上寝泊りしている客が30人いると訴えた若者の記事を読んで，次のような疑問を呈している。[*6] マンガ喫茶にひと月泊まれば4〜5万はかかるが，その額なら郊外の風呂付きアパートを借りられるし，仲間を集めればもっと広い部屋を借りることもできるだろう。同じ境遇の人間が30人もそばにいながら，彼らはなぜそうした発想に至らないのか，と。そこから内田は，この20年間で日本の若者は，仲間と互助的な共同体を作り貧しい資源を分かちあう──1970年代までの若者が常識として身につけていた──「連帯」の作法を失ってしまったのではないか，と指摘する。

貧困に陥った若者を救う鍵は当事者同士の「連帯」や「互助」にある，という内田の指摘は示唆に富み，真っ当な提言だと思われる。しかし逆にいえばそれは，もともと自らの窮状を他人に向けて訴えようとしない（自責的な）人がマンガ喫茶に滞留しやすいということでもあろう。たとえば厚労省の調査によると，ネットカフェ難民がマンガ喫茶以外でよく寝泊りする場所（複数回答）では，サウナやファストフード店，そして「路上」が上位を占め（各20%〜30%台），友人などの家と答えた者は7%に留まる。彼らにとって知人を頼ることは，サウナや公園で徹夜するよりも抵抗を感じる選択肢なのである。

独りでいることの退屈さ

他方，オールナイトの9割を占める，住居がありながらマンガ喫茶を頻繁に利用する客にはどのような動機があるのだろうか。すぐに思いつくのは，家族と同居している人が，独りになれる場所を求めてマンガ喫茶を利用するというケースだ。たしかに筆者も実家に帰省すると連日マンガ喫茶に入り浸っているし（その片田舎のマンガ喫茶は正月から満室だった），親の干渉が疎ましくてネット

カフェで寝泊りしているという若者も，複数の調査で確認できる。[*7]

　しかしながら，こうした例を過度に一般化するのは誤りである。再び厚労省調査を参照すると，オールナイト客の半数以上（52.8％）はパソコンやマンガを一晩中楽しむために利用しているだけで，「住居に帰りたくないため」と答えた客は1割にも満たないのだ。ちなみに2番目に多いのは，遊びや仕事で夜遅くなり帰宅するのが億劫だからという消極的理由で，全体の約3割を占める。つまり8割以上の客は，住居や同居人に対する不満とは関係なく，純粋に休憩や暇潰しのためにマンガ喫茶を利用しているにすぎないのである。

　この厚労省調査は住居喪失者の把握が目的なので，残念ながら住居のある客についてこれ以上詳しいことは分からない。だがいずれにせよ，家も仕事もある普通の人びとが単なる暇潰しのために，週3日から5日以上もマンガ喫茶を利用しているという事実は，あらためて驚くべきことではないだろうか。

　そこで，私たちはここまでの議論にもうひとつ論点を加えてみたい。すなわち，大部分の客は社会生活や人間関係に問題を抱えているわけではなく，ただ一人でいるのがなんとなく「退屈」だから，マンガ喫茶に立ち寄ってしまうのだ。[*8] 喫茶店のような場所では落ち着かないが，誰もいない自宅にいても（帰っても）退屈である。といって親しい知人と連絡を取ると，またそこで自分の時間を奪われて「退屈」してしまうかもしれない。それなら好き勝手に過ごせて，暇潰しのネタが豊富に揃っているマンガ喫茶に行こう，となるわけだ。

　独りの気楽さを求める客がわざわざ人の多い場所に出かけるのも，人恋しさだけでなく，退屈な気分を紛わすためという動機が大きいと思われる。たとえば，彼らが個室の中でふだんと変わらない活動を好んでくり広げるのは，少しだけ環境を変えることで，いつもの日常的な営みが一種の「遊び」のように感じられるからではないか。それは，子どもたちが人目につかない廃墟や屋根裏に忍びこみ，そのなかでマンガを読んだりお喋りをしたり飲み食いしたりする「秘密基地」の楽しさに通ずるものがあるだろう。こうしたささやかな隠れ家あるいは遠足感覚が，マンガ喫茶という空間の魅力だと筆者には思われる。

個室からみえる豊かな時代の二つの素顔

　人はなぜマンガ喫茶に出かけるのか。マスコミや評論家の言説をみていくと、私たちは次のように考えたくなる。現代社会は人間関係の煩わしさから解放されたい人びとであふれており、マンガ喫茶は既存の施設のはざまを縫うようにして、そのような欲望を吸収してきた。そこに、基礎的な人間関係から弾かれたネットカフェ難民のような人々も流れ込むことになったのだ、と。

　だが、そのような深刻めいた説明では、目的もなくマンガ喫茶に立ち寄る一般客の動機はかえって捉えられないように思われる。筆者を含むほとんどの客は、家庭や職場や学校といった所属場所をもち、多くの人と繋がり、仕事に遊びに忙しい毎日を送っているはずである（なにせ自宅に帰る暇もない人も多いのだから）。ただ彼らはそんな充実した生活にふと倦怠を感じ、その飽和した気分を晴らすために、ついマンガ喫茶に立ち寄ってしまうだけなのだ。

　その意味でマンガ喫茶は、豊かな社会がもたらした「孤独」と「退屈」を共に受け止める、緩衝材の役割を果たしていると言えるだろう。たしかにこれほど人との繋がりの大切さが叫ばれているいまの社会で、たわいもない暇潰しを求めて夜ごと個室に籠もる客の行動は、あまり褒められたことではないかもしれない。しかし、多くの友人知人に囲まれて気忙しく暮らす生活にふと疲れ、過不足のない日常の繰り返しに理由のない空しさを覚えることは、誰の身にも起こりうることであろう。そうした日常生活に忍びこむ虚ろな感情とうまく折りあいをつけるために、人はマンガ喫茶に出かけるのではないだろうか。

〔註〕
　＊1　インターネットコム編集部「マンガ喫茶に関する調査」（http://japan.internet.com/research/20090507/1.html　2009年5月7日取得）。
　＊2　田中千一 2003『インターネット・まんが喫茶を発明したのは私です。』しののめ出版、56頁。
　＊3　田中・前掲註＊2、52頁。
　＊4　田中大介 2010「ネットカフェ　メディア都市の公共性」遠藤知巳編『フラット・カルチャー――現代日本の社会学』せりか書房、92頁を参照。
　＊5　なお東京都では2010年7月以降、入店時の本人確認が義務づけられており、身分証明

のない「難民」はマンガ喫茶からも締め出されつつある。
* ＊6　内田樹 2008『街場の教育論』ミシマ社，223-225頁。
* ＊7　水島宏明 2007『ネットカフェ難民と貧困ニッポン』日本テレビ放送網，日本民主青年同盟 2007『ネットカフェ暮らしの実態調査結果』など。
* ＊8　「退屈」と現代の娯楽産業・消費文化の関わりについては，國分功一郎 2010『暇と退屈の倫理学』朝日出版社が透徹した考察を行っている。

🔍 もっとかんがえる

- マンガ喫茶に関する既存研究は住居喪失者を対象としたものが多く，住居のある客について調べたものは少ない。たとえば彼らが一人暮らしなのか，家族と住んでいるのかを調べると，一般客の利用動機がより鮮明になるだろう。
- 現在のマンガ喫茶は，友人や恋人と一緒に利用するケースも増えている。複数で入店する客の特徴，過ごし方や滞在時間などを観察すると，個人客とは異なるマンガ喫茶の利用法が分かるはずだ。
- 一般的な飲食業でも，「個室」を増設することで集客を増やしている店舗は少なくない。たとえば全席個室の居酒屋や，他の客の視線を遮る仕切りや別室を設けたラーメン屋や焼肉屋，カラオケ店など。こうした事例と比較することで，マンガ喫茶の空間的特徴をさらに深く考察することもできるだろう。

📖 ブックガイド

川崎昌平 2007『ネットカフェ難民──ドキュメント「最底辺生活」』PHP研究所
　自ら「難民」生活を選んだ若者による内省的な現場報告。他者にすがらず朗らかに貧困を受け止める著者の姿勢から，ネットカフェ難民の矜持と，互助や連帯を忌み嫌う「自己責任」世代の生理を読みとることができる。

アクロス編集室編 1992『ポップ・コミュニケーション全書』PARCO出版
　11人の社会学者による，バブル期のサブカルチャーに関するフィールドワークの集成。マンガ喫茶が誕生した同時期の都市で，カラオケやアダルトビデオやゲームもまた「個室」の中で消費されはじめていたことがよくわかる。

國分功一郎 2010『暇と退屈の倫理学』朝日出版社
　気鋭の哲学者による啓発的な「退屈」論。本書の出発点でもある，退屈の究極原因は「自宅でじっとしていられないこと」にあるというパスカルの洞察は，まさにマンガ喫茶に出かける客のことをいいあてていないだろうか。

〔小倉　敏彦〕

9 パチンコ店
匿名の自治空間

多様性と匿名性の空間

ありえないはずの空間

　パチンコ店というのは不思議な空間だ。全国どこに行ってもちょっと探せば簡単に見つかる。「国民的娯楽」という表現も、あながち大げさとも言えないだろう。しかし、そもそもパチンコ店にいる人たちは「遊んでいる」のだろうか。ささやかな「一攫千金」ではあるけれども、それでも少なからぬ金をつぎ込み、時には取り返しのつかない散財に冷や汗をかきつつ、必死でガラスの盤面を見つめていることの方がむしろ多いのではないか。そう、ここは明らかに日本では禁じられているはずの私営ギャンブル場なのである。タテマエはともかく、金を賭け、負ければ容赦なくむしり取られ、勝てば勝ち分が現金で還元されることは日本中の誰もが知っている。だからこそ、身上をつぶしてしまうような人もいれば、口に糊するための手段としてパチンコを選んだ「プロ」も存在するのである。
　もちろん、あくまで娯楽としてパチンコを「嗜む」人たちも多い。帰宅前のちょっとした楽しみ、飲み会前の時間つぶし、のんびりと休日を過ごすための趣味としていつもの駅前のパチンコ店に立ち寄る人も多いことだろう。なにも真剣にばくちを打つ必要はない。賭けのスリルは日常生活のスパイスであり、

熱くなって，入れあげて，後悔するなどというみじめな目には遭いたくない。そこにさえ注意すれば，ほどよいスリルと興奮，それに運が良ければちょっとした小遣いが得られるのだから。

　パチンコ店が不思議な場所だ，というのはこういうことだ。禁止されているはずのギャンブルが日本中で公然と行われ，入れあげて身の破滅にまで至ってしまう人と，それを生計の術としている人，気楽に楽しみ，暇つぶしをしている人とが隣り合い，おなじゲームに興じている。つまり，同じ場所で同じことをしながら，まるで別世界にいるかのような人びとが交差する場所がパチンコ店なのである。しかしながら，そこに居る人びとの多様性やその場を支配しているルールは，店内を一瞥しただけでは見えてこない。少し注意深く観察してみることにしよう。

パチンコ店の「マナー」

　店の前までくると，店内の騒音やたばこの臭いが漏れ出ていることに気づく。この時点で嫌悪感を抱く人も多いかもしれないが，なんにせよ，いかがわしい，騒々しい場所にはちがいない。人気店などでは開店前に行列ができており，入場時の混乱を避けるために整理券の配布や抽選が行われることもある。新しい台が導入される「新装開店」の際には，いつもの常連に混じって見慣れない連中が並んでいることもあるだろう。大抵は近隣のパチンコファンだが，なかにはいわゆる「開店プロ」も少なからず混じっている。新装などのイベント状態の店だけを渡り歩いてシノギを積み重ねるプロであり，出玉のよい「優良店」であればあるほど多くのプロが集まってくる。

　さて，入場したらまずは台選びである。新装時などは抽選で台をあらかじめ決められてしまうこともあるが，ここがウデの見せ所である。勝ちにこだわる人たちは，入賞口の釘を慎重に確かめたり，データカウンター[*1]で前日までの様子をうかがったり，打つ前にすでに勝負が始まっている。一方で，知り合いと並んで座りたい人，打って楽しい人気台に座れればよい人，とにかく毎日同じ台に座る人など，この時点ですでにその人が何をしにパチンコ店にきているのか，うっすらと見えてくる。

　いずれもこれと思う台が見つかれば，人に取られる前に座るなり，玉皿にた

ばこや携帯を放り込むなりして「予約済み」の意思表示をする。時として台取りはかなり熾烈になることもあるが、こうした「予約の意思表示」をされた台を横取りするような不心得者はあまり見かけない。パチンコ店には、「暗黙のルール」とでもいうべきものが存在しており、「台取りのマナー」もその一種なのである。

　こうした朝の一連の流れは、夕方からしか打たないサラリーマンなどにはあまりなじみのない光景だろう。朝からパチンコ店に並んでいるのは、プロはもちろんであるが、学生や主婦、自営業者といった時間の融通のきく人たちが多く、時間帯によって客層が入れ替わっていく。これもパチンコ店の特徴のひとつである。

　これら雑多な人びとが入り交じり入れ替わりつつ打つパチンコは、匿名性の高い、基本的には一人で楽しむゲームである。なにしろ遊戯台との勝負であるから、他の客は台取りのライバルにこそなれ勝負の対象ではない。実際、真剣に勝ちにこだわるプレイヤーは、携帯電話でメモを取りながら常にプレイ回数を数え、確率や換金差額を計算し、パチスロの場合であれば設定推測を行い[*2]、周囲のことなど目に入らなくなっているのが普通である。

　もっとも、のんびり楽しんでいる分には周囲を見回す余裕もあるだろう。しかし、周囲のプレイヤーやその台をまじまじと見つめることは、「パチンコ店マナー」においては重大なタブーのひとつである。リーチがかかり、大きな音で派手な演出が始まるとつい他人の台を覗いてしまいたくなるが、そこでは多少なりとも「遠慮がちに」「ちらっと」「横目で」見るのが礼儀である。大仰なリーチで周囲に注目され、外れてしまった時のバツの悪さ。他人の幸不幸に必要以上に踏み込まないこと、負けている人の気持ちを逆なでしないこと、これがギャンブル場における最低限のマナーであり、パチンコ店の客は努めて他人に対する無関心を装うのである。

　とはいえ、パチンコがギャンブルである以上、パチンコ店はまさしく鉄火場である。勝者は山とつまれた「ドル箱」に陶然とし、敗者はそれをむなしく眺めることとなる。他人の台を覗くようなことは控えても、自らの勝利をはばかることまではせずともよい。いや、これでも気を遣って控えめに誇示しているのだ。出玉を「積んでいるだけ」なのだから。そういう意味では、これも無関

心という規範に準拠した行動なのである。

「社会問題」としてのパチンコ

　ここでひとまず、「パチンコ」「パチンコ店」とはそもそもどのようなものであるのか、主に制度的側面を中心に概略をまとめておこう。

　パチンコやパチンコ店自体は戦前から存在していたが、現在のようなかたちで全国に広がっていったのは戦後のことである。1948年に制定された「風俗営業取締法」(現「風俗営業等の規制及び適正化等に関する法律」、以下では風適法と略)に基づき都道府県条例での許可営業となり、その後全国で数を増やしていった。2011年の時点では、全国のパチンコ店は1万2323件[*3]、パチンコ参加人口は1260万人、市場規模は18兆8960億円[*4]とされており、1995年(30兆9020億円)をピークに減少傾向にあるものの、依然として巨大産業と呼んで差し支えない規模の市場を維持している。

　ところで、パチンコ店について常に議論が絶えないのは、その「違法性」「脱法性」である。風適法では、パチンコ店で現金や有価証券を賞品として渡すことや景品の買い取りが禁じられている。つまり「換金」はできないことになっているのである。しかし実際には「景品交換所」と呼ばれる場所で景品が現金に交換されている。これは事実上の「換金」であるが、なぜ違法と見なされないのであろうか。それは、「三店方式」「大阪方式」などと呼ばれるつぎのようなシステムがあるためだ。(1)客がパチンコ店からもらった景品を別業者に売り(「景品交換所」のこと)、(2)この業者が「中古品」として買い取った景品を景品卸問屋に販売し、(3)卸問屋はその商品を景品としてパチンコ店に卸す。つまり古物商や卸問屋を仲介した一般的な商取引が行われているだけで、直接的な現金の供与は行なっていない、という理屈である。当然、違法・脱法行為であるとの批判は枚挙にいとまがないが、この換金システムの根本的な見直しが進まない原因として、パチンコ業界と警察や政治家、マスメディアなどとの癒着が指摘されることも多い[*6]。

　こうした問題のほかにも、脱税やイカサマの摘発、近年では子どもの車内放置やギャンブル中毒、多重債務の問題などさまざまな「パチンコの害悪」が論

じられており、パチンコはポピュラーな娯楽でありながら、常にグレーな、もしくはアンタッチャブルなイメージも伴っているのである。パチンコ店をフィールドワークするにあたって、頭の片隅に入れておかねばならない問題群である。

パチンコにみる「近代性」

平等で自由な遊戯空間

さて、ここでもう一度パチンコ店の現場に立ち返ろう。まずは、冒頭でのべたパチンコ店内の客の多様性について考えてみたい。この多様性は、誰にでも楽しめるというパチンコの遊戯特性に由来している。そもそも今のパチンコは特殊な技術など必要とされず、右手でハンドルを握っているだけでいい。プレイヤーの知識や技術が問われるバカラやポーカーなどのカードゲーム、麻雀、競馬など他のギャンブルと比べると格段に敷居が低く、取っつきやすいのである。スポーツなどの他の遊戯と比べてみても同じことがいえる。つまり若者だろうが年配者だろうが、女だろうが男だろうが、平等にハンデなしで楽しめるというかなり特殊な遊技なのである。

さらに、楽しめるだけでなく勝ち負けの部分でも平等であるということがいえる。なぜならパチンコやパチスロの当たり外れはすべて機械的に抽選されているから、腕前など関係ないのである。精選した釘の良い台であるにもかかわらずツキがまわってこないプロの隣で、渋い釘の主婦が大連チャンするなどということが十分おこりうる。つまり、パチンコは運に支配される割合の高いギャンブルであり、少なくとも1日単位であれば、素人でもプロのように勝つことが可能なのである。

また、パチンコは、自由度の高い「毎日やろうと思えばやれる常時性ギャンブル」である。店休日が少なく営業時間が長いパチンコ店が日本全国にくまなく存在しているから好きな時間に打つことができ、さらに相手を必要としないので、始めるのも止めるのも勝手気ままである。そのうえ、空いてさえいればどの台で遊んでもかまわない。週2回しか開催されない競馬や相手がいなければ楽しめない麻雀・カードゲームと比べれば、いかに自由に楽しめるかがわか

るだろう。

　パチンコ店にさまざまな人が集まってくる理由を考えてみると，「平等」と「自由」という実に近代的な価値観がその基底に横たわっていることが見えてくる。一般の人びとが気楽に息抜きできるという意味で，まさにパチンコは「平等」と「自由」に担保された近代的な「大衆の娯楽」なのである。

運を飼い慣らす

　一方，こうした雑多な場であることを利用し，娯楽であるパチンコをシノギにする連中もやってくる。いわゆる「プロ」である。私の知り合いのプロの一人（ここではM君としておく）は，2年前，30半ばにしてパチプロをやめ定職についた。その理由は「体がもたん」ようになってきたからだ。M君のように違法な手段を用いないタイプのプロは，釘の良い台をひたすら長時間打つというスタイルを取るため，体の負担が大きいのである。なぜ「プロ」がこうしたスタイルをとるのか。それはひとえに彼らのギャンブルが確率論にもとづいているからである。M君の「勝ちの秘訣」はつぎのようなものだ。

　1日単位での勝ち負けにこだわるんは素人ですよ。そんなんはツキに左右されるっしょ。けど，台の確率とボーダーみて，月単位，年単位で勝ってはじめてプロやし。そのためには1日単位の勝ち負けにこだわらんと，釘とボーダーだけが勝負っすよ。

　ここでいう「ボーダー」とは，大当たり確率から逆算して1000円分の貸し玉で最低何回転させれば勝つことができるかを計算した数値のことであり，これを上回っている台を回し続ければ最終的には勝てる，というのがM君の勝負の理論なのである。

　一攫千金のワンチャンスに賭ける，というのは，いわばロマン主義的なギャンブル観であり，ドストエフスキーの小説「賭博者」の主人公アレクセイのような破滅型のギャンブラーのそれである。アレクセイとは逆の，勝ちにこだわり「つい真面目に遊んでしまう」[*9]日本のギャンブラーの特性が指摘されることもあるが，ここではすこし視点を変えて，確率論という理論にのっとり「偶然」や「運」を克服しようとする考え方に着目したい。科学的な解釈によって勝負の構図を俯瞰し，なおかつそれを理性的な手段でコントロールしようという欲

望は，実に近代的な感性なのである。

　こうした感性はプロだけのものではない。大抵のプレイヤーが利用するデータカウンターも同様の感性に基づいて設置されているのである。たとえ確率論や統計学の知識のないプレイヤーでも，カウンター上の数字を参考に独自の理屈にしたがって勝算を組み立てる。数字に象徴される「科学的／科学風な理論」とそれにのっとった「偶然・運のコントロール」への誘惑がいかに強いかが見てとれるだろう。

　もちろん，呪術や宗教を見ればわかるように，偶然や運のコントロールという欲望自体は遠い昔から存在する。実際，現在でも「開運グッズ」なるものを肌身離さず持っていたり，右足から店に入るなどのいわゆる「験担ぎ」を大切にしているような人たちがいるのも事実である。しかし，ここでいう近代的な感性とは，プレイヤーは主観的には呪術を否定しつつも，偶然・運のコントロールが科学でならば可能であるという信仰にも似た考えを持っていることを指している。[*10]祈願ではなく確信として，呪術ではなく技術として，いわば科学的思考による必然として，偶然や運を飼い慣らすという発想だ。科学がいかに進歩しても結局は御し得ていない自然を，それでも科学的な理解と理にかなった振る舞いとによって，制御可能なものにしたい／できるという欲望／信念とあい通じる感性である。

■ パチンコ店という都市的空間

　ところで，こうしたさまざまな人びとが入り乱れる場所，とりわけ金という最もトラブルの元になりやすいものを巡る勝負事の場が，すくなくとも表面的には秩序だって運営されているという事実をどう理解したらよいのだろうか。法的には綱渡りともいえるきわどい場所柄であるにもかかわらず，である。

　利益を上げなければならない店や，シノギの場としてこの場に関わるプロたちが周囲の人びとに気を遣うのは当然といえば当然である。しかし，すくなくともパチンコを遊戯として楽しみにきている客についていえば，彼らは単なる消費者であり，言いたい放題，やりたい放題でいいのではないか。

　だがこれは，安全安心な場で配慮の行き届いたサービスを甘受し続けてきた

「甘やかされた消費者」の発想である。現代の消費空間は，得てして「場」に関する責任を一切負わない「甘やかされた消費者」を助長する傾向があるが，パチンコ店の客は，自分たちがこのグレーな消費空間を支えている「共犯者」であることをよく知っている。いや，身体で，空気で感じている，といった方が正確だろう。

　筋の通ったクレームやちょっとしたいざこざならば店側も配慮をしめすし，妥協もしてくれる。しかし，度を超すと「とっととつまみだせ」という他の客の無言の圧力と店のローカル・ルール*11に従って，トラブルの関係者は全員事務所か店外に連れ出される。いわゆる出入り禁止，「出禁(できん)」であり，ギリギリまで警察を巻き込まず，店内での解決が図られるのである。この場合，解決を図る主体は店舗だけではない。ばくちにうつつを抜かしている姿を人目にさらしたくない客も，パチプロなどという世間には顔向けできないシノギにたずさわっているプロも，監督組織ににらまれたくない店も，娯楽の場／シノギの場／商売の場としてのパチンコ店を失いたくはないのだから，さまざまな利害の一致として，独自のルールによる「自治」を行なっているのである。冒頭に述べた「マナー」も，この自治のルールの一環である。

　この場合，客は与えられるものを甘受するだけの受け身の消費者ではなく，「場」に対する責任をすこしずつ分担する構成員なのだといってもよい。パチンコという遊戯自体は台を相手に個人でおこなうものであるけれども，パチンコ店という場は匿名の個人の単なる集積ではない。お互いの領分に踏み込まぬよう無関心を装いつつも，多層的な意味のあるこの「場」の維持に協力するという暗黙の合意を取り結び，ゆるやかな自治を行なっているのである。

　ところで，この「娯楽をめぐる自治」は，優れて都市的な感性に裏打ちされた行為である。パチンコなどという，どうひいき目に見ても社会生活上必須とは言えない「嗜好」にすぎないもののために，行きずりの他人も含めた大人同士があうんの呼吸で「共犯関係」あるいは「共範関係」を構築する。そのためには，匿名の者同士の間ですばやく場の定義を共有し，いちいち明言せずとも意思の疎通を図ることができるという洗練された都市的な社会性・社交性が必須なのである。

　近代的な統治の不徹底と思われがちな部分でこそ，むしろ平板な近代化を逃

III　無印都市の趣味空間

れ，密かな大人たちの楽しみを確保しておくための「自治」が展開されているというのはロマン主義的に過ぎる解釈かもしれない。しかし，いくら批判があっても都市から歓楽街がなくなることはなく，パチンコ店をはじめとする「グレーな業界」も依然として存在し続けているという事実を，なにかの間違いだと一言で済ませてしまうことはできない。おそらく，そうした宿痾のような部分にこそ，都市というものの本質が見え隠れしているに違いないのだ。

〔註〕
* ＊1　遊戯台ごとの総回転数やあたりの回数などが記録されるカウンター。
* ＊2　パチスロの場合，一般にあたりの確率は6段階で設定可能であり，打ち手はプレイ回数，当たり回数，小役の回数などから設定を推測することになる。
* ＊3　『平成23年中における風俗関係事犯の取締状況等について』（警察庁，2012年）。
* ＊4　『レジャー白書2012』（日本生産性本部，2012年）。
* ＊5　論点が要領よく整理されているものとして，谷岡一郎 1998『現代パチンコ文化考』筑摩書房をあげることができる。
* ＊6　溝口敦 2005『パチンコ「30兆円の闇」――もうこれで騙されない』小学館，若宮健 2010『なぜ韓国は，パチンコを全廃できたのか』祥伝社。
* ＊7　伊波真理雄 2007『病的ギャンブラー救出マニュアル』PHP研究所，梅沢広昭 2002『借金ブラックホール――多重債務から抜け出すために』志考社，田辺等 2002『ギャンブル依存症』日本放送出版協会，山下實 2011『脱パチンコ――元パチンコ店長が書いたパチンコの問題点と「止め方」』自由国民社。
* ＊8　仲村祥一 1995「仕事と遊び――私社会学風に」井上俊ほか編『仕事と遊びの社会学』岩波書店，21頁。
* ＊9　村上直之 1997「ギャンブルと人生――文学に表現されたギャンブルの世界」谷岡一郎ほか編『ギャンブルの社会学』世界思想社，38頁。
* ＊10　さきに紹介したM君の方法論も，統計学的な誤差を考慮すれば，最終的に「勝ち」の領域に着地しない可能性も十分あるのだから，「必勝法」ではない。しかし，実際にはこうした確率論的方法論を「必勝法」であると誤って理解している者も多く，そうした場合，必勝法であると「信じている」にすぎないといってよい。
* ＊11　パチンコ店には，店毎にオリジナルのルールが存在する。玉やコインの換金率に始まり，台の掛け持ちや客同士での出玉の共有の可否，トイレの使い方といったものまで，実に幅広い事項が含まれる。もちろん，法的拘束力はないが，大抵は客側もおとなしく従う。

🔍 もっとかんがえる

* パチンコ店におけるマナー違反への対応には，立地の特性や地域性によって差が見られる。都心部／郊外など客の匿名性・流動性が異なる場合や，関東／関西など地域性が異なる場合，それぞれどのような違いがある／ありうるのか，またその理由

はなぜなのか考えてみよう。
- ギャンブルが社会的に規制されているということ自体について，考察を加えてみよう。いまの社会がギャンブルの何を危惧しているのか，「コンプガチャ規制」や「ゲーセンの景品」「（裏）カジノ」などを比較対象としてとりあげ，考察してみるのもおもしろいかもしれない。
- 都市空間内には，賭博行為が公然と行われているパチンコ店のような，「ありえないはずの空間」が他にも存在していないだろうか。「ありえない」ことの理由と，それでもその空間が存在し続けている社会的メカニズムに注意しながら具体的な事例を探してみよう。

■ブックガイド

溝口敦 2005『パチンコ「30兆円の闇」――もうこれで騙されない』小学館
借金やギャンブル中毒といった「被害者」に焦点をあてたパチンコ批判本が多いなか，業界そのものの構造の問題をとりあげたルポ。現在も状況は変わっていないが，若干センセーショナリズムがかっているのはご愛敬。

谷岡一郎ほか編 1997『ギャンブルの社会学』世界思想社
日本語で読める社会学的ギャンブル論はそう多くない。本書は，パチンコだけでなく，競輪・競馬などの公営ギャンブルやカジノなど，幅広い題材を社会学の視点から論じている貴重な論集のひとつ。

ロジェ・カイヨワ［多田道太郎・塚崎幹夫訳］1990『遊びと人間』講談社
遊びの分類を試みた先駆的研究として名高いが，社会学の基礎理論として遊び論が展開されている点に注目してほしい。余暇のような活動にこそ社会の本質が表れるという発想は，社会学の「王道」でもあるのだ。

〔野中　亮〕

Column 4　東急ハンズ

縦長店舗と横長店舗

　白いタイル状の壁と円柱。そして，緑色の大きな手とロゴマーク。商業施設が立ち並ぶ都市空間において，「東急ハンズ」は独特の存在感を放つ。渋谷店や心斎橋店が典型だが，その外観だけで東急ハンズとわかるのだ。
　だからこそ，名古屋店や新宿店のように高島屋を縦に貫き，店舗の同一性を強引に保とうとしている姿はどこか可笑しい。いったい何を守ろうとしているのだ。他方で，かつて大型店舗だった町田店は東急ツインズというショッピングモール内の一店舗になっている。
　こうした独立店舗とモール店舗の違いは，入口でも確認できる。たとえば，「手作りキャンドルを楽しもう」といった「HINT FILE」。これは商品と人びとのニーズを結びつけるアイデア帳なのだが，これが設置されている店舗とそうでない店舗があるのだ。
　それゆえか，「残念なことに，最近の東急ハンズにはかつての元気が感じられません」（和田けんじ 2009『東急ハンズの秘密』日経BP社，15頁）と嘆く者がいる。入口でHINT FILEを手に取り，店員に相談しながら各階を移動するのではなく，人びとは横長になった店舗をなんとなく回遊するようになったのであろう。
　東急ハンズは藤沢店（1976年）と二子玉川店（1977年）での実験を経て，渋谷店（1978年）を開店している。「手の復権」をコンセプトに掲げ，「素材と道具と部品の専門屋」を目指し，「徹底した相談販売」が特徴と言われた（『東急ハンズの本』1986年）85頁）。東急ハンズは「すべてのモノを生活の創造素材と考え，そのコンセプトのもとに，モノ集めをし，店づくりを展開してきた」のである（同6頁）。
　しかし，当初の狙いは書き換えられたようである。東急ハンズは「男性，それも中高年の既婚者を対象にした店」を目指したが，思いのほか「渋谷に遊びに来ていたヤングが，ドッと押し寄せてきた」のである。当初の狙いは外れたが，「面白い店がある，というクチコミが，来店客の急激な変化をもたらし」，それが「ハンズのコンセプトをより明確なものにしていった」ようである（同121頁）。
　そこで，江坂店（1983年）では「全店売場工房化」が徹底され，町田店（1983年）では「ハンズワールド」の確立が目指され，「創造素材の森」と喩えられた池袋店（1984年）では「自分の手で考え，集め，作ろうとする，みずからの創造世界の拡大，確立を目指すヒトたち」のことを「新・自給自足人」と呼ぶようになった（同133-138頁）。予想外に幅広い人びとの反応を踏まえ，東急ハンズはライフスタイルそのものを提案するようになったのである。
　興味深いのは，その提案がある種の近代批判にも聞こえる点である。たとえば，「需要・

供給関係の成熟の中で，人は明らかに価値観を変化させ始めている。……生活者を取り囲む大量のモノは，彼らにモノ選択の主導権をもたらした。自分の自由意思で，自在にモノを選ぶ」（同26頁）というように，東急ハンズは大量生産的な画一性とは別に，個別のニーズに応じた多様な消費を促したのである。

また，棚作りも同様である。「時間，時代すらも，ハンズは素材として同列で棚に並べてしまう。……特定のファッション，スタイルをハンズは提案せず，押しつけない。……ハンズは素材を提供する店であり，顧客はそれをコーディネートして，自分のスタイルを創っていく。……時代は，ショップや流通がつくるのではなく，顧客一人ひとりがつくっていくものだ」（同126頁）。モノをめぐる序列を横並びにして，個々人が再構成をする。特定の世界観の回避こそ，東急ハンズの世界観なのである。

しかし，これでは多様な選択肢を前に人びとは戸惑ってしまう。そこで注目を集めたのが，元職人や元技術者の「ハンズマン」である。年配の彼らは仕入れや販売だけでなく，店頭での相談にも乗ったのである。だからこそ，人びとは「ハンズにいけば何かが見つかる，何かがわかる」（同123頁）という気楽な歩き方ができたのだ。特定の世界観の押し売りではなく，個々人の世界観をハンズマンが支援する。そういうズラし方こそ，東急ハンズのおもしろさだったのであろう。

冒頭の嘆きは，こうしたおもしろさの喪失を訴えている。しかし，それも都市空間でせめぎ合う縦長の店舗ゆえに生じたとは考えられないだろうか。階層構造であれば，限られた入口で全体を把握する必要が生まれ，ハンズマンに話しかけざるを得なくなるという可能性である。

とすれば，横長の店舗が増えつつある現在はやや異なるかもしれない。無数の入口は店舗への参入離脱の機会を増やし，その分だけ人びとは漫歩するのであろう。何かを見ているようで，何も見ていないのだが，突然購入しては，後でその失敗を笑う。それは専門的知識からより自由になった歩き方だと思うが，正確に言えば，自己責任をも楽しむ歩き方である。東急ハンズは，そういう決意と明るさに満ちた場所ではないか。

〔加島　卓〕

10 ラーメン屋
味覚のトポグラフィー

🚲 街のなかの行列

　とりたてて洗練されているわけでもない——場合によってはおよそ「きれい」とはいえない店のまえに長い行列ができていることがある。鼻孔をくすぐる——人によっては「動物くさい」匂いをまき散らしながら街なかに溶けこんでいる。たとえば，それなりの体形をした成人男性たちが「きたない」店のまえにじっとりと並んでいる光景をみかけたとしよう。店内をのぞいてみれば，コミュニケーションを拒絶するかのように丼ぶりと無言で向き合って，一心不乱に食べることに集中する人びとを見ることができるかもしれない。ファミレス，コンビニ，カフェなどの画一的に統御されたチェーン店舗，あるいはそれらを詰め込んだショッピングモール。これらの施設で構成されている現代の都市空間で期待される均質的な「清潔」，「きれい」，「無臭」，「開放性」の感覚を前提にすると，それはちょっと不気味な光景にみえないことはない。しかし，それがラーメン屋の行列であることがわかれば，それほど特殊な事態ではないことは了解されるのではないか。もちろん，「たかがラーメンに長い行列を作って待つ人の気がしれない」という人もいるだろう。あるいは自分がそのラーメン屋に並んでいるなら，その好奇の視線にすこしだけ居心地の悪い思いを抱きつつ無表情で行列に向き合うかもしれない。好き嫌いはもちろん存在するけれ

10 味覚のトポグラフィー〔ラーメン屋〕

ど，そうした了解が共有できる程度には，ラーメン屋，およびその行列は，現代の都市空間の日常的光景になっている。

🖥 拡散する〈ラーメン〉

▨ ラーメン専門店とラーメンを出す店はどれだけある？

　ラーメン屋は，いわゆる専門店だけでも全国に約4万軒あるといわれる。しかし，ラーメンを出す店は，専門店に限らない。ラーメンを出す中華料理屋，定食屋，ファミレス，サービスエリアなども含めると，20万軒あり，飲食店全体の約3分の1がラーメンを提供していると推測されている（『外食レストラン新聞』2012年8月6日）。ここに即席麺をくわえて，家庭内でのラーメン消費量を考慮すれば，さらにラーメンのすそ野はひろがるだろう。

　一方，もっともポピュラーな有料ラーメン屋ケータイ検索サイト（アプリ版もある）のひとつである「超らーめんナビ」に2012年11月9日の時点で登録されている店舗数は，2万3656店である。このサイトの店舗は，主として検索サイトのユーザーによって登録される。したがって，有料の検索サイトを使ってまでラーメンを探して食べるような人びとが好むラーメン屋が登録されやすい。検索サイトの登録店舗数とラーメン専門店の総店舗数，およびラーメンを提供する店舗数にかなりの差が存在するように，「ラーメン好きのラーメン（屋）」と「ただのラーメン（を出す店）」はなだらかに接続しながら，区別もはっきり存在している。

　総務省がまとめた「家計調査」によれば，もっともラーメンへの支出が多かったのは山形県で，年間の外食代のうち1万2061円（全国平均5625円）が費やされている。一方，「超らーめんナビ」の山形県の登録数は435店であり，全国平均の503店を下回っており，1位の東京3949店は2位（北海道1929店）を倍以上引き離している。人口や市場の規模の違いが「下部構造」となっていることは疑いえないが，そのうえでデータベースを参照し，新しい店舗の出店があればすぐさま登録し，更新していく——つまり，ついラーメンを探し，並ぶような集合的な欲望が「都市的なもの」であることがわかる。

〈ラーメン〉ってどんな料理？

　ラーメンには「中華そば」,「しなそば」,「らーめん」,「らぁめん」,「拉麺」,「ラーメン」などいくつもの呼び名や表記がある。また, ラーメンといえば出汁をタレでわったスープとカンスイを使った麺を組み合わせた料理をさしあたりの基本形として想像しやすいだろう。しかし, 近年では, このようなラーメンのみならず, つけ麺, 和えそば, 油そばをメインにした「ラーメン屋」も増加している。また,「これがラーメン？」という料理を「ラーメン」として出す店も存在する。[*1] さらに, すでに述べたように, ラーメンを提供する多様な店は, データベース上においては一律「ラーメン屋」として登録されている。

　かくも不安定な名称と不定形な料理。にもかかわらず, 私たちは, それらを同一のもの, 特定のジャンルの料理として認識できてしまう。逆にいえば,「次はこのラーメンが来る」といった流行(モード)が定着し, 未知のラーメンをもとめて探しまわり, 行列をつくるラーメン好きがいる以上, そんな「なんでもあり」を許容する融通無碍さや定義しがたさの刺激を, 私たちは〈ラーメン〉として欲望しているのではないだろうか。どれでもありえないが, どれでもありうるような, 料理の内包と外延を広げていく過程(プロセス)と欲望。こうした食文化とブームのあり方を, ここでは〈ラーメン〉と表記しておく。そして, このような過程(プロセス)の特異な振り幅のなかに, ラーメンを探し, 食べ歩き, 並ぶ・通うという都市的な実践は存在する。

　とはいえ, ラーメン・マニアとよばれる人びとはその一部にすぎない。インスタントラーメンの発明以降, ラーメンは日常食として定着したが, ラーメン・マニアの欲望はどこか突出した, すこし異様なものを感じさせる。ただし, ブームのなかで有名になったラーメン専門店がインスタントラーメンをプロデュースし, 新しいラーメンが専門店以外の飲食店やチェーン店, インスタント食品として定番化し, 日常食の選択肢の一部になるというサイクルも存在する。また, ラーメン屋は年間で全体の２割から３割が廃業し, それとほぼ同数の店が新しく開業しているという(『外食レストラン新聞』2012年8月6日)。だとすればラーメン好きでない人がなにげなく選択したラーメン(屋)も特定の流行(モード)のなかにある可能性がある。おいしいラーメンをいやおうなく求め, いつのまにか選択することで, マニア以外の人びとも〈ラーメン〉をめぐる過程(プロセス)にまき

こまれているのである。

味覚のメディア的リアリティ

「ラーメン評論的まなざし」の生成

　映画『タンポポ』(1985)で描かれていたように，ラーメンといえば，トラックドライバーのような労働者がてっとりばやくカロリーをとれる食事というイメージがあるかもしれない。しかし，この映画が，さびれたラーメン屋を行列店としてプロデュースする物語だったように，ラーメン屋は，1980年代以降産業社会に効率的な食事を提供するだけではなく，消費社会を勝ち抜く必要にせまられる。とくにテレビや雑誌で特集が組まれ，さまざまなラーメン屋がメディアで紹介された。

　おそらくもっとも大きな影響をもった番組のひとつは，1992年から放映されたテレビ東京の番組『TVチャンピオン』の「ラーメン王選手権」だろう。この大会の成功は，「ラーメン評論」という批評のジャンルを成立させた。というのも，ただのラーメン好きや素人が大会で優勝することで，「ラーメン評論家」として各種メディアで活動するようになったのである。1998年の元日の同番組内の「日本一うまいラーメン決定戦」では，これらの「ラーメン評論家」たちが集まり，全国のラーメンをランキング化している。この時期以降，テレビではラーメン特集やラーメンランキングといった番組やコーナーが定着し，またラーメン評論家が執筆・監修したムック本も毎年出版されるようになった。ラーメンをめぐる情報を競い，分類し，序列化するまなざしが，マスコミを通したメディアイベントになり，制度化したのである。

　1990年代前半から後半にかけて，ラーメン本の形式はかなり変化しているようにみえる。たとえば第2回チャンピオンである武内伸著『超すごいラーメン』（潮出版，1996年）では，著者を主人公としたラーメン行脚の物語の形式のなかにラーメン屋のデータを逸話とともに埋め込んでいる。しかし，第3回，第4回チャンピオンである石神秀幸監修・執筆の『ラーメン王石神秀幸東京横浜厳選！150店』（双葉社，1998年）では，ラーメン屋のデータを整理したムック本という形式で発行されている。2000年代におけるいわゆる「ラーメン本」

の形式は,前者の「逸話」や「物語」という形式ではなく,後者の「カタログ」という形式に近い。たとえば,2000年代中頃から発行されている石山勇人『最新ラーメンの本』(交通タイムス社)では,首都圏版,関西圏版や各県ごとに区分され,掲載店舗も毎年更新され,「カタログ」はより詳細になっている。ラーメン本は,「おいしいラーメン」や「新しいラーメン」を掲載(ということは「そうでもないラーメン」,「古いラーメン」をやんわり除外)することにより,ラーメン屋を分類・選別・更新する「カタログ」としての形式を全面展開させた。

　「おいしいラーメン」や「新しいラーメン」,あるいは「正統的／異端的なラーメン」を分類・選別・更新するような,いわば「ラーメン評論的まなざし」は,マスメディアや雑誌メディアの「カタログ」を通じて喧伝された。その過程で,醤油,豚骨,味噌,塩といったすでに定着していた分類のみならず,とんこつ醤油,Wスープ,鮮魚系,ニボニボ,ドロ系,ベジポタといった新しいスープの名付けが増加する。また,〇〇系,〇〇インスパイアといった系統化・系図化も盛んに行われた。このようなラーメンを語る用語系(ジャーゴン)が急激に発達するのも2000年頃からである。

「ラーメン博物館」という欲望

　そのような〈ラーメン〉を分類・選別・更新するまなざしを教化するきっかけになった装置は,1994年にオープンした新横浜ラーメン博物館だろう。施設内には全国から選別されたラーメン屋が軒を連ね,時期ごとに店舗も入れ替わる。この施設を訪問すれば,各地の有力店や流行しているラーメンを食べ歩けるという趣向である。ラーメン博物館の成功は,フードテーマパークとよばれる集合施設を増加させ,ラーメンをテーマとする施設だけでも全国各地に40店舗以上に膨れ上がっている。「ご当地ラーメン」もまた「観光のまなざし」[*2]という都市的なふるまいのなかで発見・発明されたのである。

　そして,このようなフードテーマパークを訪れる人びとは,「あっちの店はいまいちだったね」,「こっちの店は〇〇系だね」と,全国各地をわざわざ食べ歩くことなく,観光気分でちょっとしたラーメン評論家の気分を味わえる。ラーメンを比較・選別するライトな「ラーメン評論的まなざし」の経験は,視覚のみならず,味覚という身体感覚に直接訴えかけており,〈ラーメン評論的

感覚〉とでもよんだほうがいいかもしれない。

　1990年代後半以降，みんながゆるやかに「ラーメン評論家的ふるまい」をしてしまう機会が増えてきたといえるが，インターネットを通じたラーメン検索サイト・アプリは，それをさらに強力に推し進めている。たとえば「ラーメンデータベース」や「超ラーメンなび」などのラーメン検索サイトでは，ラーメン評論家がお墨付きを与えることもできるが，ユーザーがレビューを書き込み，投票や採点をすることができ，その結果をランキングとして表示できる。私たちが探し，食べ，並んだ経験・体験をそこに登録・記載することがデータベースやランキングを更新し，「おいしい／新しい／珍しい」ラーメンを拡張する。この〈ラーメン〉という過程（プロセス）に直接参加することで，一人ひとりが「プチ評論家」としてふるまえるのである。

「きたない店ほどうまい」という神話

　〈ラーメン〉をめぐる欲望の特異性は，いつでも・どこでも・すばやく・同じようなものを摂取できるファストフード的な食文化でありながら，それに収まらない過剰さを備えているところだろう。社会学者のジョージ・リッツァは，マックス・ウェーバーの合理化論を受け継ぎ，近代社会における効率化・画一化の消費領域への拡張を「マクドナルド化」とよんでいる[*3]。

　ラーメンチェーン店の拡大やインスタントラーメンの工場生産は，「マクドナルド化」ということができる。しかし，少なからず存在する「きれい」とはいえない店舗への長時間の行列，また店ごとに異なる注文やカスタマイズの仕方（こうした注文の仕方は「呪文」といわれることもある）のわかりにくさは，反－合理主義的とさえいえる。またチェーン店のみならず，暖簾分けというシステムが残存し，有名ラーメン店主がカリスマ化していく過程（ご当地ラーメンならぬ「ご当人ラーメン」と呼ばれる）は，どんな人でも入れ替え可能なマニュアル化された匿名的な非－熟練労働だけではなく，作り手の固有名とインフォーマルなつながりによって維持される熟練労働の要素を含む。ラーメンという外食産業は，「マクドナルド化」という効率化・画一化過程を取り込みながら，そこに収まらない過剰さのなかで進展してきたのである。

　ただし，そうした過剰さもまた，大量生産される。たとえば，チェーン店の

Ⅲ　無印都市の趣味空間

ような「いつでもどこでも同じ」というイメージとは異なるイメージを演出するために手書きの文字・イラスト，古びた材木，木造の内装を用いて「手作り感」や「温かみ」を売りにするラーメン屋がある。ほかならぬラーメン博物館の内装はその実例といえよう。しかし，「手作り感」があり，「温かみ」のあるラーメン屋の外観・内装こそ，いつでもどこでもみられるようになってはいないだろうか。実際，こうした店舗イメージのトータルな演出手法は，コンサルタントやプロデューサーとよばれる人びとや企業によって生産され，ラーメン屋の開業・経営マニュアルにも掲載されている。

たとえばある開業マニュアルによると，「外観におけるおいしさ感」の演出とよばれる項目が設定され，①暖色系の色使い，②300～500ルクスくらいの照明，③木目，塗り壁など天然の素材感，④調理が実演されるオープンキッチン，⑤こだわりや理念，歴史を書いた文章の掲出，⑥手書きのPOPという手法が紹介されている。

上記のマニュアルによれば，消費者は，高い批評精神をもたなくとも，なんとなくそうした雰囲気を察知しながら，「うまい／まずい」を判定し，入店するとされる。ラーメンの選別・分類・更新という作法と感覚をいったん身につけた消費者は，おいしいラーメン屋をもとめ，つい評論家のようにふるまってしまう。そんなラーメン屋の過剰さを読みとろうとするラーメン好きの振舞いの可笑しさ，そしてある種の「キタなさ」や「殺伐とした雰囲気」を許容し，味覚の刺激を突出させることもあるラーメン屋という業態の特異性を表現しているのは，「きたないラーメン店ほどおいしい」という神話だろう。生産者は，そうした消費者の「外したくない」という欲望と方法に逆手にとって，外食産業としてまもるべき「清潔さ」を踏み外さない程度の過剰さをまとった「おいしさ感」の演出をマニュアル化する。しかし，たとえば上記のような外観・内装が，そのプロデュースを手掛けた会社の名前をとって「パシオ系」[*4]といわれるように，ラーメンマニアは，そのようなマニュアルをふたたび新たなパターンとして読み解き，凡庸化する。ラーメンの生産者と消費者は，そうした〈ラーメン〉という可能性を広げるおわりなきゲームをくり広げている。

嗜癖としてのラーメン——ハイモダニティの身体感覚

　アンソニー・ギデンズは，伝統的生活や人間関係が相対化する過程で，生の経験の根拠——存在論的安心——が身体や快楽の次元に求められ，くり返しそこに立ち返ってしまうことを「嗜癖」[*5]とよぶ。この後期近代社会に特有の衝動強迫性は「伝統主義をともなわない伝統」ともいいかえられる。人がラーメンを食べ歩く，探し回る，通う，あるいは長時間待ってまでラーメンを食べるとき，ラーメンへの欲望と味覚はひとつの嗜癖の域に達しているといえよう。また，会話や団らん，ケータイの使用，長居や休憩がしにくく，ラーメンの「味」（自分の「味覚」）だけに向きあうような雰囲気をもつラーメン屋もすくなくない。たとえば，ラーメン専門店では，厨房をとりかこむようにカウンター席が設置されていることが多いが，この場合，客同士の視線は交差せず，調理者とお客，ラーメンと味覚という対のコミュニケーションに限定・集中する傾向がある[*6]。ラーメン屋とは——飲食店である以上，当然と思われるかもしれないが——味覚という感覚をとくに突出させた空間なのである。

　とりわけ90年代後半からのラーメンブームのトレンドは，激辛，濃厚，大量，高塩分，高脂肪などの各種の刺激の強さを昂進してきた。しかもこうしたきわめてジャンクな料理が，チェーン化や暖簾分けによって急激に拡大・模倣されてもいる[*7]。ここまで検討してきたように，〈ラーメン〉は，味覚の差異化・系統化・序列化を促すメディアを通して，その外延と内包を拡張・深化してきた。ラーメンへの嗜癖や刺激の昂進もこうした過程(プロセス)の突端に位置する。さらに，こうしたトレンドを「トレンド」として理解することによって，「次はあっさり系が来る」，「女性にも入りやすい店」といった言説が語られることもあれば，「正統派」や「昔ながら」といった権威化も行われる[*8]。新しいラーメンが創作・模倣・拡散され——ときに「伝統」や「正統」，あるいは「懐かしさ」の模造（シミュラークルとしてのラーメン博物館！）を内側に取り込みながら，嗜癖が集合的欲望になる。このとき，〈ラーメン〉はブームになったのである。

　ラーメン評論的なまなざしで都市‐郊外地域をながめながら，そのような過剰な刺激をもとめてふらふらし，行列をつくることもいとわない人びとがい

る。データベース(情報空間)とアディクション(身体空間)を循環させる〈ラーメン〉をめぐる集合的欲望が現代都市のある部分を占めるとき，この章で最初に述べたような光景が現れる。都市空間のリアリティは，そうした味覚という身体的な経験・体験の濃淡や凸凹で構成された地形としてもせりだしている。

〔註〕
* 1　土屋光正 2004『行列のできるラーメン店づくり』商業界の対談を参照。
* 2　ジョン・アーリ［加太宏邦訳］1995『観光のまなざし』法政大学出版局。
* 3　ジョージ・リッツァ［正岡寛司訳］1999『マクドナルド化する社会』早稲田大学出版部。
* 4　「パシオ系」とはネット上で使われ始めたスラングだが，パシオはそれを逆手にとって自社の評判の高さの証明として参照している（土屋・前掲註＊1）。
* 5　アンソニー・ギデンズ 1997「ポスト伝統社会に生きること」ウルリッヒ・ベックほか編著［松尾精文ほか訳］『再帰的近代化』而立書房。
* 6　一蘭というラーメンチェーン店では，カウンター席が衝立やすだれで仕切られており，「味集中カウンター」と名付けられている。
* 7　こってりであれば「家系」や「背脂チャッチャ系」，激辛であれば「中本」，濃厚であれば「天下一品」や「ドロ系」，しょっぱさであれば「がんこ系」など。あるいはそうした過剰さのひとつの到達点は「らーめん二郎」系の拡大だろう。
* 8　ただし正統的な東京ラーメンを代表する店が「味変え」を続けてきたことはよく知られている。正統派や老舗も〈ラーメン〉をめぐる過程のなかにある。

もっとかんがえる

- ラーメンやラーメンブームが意味していたものは時代・地域・階層によって異なる。それを歴史的・地域的・階層的に分析してみよう。
- ラーメン屋やラーメンを出す店は，かなり異なる経営方針や労働環境で運営されている。そのような経営や労働のちがいを比較・分析してみよう。
- ラーメン屋以外の飲食店についても上記のような分析ができないか考えてみよう。

ブックガイド

速水健朗 2011『ラーメンと愛国』講談社
気鋭の評論家が執筆したラーメン論。「愛国」に結びつけるあまりラーメンブームやラーメン文化の多様性や動態性をそぎ落としてしまっているきらいはあるが，戦後日本社会論としてよめる。

土屋光正 2004『行列のできるラーメン店づくり』商業界
　ラーメン関連書籍には，消費者向けのカタログが多いが，生産者向けのマニュアルも多く出版されている。なかでもこの著作は，似たようなラーメン屋の雰囲気がどのようにして生産されるのかについて考えさせてくれる。

ジョージ・リッツァ［正岡寛司訳］1999『マクドナルド化する社会』早稲田大学出版部
　消費の効率化・合理化がすすむ負の側面を「マクドナルド化」と名づけた著作。ただし，「マクドナルド化」を批判するだけではなく，そこにおさまりきらない残余としての「文化」をみずから発見するためのきっかけにしたい。

〔田中　大介〕

11 TSUTAYA／ブックオフ
「快適な居場所」としての郊外型複合書店

🚲 郊外型複合書店のフィールドワークから見えてきたもの

▓ TSUTAYA／ブックオフに対する複雑な感情

　「本好き」にとってTSUTAYA（以下，ツタヤと表記）やブックオフは「複雑」な感情を抱かせる存在ではないだろうか。

　代官山などのいくつかの旗艦店舗を別にすれば，多くのツタヤは雑誌・ムック，ベストセラーと売れ線の新書やエンタテイメント系文庫，売れ筋のマンガを中心に構成されている。新聞の書評欄でとりあげられた書物の在庫がないことも多い。古典の文庫や教養系新書などは申し訳程度しか棚にない。しかし，近所にあって深夜まで営業しているし，CD・DVDレンタルも利用できるので，何かのついでにちょっとした雑誌やマンガを入手したり立ち読みしたりするには便利でついつい立ち寄ってしまう。

　ブックオフも同様だ。品切れ文庫を100円均一の棚で見つけたときには書物の価値に対する無神経さに怒りすらおぼえるが，逆に自分が探している品切れや絶版の文庫を定価の半額や100円で見つけたときには心が躍ってしまう。また，少し前には書店店頭でよく見かけたが気づくと姿を消していた文庫が読みたくなったらブックオフで入手できることが多い。その点では便利に利用している。

11 「快適な居場所」としての郊外型複合書店〔TSUTAYA／ブックオフ〕

フィールドワークから見えてきたこと

　ツタヤやブックオフに対する抵抗感と便利感。筆者もこうした両義的な感情を抱いていたし周囲に似たような感想を持つ人も多い。しかし，この原稿を書くためのフィールドワークと称して足繁く通ってみて，少し違った印象を持ち始めた。長時間滞留する客が目につくのだ。たとえば，ブックオフでは，大型書店や古書店の客のように書物を吟味しながら長く滞留しているというよりも，ある棚の前でだらだらと長時間読み耽っている。ツタヤでも長時間の立ち読みを見かけるし，書籍とCD・DVDレンタルのコーナーをブラブラと行き来している客も見かける。

　こうした客は，おそらく，人文書に関心を持つような「本好き」とは異なる存在である。ツタヤやブックオフにやって来るのは，むしろ，こうした人びとのほうだ。そして，かれらが感じているのは「本好き」が感じる両義的感情とは違う「何か」であるように思う。この「何か」について，ツタヤやブックオフのような「郊外型複合書店」[*1]を郊外化や出版流通構造の問題とは異なる視点から捉えることで考えてみたい。

郊外型複合書店の出現とその背景

郊外型複合書店の存在感

　わたしたちが書物とふれあう環境として郊外型複合書店の存在感が高まっている。近年，地域の商店街で営業する中小書店がつぎつぎと閉店・廃業に追い込まれていく一方で，郊外型複合書店がその存在感をますます強めていることはいくつかのデータによっても支持される。2011年度の書店売上高ランキングをみてみると，第1位が紀伊國屋書店（売上高1098億600万円），以下，ブックオフ（同757億1600万円），ジュンク堂（同511億5500万円），有隣堂（同506億3800万円），未来屋書店（同480億1400万円）と続いている[*2]。このランキングに含まれていないツタヤの2011年度の売上高は，運営会社が公開している資料によると1047億円である[*3]。これを加えると，売上高上位三書店は，紀伊國屋書店，ツタヤ，ブックオフ，という順番になる。また，読売新聞が読書週間前に実施している「読書週間世論調査」では，2009年から「本を主にどこで買うか」

という調査項目が加えられており，2012年調査では「新しいタイプの古書店（ブックオフなど）」という回答が10%を占めている。[*4]

郊外型複合書店の出現と普及

　まず，郊外型複合書店が普及していく歴史的過程を確認しておこう。書店の郊外進出は名古屋の三洋堂書店が1975年に東郷店を出店したのが最初といわれている。[*5] ツタヤやブックオフのような郊外型複合書店の出現は，この書店の郊外化の流れに位置づけられる。ツタヤは大阪府枚方市の枚方駅前で「蔦谷書店」として1983年に創業。創業当初から新本の販売と音楽・映像ソフトレンタルで事業を展開している。創業者の増田宗昭によると，こうした事業展開は今までにない「マルチメディアショップ」を目指すものだったが，既存の概念でとりあえず「書店」を名乗ったという。[*6] ブックオフは，買い取りと値付けのマニュアル化を徹底した新しいタイプの古書店（新古書店）として1990年に創業し，[*7] 中古の音楽・映像ソフトやゲームソフトなども積極的に扱っている。ツタヤやブックオフが先鞭をつけた郊外型複合書店は，新しいタイプの書店／古書店として事業をスタートした共通点を持つ。

　郊外型複合書店もうひとつの共通点は，店舗のフランチャイズ展開にある。[*8] この事業形態は，本部が加盟店に屋号や商標，運営ノウハウなどを提供することによって，同一ブランドイメージでの店舗展開を広範囲かつ短期間で可能にする。こうしたフランチャイズ展開が，家電販売店，紳士服専門店，スーパーといった郊外型他業種店舗の業態転換と結びつき，新しい書店／古書店としての郊外型複合書店は都市郊外に急速に増殖していった。さらに，1980年代から90年代にかけて進んだ大規模小売店舗法（旧大店法）の規制緩和，2000年における旧大店法の廃止と大規模小売店舗立地法（新大店法）の施行も郊外型複合書店の増加・大型化を後押しするかたちとなった。

　郊外型複合書店に対しては没個性化・均質化が指摘されてきた。ツタヤであれば，本部の運営会社が加盟店の商品発注を代行して集中的に管理しており，[*9] 仕入れに各店舗の個性が反映されにくく「売れ筋」を中心に店頭に並ぶ傾向が見られる。ブックオフでは，逆に，在庫は各店舗の独自の買い取りで確保されているが，[*10] それゆえにベストセラーばかりが書棚に大量に並ぶ光景が各店舗に

現れる。ツタヤであれブックオフであれ，店舗ごとの個性がまったくないわけではない。とくにブックオフの場合は加盟店の自由裁量が大きく，独自性を打ち出した店舗もあるのだが，やはりそれは特殊な例である[*11]。郊外型複合書店の書棚が似通ってしまう傾向は否めない。こうした傾向は，過剰な消費社会の進行にともなう郊外化や近代出版流通システム構造が招く「読者の消費者化」に対する批判の文脈からも指摘されてきた[*12]。

「読者」と「書店の経験」

かつての「読者」と「書店の経験」

郊外型複合書店が没個性的・均質的であり「読者の消費者化」に荷担しているという批判はおそらく正しい。しかし，郊外型複合書店以外の書店が個性的かといえば疑問が残る。たしかに，独自の品揃えで個性を打ち出し注目されている書店も少なくない。だが，書店の没個性化・均質化は，郊外型複合書店の事業展開により顕著に表れているものの，そもそもは再販制と委託流通という日本の出版流通構造に起因するものであり，1980年代の全国チェーンの大型書店の出店ラッシュ以前は地域商店街の中小書店の品揃えに大きな差はみられず，出版関係者が書店の「金太郎飴」状態と表現するほどであった[*13]。また，「読者の消費者化」も出版流通の構造問題として郊外型複合書店登場以前の1970年代から指摘・批判されている[*14]。大型書店や個性を前面に打ち出す一部の書店を除けば，ほとんどの書店は郊外型複合書店と大きく変わらない。書店の品揃えという視点から捉えれば，書店業界の構図が「なんでも揃う大型書店と金太郎飴の商店街の中小書店」から「なんでも揃う大型書店と個性を欠いた郊外型複合書店」に変化しただけのようにも見える。しかし，この構図の変化の意味をもう少し考えてみよう。

街の中小書店は雑誌，マンガ，実用書，文庫，学習参考書の「売れ筋」を中心に書棚をつくる点で郊外型複合書店とたしかに似ている。しかし，「書店の経験」としては異なる。小田光雄は，街の中小書店は薄利多売のなかで「読者」を育成することに（とくにマンガの分野で）貢献したが，郊外型複合書店は回転率・利益重視で「読者」を育てていない，と批判を展開している[*15]。その批判の

是非は別にして「読者」を育てたか否かという指摘は注目に値する。ここで小田が想定している「読者」とは、「読書」と日本人の形成を強調している点からも、書物を読むことを通して文化を育みつつ共有していくような人びとのことだと考えられる。この「読者」を育てたか否かが書店の経験にとって重要である。検討しなければならないのは、まず大型書店や街の中小書店が育てた「読者」が何を求めて書店に訪れていたのかということ、そして郊外型複合書店の「読者ならざる読者」が書店に何を求めているのかということである。

　明治期の読書は、新聞、雑誌、書籍を読むことを通して「日本国民」を形成する一方で、「教養」と強く結びつき「知識人」という都市部の社会的エリートの習慣として特権化されてもいた。読書習慣が「国民」に本格的に普及し大衆的読者層が形成されていくのは大正・昭和以降である。このとき、教養という階級的概念が消失したために読書は大衆化したのではなく、教養が大衆化したからこそ読書は大衆化しえたということは強調しておきたい。総合雑誌が購読層を拡大し、安価な文学全集である円本や古典をさらに安価な価格で提供する文庫が登場・流行し、個人が書斎や書棚をこぞってしつらえたのも、書物を通して教養を獲得しそれを顕示するという欲望が大衆化したためである。つまり、ここでの読書は「教養の獲得」という目的と強く結び付いており、書物とは教養の容れものであった。したがって、書店とは単なる商品としての書物を入手する場ではない。書店は教養の容れものである書物が並べられた「知の空間」として経験されていたと考えられる。

　書店は現在でも「知の空間」として経験されているところはあるが、高度経済成長も頂点を越えた1970年代に入ると、別の様相が前面に現れるようになった。この時期、書物は「教養」と結びついたものから、記号として消費されるものへと変化していった。ここで人びとから求められる書物は、教養を前提とした文学全集や古典などではありえない。ここで求められるのは、それを読んでいなければ「時代遅れ」と見なされてしまうような話題書やベストセラー、あるいはそれを読んだ人物のセンスの良さを示す書物である。こうした側面が読者の消費者化として批判された。

　こうした書物の現れを如実に示したのが1980年代のニューアカデミズム・ブームであろう。ニューアカデミズムは新たな知の可能性を示す意欲的な試み

を含む潮流として現れたが，その受容はかならずしも「新たな知の可能性」に依り添うものではなかった。たとえば，ニューアカデミズムの代表とされる，浅田彰の『構造と力』（勁草書房，1983年）はフランス現代思想を駆使した社会分析として高く評価されるものであるが，「『構造と力』を持ってカフェ・バーに行くとモテる」といった内容とはまったく別の次元で受容され，難解な人文書としては異例のベストセラーとなった。

　このように，1970年代から80年代にかけて，書物はその内容（教養）において求められるのではなく，消費社会における他者との差異化の記号として求められた。書物は教養の容れものではなく，自己と他者とを差異化するサブカルチャーの記号へと変化している（マンガはその典型だろう）。ここで書店は「サブカルチャーの記号空間」として経験されている。

郊外型複合書店における「読者」と「書店の経験」

　以上が，読書が大衆化していく日本近代の読者（書物に教養を求める読者）から高度経済成長期以降の消費社会の読者（書物にサブカルチャーの記号を求める読者）への変化である。前者は知の空間として，後者は記号の空間として，それぞれ異なるかたちで書店を経験している。だが，このようにそれぞれ異なる読者にも重要な共通点がある。それは，どちらも，教養やサブカルチャーという「意味」を込められた「モノとしての書物」を求めているという点だ。教養を求める読者は教養の容れものとして，消費社会の読者は自己と他者を差異化する記号として書物を選ぶ。教養を求める読者は自身の教養を可視化する蔵書を形成するために，サブカルチャーの記号を求める読者は自身の趣味（の良さ）を示すために，モノとしての書物を所有しようとするのだ。

　書物を所有しようとするか否かが，大型書店や商店街の中小書店が育んだ読者と郊外型複合書店の「読者ならざる読者」で大きく異なる点である。郊外型複合書店の客は，もはや何らかの共有された意味（教養やサブカルチャー）が込められたモノとしての書物を求めていない。だからこそ，かれらは「読者」ではない。かれらが求めているのは書物が伝達する「情報」である。かれらは書物を所有せず，つぎつぎと読み棄て，立ち読みで済ませる場合も多い。古本を扱うブックオフはより明確なかたちで情報を求める「読者ならざる読者」の欲

III 無印都市の趣味空間

求に対応している。ブックオフで古本を購入すると，レジで「読み終わった本がありましたらお売りください」と声をかけられる。いま購入したばかりの書物も読み終わればふたたびブックオフに持ち込むことができる。この書物の「リサイクル」は，書物をモノとして所有したい読者には受け容れ難いが，書物を情報として受け取る限り抵抗は小さいであろうしむしろ合理的である。情報として書物を求める「読者ならざる読者」にとって，郊外型複合書店は，書物をめぐる意味空間（知の空間や記号空間）というよりも，単なる「情報空間」として現れているといえる。その意味で，こうした書店が書物以外の商品も扱う「複合」店であることは重要である。郊外型複合書店は，そこを訪れる「読者ならざる読者」にとって，書物，映像・音楽ソフト，ゲームソフト，雑貨などが横並びに並んでいる「便利な情報空間」なのである。

郊外型複合書店と「快適な居場所」としての書店

「快適な居場所」としての郊外型複合書店

「読者」を育んできた大型書店や街の中小書店は，知の空間にせよサブカルチャーの記号空間にせよ，書物というモノに込められた意味の空間として経験されてきた。郊外型複合書店を訪れるひとびとは，読むことを通して書物というモノに込められた意味をめぐる文化や共同性（教養やサブカルチャー）を形成し育む「読者」ではない。郊外型複合書店に集まる「読者ならざる読者」が求めるのは，モノとしての書物ではなく，書物を通して得られる情報である。郊外型複合書店は，書物だけでなく映像・音楽ソフト，ゲームソフト，雑貨といったさまざまな情報にアクセス可能であるという点で便利な情報空間なのである。

本章の冒頭で，郊外型複合書店に長時間滞留している客はいわゆる「本好き」とは異なる存在だという印象を記したが，このような存在こそ「読者ならざる読者」である。そして，このような存在が郊外型複合書店に感じている「何か」こそ，こうした書店の情報空間としての便利さである。さまざまな情報にアクセス可能な便利さがあるからこそ「読者ならざる読者」は郊外型複合書店に長時間滞留するのだ。情報空間としての便利さこそ，だらだらと長時間留まりたくなってしまう「快適さ」の源泉である。

郊外型複合書店の存在感の高さが示しているのは，書店がかつての「知の空間」や「サブカルチャーの記号空間」のような書物をめぐる意味空間から「快適な居場所」として提供される情報空間へとその存在意義を転換しつつある，ということである。

▓ 書物よりも快適さを求められる書店

「居場所としての快適さ」を提供する書店はもはや郊外型複合書店のみに留まらない。郊外型複合書店が先鞭を付けた快適な居場所としての情報空間は，書店全体に広がりつつある。ジュンク堂書店は，1996年に「立ち読みお断り，座り読み大歓迎」というコピーを掲げてオープンした大阪難波店以降，店内にテーブルと椅子を配置した「座り読みコーナー」を積極的に導入しているが，これはモノとしての書物だけでなく「快適さ」を提供しようとする流れと理解することができる。[*18] あるいは，近年のブックカフェ・ブームも同じように理解できるだろう。読売新聞による2012年の読書世論調査では，利用者が書店に求めるものに「店内に喫茶室や試読スペースがある」が10％を占めているが，[*19] このことも書店の快適さ志向への流れを裏づける。

郊外型複合書店の登場とその隆盛は，書店が書物を中心とした意味空間から便利な情報に溢れた「快適な居場所」へと転換していることを示している。書店に求められるものが「書物」よりも「快適さ」である時代。その意味で，わたしたちは，書店がモノとしての書物から切り離されていく時代を生きているのかもしれない。

〔註〕

* ＊1　ここでは「書店という存在の社会的意味」を問題にするため，新本・古本・古書を含めた書物を中心にそれ以外の商品とともに扱う都市郊外に立地する店舗を「郊外型複合書店」と捉える。
* ＊2　「業種別売上高ランキング」『日経MJ』2012年7月18日付。なお，本稿の脱稿後，ツタヤ2012年売り上げが紀伊國屋書店を抜いて業界首位となったことが明らかとなった。「ツタヤ，書籍販売首位」『朝日新聞』2013年1月17日付。
* ＊3　「TSUTAYA・蔦屋書店　2012年3月期書籍・雑誌売上高1,047億円──前年対比107.4％，2012年4～6月期は前年対比108％」2012年7月10日付ニュース・リリース（http://www.ccc.co.jp/fileupload/pdf/news/20120710TSUTAYA_BOOKS_104Bilyen-revise.pdf　2012年11月28日取得）。

Ⅲ　無印都市の趣味空間

- ＊4 「読書週間世論調査」『読売新聞』2012年10月21日付。
- ＊5 「三洋堂書店40年史 第2章 家業時代 4.全国初の郊外型書店出店 1975年～1977年」（http://www.sanyodo.co.jp/contents/05corporate_info/40nenshi_06zenkokuhatuno.html 2012年11月28日取得）。
- ＊6 増田宗昭 2010『情報楽園会社——TSUTAYAの創業とディレクTVの失敗から学んだこと』復刊ドットコム，15-16頁。
- ＊7 坂本孝・村野まさよし・松本和那 2003『ブックオフの真実——坂本孝ブックオフ社長，語る』日経BP社，第2章。
- ＊8 ブックオフのフランチャイズ展開は，創業者・坂本孝によれば，ツタヤ創業者の増田宗昭から学んだという（「本，眠っていませんか(4)」『日本経済新聞』2000年2月3日付）。
- ＊9 増田・前掲註＊6，134頁。
- ＊10 坂本ほか・前掲註＊7，161頁。
- ＊11 岡崎武志 2011『古本道入門——買うたのしみ，売るよろこび』中央公論新社，169-170頁。
- ＊12 小田光雄 1997『〈郊外〉の誕生と死』青弓社，および，同 2007『出版業界の危機と社会構造』論創社などを参照されたい。
- ＊13 田口久美子 2007『書店風雲録』筑摩書房，65-74頁。
- ＊14 たとえば，紀田順一郎 1978『読書戦争——知的生産を守るために』三一書房など。
- ＊15 小田・前掲註＊12『出版業界の危機と社会構造』194頁。
- ＊16 小田・前掲註＊12『出版業界の危機と社会構造』266頁。
- ＊17 以下，永嶺重敏 2004『〈読書国民〉の誕生——明治30年代の活字メディアと読書文化』日本エディタースクール出版部，および，同 2001『モダン都市の読書空間』日本エディタースクール出版部を参照。
- ＊18 佐野眞一 2004『だれが「本」を殺すのか（上）』新潮社，63-64頁。
- ＊19 前掲註＊4『読売新聞』記事。

もっとかんがえる

- 郊外型複合書店の存在感によってかつてのような「書物をめぐる意味空間」というあり方が失われてしまったわけではない。近年注目されている幅允孝や内沼晋太郎のような「書棚をつくる本の目利き」の仕事や，松岡正剛による圧倒的な知の空間としての松丸本舗の試みから「『書物をめぐる意味空間』の現在」を考えることができる。
- 書店の「快適な居場所化」を，インターネット書店や電子書籍の登場との関連で考えてみることもできる。「リアル」書店が，品揃えや利便性で勝るヴァーチュアル書店に対する差異化のポイントとして実店舗の快適さを前面に打ち出している可能性がある。
- 佐賀県の武雄市が市立図書館の運営をツタヤの運営会社に委託したことは，個人情報管理という側面から議論されているが，市民サービスとしての「快適な居場所」の提供という視点から捉えることもできる。公共図書館に対する市民のニーズを，書店のあり方の転換と関連づけて考えることもできるだろう。

■ブックガイド

永嶺重敏 2001『モダン都市の読書空間』日本エディタースクール出版部
　読書という文化的行為のあり様を大正から昭和にかけての東京という都市空間の拡がりのなかで捉える試み。活字メディアの発展と書店や図書館といった読書装置との関連から読書の大衆化の諸相をていねいに記述している。

小田光雄 2007『出版業界の危機と社会構造』論創社
　出版業界の現状分析。再販制と委託販売制に支えられた戦後日本の出版業界が抱える構造的問題を批判的に分析している。郊外型複合書店が，この構造的問題をすり抜けるように出現し，出版業界のなかで大きな存在となったことも指摘している。

柴野京子 2012『書物の環境論』弘文堂
　「書物の環境」の歴史と現在を，出版，流通，販売の各側面に触れながらコンパクトにまとめている。デジタル化に関連する部分の論述が充実しており，とくに，ネット書店や電子書籍が隆盛する現状での書店のあり様についての考察は参考になる。

〔菊池 哲彦〕

Column 5　カラオケ

グローカル化するカラオケ・コミュニケーション

▓ カラオケは衰退したのか

　駅前の繁華街には必ずといっていいほど存在するカラオケボックス。昨今では一人カラオケ用の店舗も登場し，新たな変化を遂げつつある。

　カラオケボックスの普及は1980年代ごろからだが，その原点は1970年代初頭にまでさかのぼる。やがて1990年代中盤にピークを迎えた後，カラオケルーム数にしてピーク時の4割減と言われる状況が進み，現在ではほぼ横ばい状態という（こうした変遷については，佐藤［1992］や，全国カラオケ事業者協会の「カラオケ歴史年表」「カラオケ白書2012」などを参照）。

　カラオケがコミュニケーションツールであると認識されてから，すでに数十年が経つが，たしかに大学のコンパなどでも，かつてほどカラオケは二次会の定番ではなくなりつつある。

　筆者は「76世代（1976年生まれ）」に属し，まさに1990年代中盤に青春期を送った一人だが，当時流行したいわゆる「小室系の楽曲（その多くがカラオケでの歌いやすさを意識していたといわれる小室哲哉プロデュースの一連の楽曲）」を，カラオケボックス内の全員で合唱し，時に翌朝まで盛り上がったのを記憶している。

　今でも学生と出かけた際に，全員で合唱をしないわけではないが，どちらかといえば，より「個人主義」的なふるまいが目立ってきたようだ。私が歌っていても，ケータイやスマホをいじっているものもいれば，おしゃべりをするものもいる。あたかも「あなたはあなたの好きな歌を歌ってください。私は私の好きな歌を歌いますから」といったような，「儀礼的無関心」のごとき状況がそこにはある。

　これは「KY（空気を読む）」という言葉もあるように，昨今の若者が同調圧力に流されやすいと喧伝されているのと比べると，一見，奇妙な光景に思えてしまう。

　では，こうしたカラオケとそれをめぐるコミュニケーション（以下，カラオケ・コミュニケーション）の変化は，いかに理解できるのだろうか。昨今の光景は，いわゆる共通文化の衰退とともに若者たちが疎遠になっていくという（さらにそれによってカラオケも衰退していくという），ステレオタイプな理解がそのままあてはまりそうだが，果たしてそれでよいのだろうか。

▓ 狭義／広義のカラオケ・コミュニケーション

　この点について筆者は，狭義と広義のカラオケ・コミュニケーションを区別したうえで現状を理解すべきと考えている。

まず狭義のカラオケ・コミュニケーションとは，まさに今までどおりのものである。カラオケボックスを典型とした，その場に居合わせた人同士の，カラオケを媒介としたコミュニケーションである。
　一方で重要なのは，その場に居合わせずとも，広くカラオケを媒介としたコミュニケーション全般を，広義のカラオケ・コミュニケーションに含めて考えるという点にある。
　たとえば，昨今では一人カラオケに行く人も多いと聞くが，これは若者が疎遠になったからではない。たしかに，好みや関心は多様化し共通文化は姿を消しつつあるのかもしれないが，彼らはより自由度の高いインターネット空間で，コミュニケーションを続けているのだ。ツイッター上における「一人カラオケなう」というつぶやきと，それに続くコミュニケーションは，まさに広義のカラオケ・コミュニケーションといえよう。
　さらには，動画共有サイトに投稿された，いわゆる「歌ってみた（動画）」もこれに含まれよう。それは，プロの歌手の楽曲を一般の若者たちがカラオケで歌った音声や動画をアップロードしたものだが，目的としては，プロを目指した鍛錬の過程の一部というより，コメント欄等を通したコミュニケーションを楽しむことにある。YouTubeなどでも，日本に関心のある世界各国の人びとから，多様な言語でコメントがつけられていたりする。

グローカル化するカラオケ・コミュニケーション

　とするならば，カラオケ・コミュニケーションは狭義においては衰退しつつあるように見えて，広義にはグローカルに新たな変化と発展を続けているといえよう。
　たしかにカラオケボックス内を見れば，かつてのような盛り上がりは見られない。カラオケ・コミュニケーションは，細分化された好みや関心を共有できるもの同士の間だけに閉じつつあるかにも見える。だが一方で，それはインターネット上のソーシャルメディアなどを介して，グローバルに広がりつつもあるのだ。
　このように，カラオケ・コミュニケーションについては，今まで以上に幅広い視野に基づいて，さらなる本格的な研究が期待されているといえよう。

〔参考文献〕
　佐藤卓巳 1992「カラオケボックスのメディア社会史」アクロス編集室編『ポップコミュニケーション全書』PARCO出版。
　全国カラオケ事業者協会 2012『カラオケ白書2012』。
　全国カラオケ事業者協会「カラオケ歴史年表」(http://www.japan-karaoke.com/03nenpyo/)。

〔辻　　泉〕

IV 無印都市のイベント空間

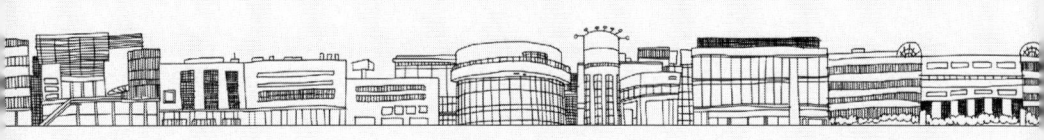

12 フリーマーケット
目的が交差する空間

🚲 曖昧さが馴染む場

▧ 書を捨てないで，町へ出よう

　フィールドワークに出かけるとき，寺山修司の「書を捨てよ，町へ出よう」という言葉や，「百聞は一見にしかず」という言葉を鵜呑みにしてはいけない。何かを調べるときは，その「何か」の「どこ」を見るかが重要だからだ。先行研究や参考文献のなかには，見るべきポイントやそのヒントが書いてある。だから，書（本）はやっぱり読んだほうがいいし，百聞（いろんな人の意見）も聞けるなら聞いたほうがいい。

　しかし，最初のフィールドワークは，「書は置いといて，町へ出よう」「で，ひとまず一見してみよう」ということを提案したい。なぜなら，予備知識がない状態の「？」や「！」が，大発見につながったり，本を読む時の理解を深めてくれたりするからだ。

　ということで，本章のテーマは「フリーマーケット」。まずは何の予備知識もなしに出かけてみた。

　今回は「でかける」条件を「大きな規模で開催されている有料のフリマ」に設定した。大きな規模で開催されているフリーマーケットなら多くの人が来場する。また来場者に入場料，出店者に出店料が発生するフリーマーケットに絞

ることで，そこにいる人たちの目的は「フリーマーケットに参加する」ということに絞られるからである。

現場に行ってわかったこと

　2012年9月23日。かつて大阪万博が開かれた場所で「万博お祭り広場ガレージセール」が開催された。入場料は350円，出店数は300ブース。会場は人で溢れかえっており，ブース内で商談などを行っている人たち以外は，出店者と客の区別がつかない。フリーマーケットでは，出店者も別ブースに行くと客になる。店と客との区別が曖昧なのは，現在のフリーマーケットの特徴なのかもしれない。

　フリーマーケット開催情報をインターネットで検索すると，おもしろい文言が出てきた。「プロ業者の方はご出店いただけません」「新品，中古を問わず，仕入れ品及び同一商品は販売できません（手作り品一部可）」「家庭内の不用品を扱うアマチュア出店限定」――ここから読みとれるフリーマーケットにおける玄人とは，仕入れ商品，同一商品を取りあつかっているということである。実際現場に行ってみてわかったことは，素人のブースが並ぶなかに商売目的の玄人出店者が混じっていると目立つということ。店の作り方，商品の陳列，それらがすべてちゃんとしているから，逆に目立つのである。

　玄人出店者に対して素人の出店者を定義すると，日頃自己の裁量でモノやサーヴィスを販売することに手を染めていない人が，仕入れ商品ではなく手持ちの品物を自分の露店先に売り物として並べ，一時的に売る側の包括的な役割をつとめているということである。ちなみに実際に現場に行ってみると，素人のブースでもちゃんとしていないところの方が人だかりができていたことに気づいた。それはつまり，綺麗に並べられた商品にハッキリとした値段がついているブースは人気がなく，山済みになった商品のなかから，いわゆる「掘り出し物」を見つけて値段交渉するというスタイルの方が受け入れられていたということである。

　また驚いたのは，売ることも買うこともしない人たちが存在していたこと。芝生スペースにテントを張って，日陰で涼んでいる人たちが何組もいた。最初は出店者が日中の日差しから逃れるための休憩所を各自で設けているのだろう

と考えた。しかし，こればかりは考えているだけではわからないので，直接インタビューしてみた。

　質　問：どういう目的でここにテントを張っているのですか？
　男性A（40代？ 子どもをあやしながら）：今日はピクニックで来ました。ここだと妻がフリマで買い物ができるし，区切られているので子どもが遠くに行くこともないし，便利なんです。
　男性B（30代？ 彼女と一緒）：テント持って万博に遊びに来たんですけど，フリマをやってたから，「じゃあその中にテント立てようかー」って（笑）。買い物目的ではないです。どっちかっていうと，人を見物してる感じです。

ピクニック目的でテントを張っている人たちは，「フリーマーケットに参加する」ことが目的ではなく，「フリーマーケットにも参加できるし，便利がいいから」という理由がほとんどであった。

逆に，フリーマーケットに参加するためにテントを張っていた客も1組だけいた。

　女性（30代？ 友人と来場）：フリーマーケットに買い物に来ました。午前中と午後では値段が変わるので，一目惚れのものは午前中に買って，迷っているものは撤収直前の安くなる時間に狙おうって思って……。1日中いるつもりだったんで日焼けしないようにテント持ってきたんです。

その場所に実際に行くまでは，フリーマーケットは「売る人」と「買う人」が成り立たせているものだと思っていた。しかし，実際に「でかけて」みて「参加しながらも遠巻きに見てみる」ことによってわかったことは，現代のフリーマーケットは「売り買い」を曖昧にさせている方が馴染んでいたということ。逆にあからさまに商売をしていると変に目立っていたということ。値段はあらかじめ設定されているより，交渉して決めていくスタイルの方が人気があったということ。なかには「売り買い」をまったくしていない来場者もいたこと。これらは資料やインターネットには載っていない「発見」だった。

12　目的が交差する空間〔フリーマーケット〕

写真 12-1　芝生スペースにテントを張っている人たち

不用品と余暇の使い道

フリーマーケットの成り立ち

　「フリーマーケット」はflea marketやfree marketと綴られ，「蚤の市」や「がらくた市」と訳されている。[*1]その起源は，パリ北郊の道路上で開かれる古物を売る臨時的特設市場（marché aux puces）で，この名称はノミの俗意「くだらない」「おんぼろ」に由来している。蚤の市とは，元来フランス各地で行われており，「物は，使える限り大切に」という省資源・省エネルギーの思想と環境保全まで含めた考え方で，不用品や再生が可能なものを公園や広場に持ち寄って売買・交換し，再利用を図る知恵としてヨーロッパに広がったものである。日本の「がらくた市」などはこれに該当するが，百貨店で開催される「蚤の市」は新品の販売であることが多く，ひと括りにはできない。

　アメリカでは，1973年のオイルショックを機にガレージセールやスワップミートなどが見直された。元々アメリカでは，引っ越しのときなど自分の不用品を庭やガレージに並べて売るガレージセールが行われていたが，個人宅のガレージから集会場，集会場から公園へと規模が拡大していき，フリーマーケット，あるいはオープンエアマーケットとよばれるものになった。経済不況が，

IV　無印都市のイベント空間

それまでの大量生産・大量消費の考え方に疑問符を投げかけたことがガレージセールの拡大化を促したといえる。

　日本でフリーマーケットという言葉が知られるようになったのは，1975年から76年にかけて展開された「アメリカ建国200年祭」キャンペーンのなかで，雑誌に紹介されたことがきっかけである。その流れで，1979年の10月には大阪市西成区のフィールド・アスレチック「フロンティアランド」で日本初のフリーマーケットが開催された。その頃の日本には中古品を売り買いする習慣は少なかったため，ロックコンサートを同時に行うことによって集客したという。その後「日本フリーマーケット協会」の設立とともに，フリーマーケットは日本各地へと広がっていく。地球環境問題の高まりとともに，古物再利用とリサイクル思想を結合させ，公園などに不要品を持ち寄って販売したり交換する社会運動として広まり，次第にイベントとして認識されるようになった。1988年には「日本ガレージセール協会」，1996年には「日本スワップミート協会」も設立され，とくに若年層に人気を呼び，「フリマ現象」[*2]という新語も作り出された。[*3]

▧ フリーマーケットとコミュニケーション

　フリーマーケット客の購買行動の実態を調査した布施谷節子によると，出店時によく売れたものはタオルであり，季節はずれの衣類やフォーマルなものは売れなかったという。そこでは，フリーマーケットは売り手と買い手のコミュニケーションが楽しくまた重要であること，出店者は衣類を多く出品していた（74.5％）こと，市町村に対して，フリーマーケットの開催場所の提供を求める声が多かったこと，学生はフリーマーケットに行った経験は多かったが出店経験は少なかったこと，資源の有効活用意識は学生の方が一般出店者よりも強かったことなどが報告されている。[*4]

　研究者だけでなく，学生が実際にフリーマーケットを行い，その体験を元に書いた卒業論文でも，フリーマーケットにおけるコミュニケーションは重要視されている。また，「おしゃれ」に対する価値観の変化についての指摘がおもしろいので，長文になるが引用したい。

様々な遊びがある中で，若者がフリーマーケットを選ぶ理由は何なのだろうか。これまで述べてきたことからフリーマーケットの最大の魅力はもちろん「フリーマーケットの場でしか味わうことの出来ないコミュニケーションの豊かさ，コミュニケーションの自由さ」である。しかし，それに加えて現代の若者がフリーマーケットに魅力を感じる理由があると考える。それは現代の若者が思う「おしゃれ」の価値観が変わったことが影響している。フリーマーケットというと，「古着」「中古品」「リサイクル」という印象が第一に思い浮かぶだろう。最近では，それらの価値が次第に上昇していると感じる。ファッション雑誌を見ていても，おしゃれな人ほど，古着を着ていたり，個性的なファッションをしている。また最近では古着と手持ちの服をコーディネイトした「古着ミックス」というファッションが若者の間で流行っている。mixiにも「古着ミックスが好き」という人達のコミュニティや「古着屋情報」を交換するコミュニティが登場している。こういった状況から，若者の間で古着・中古に対する悪いイメージがなくなってきているのは明らかで，むしろおしゃれと見なされている。私が大阪万博公園でフリーマーケットに出店した際も，周りの出店者を見ているとおしゃれな若者が多かった。おしゃれな人ほど要らない服がすぐに溜まるという理由もあると思うし，おしゃれな若者ほどフリーマーケットに注目しているのではないかと考える。フリーマーケットで服を購入する若者は，安くておしゃれが出来ることに個性的さを感じ，若者はフリーマーケットで購入することに魅力を感じていると考える。

　若者はフリーマーケットに何よりも「楽しさ」を求めている。遊びの一つとして行っている。収入が低いか高いかはほとんど関係なく，その時自分が楽しいか楽しくないかが重要なのである。そして，フリーマーケットという楽しい体験は，自慢になる。更に，フリーマーケットは今流行のエコ・リサイクルに繋がる。つまり，環境にとってもフリーマーケットは良いことなのである。そのようなイメージのフリーマーケットに出店することによって，「良い事をしながら楽しんでいる」且つ「個性的な遊びをしている」ということが，若者にとって楽しくて自慢できるライフスタイルなのではないだろうか。そして，自分のかっこいいライフスタイルを友達に話すことがまた，若い女性にとって，安くて，個性的なおしゃれが出来ているということも自慢となるのだと考える。[5]

　ここには，現代を生きる若者である学生が，自身の出店体験を通して感じたリアルな意見がある。若者にとってのフリーマーケットには「おしゃれ」や「エ

コ」という付加価値が付き，かっこいいライフスタイルのひとつになっているという。

しかし，布施谷の分析と同様に，コミュニケーションに関する記述にはいささか疑問を感じた。フリーマーケットに出店することが「個性的な遊び」になっているとしても，果たしてそこで生じるコミュニケーションを出店者はそれほど重要視しているのだろうか。次節で，「でかけた」ことと「しらべた」ことでわかったことを含め，この疑問も解き明かしていきたい。

目的が交差する場所

もう一度フリーマーケットに出かけてみた。そうすると，何の知識もなしに出かけたときよりも視点が増えたことに気づく。調べたうえで出かけることにより，見えてくるものが増える。また，何度か足を運ぶことによって感覚としてつかめるものがある。ここでは，まず何度か現場に足を運ぶことでわかった出店者の特徴を系統別に整理していきたい。

　［玄人出店者］
　プ　ロ：フリーマーケット出店を生業としている。古着や雑貨など業者によって商品はさまざま。毎週大規模なフリーマーケットに出店しており，開催場所が変わっても同じブースを見かけることが多い。テントや陳列がしっかりしており，こなれた感じが漂っている。
　セミプロ：フリーマーケット出店を生業にはしていないものの，全商品新品で，フリーマーケットにしては値段が高く，値引きにはほとんど応じない。筆者が見かけたときの商品は，大量の中国製の子ども服（新品）を売るブース，大量の手袋や靴下（新品）を売るブースなどがあった。子ども服のブースに聞き取りを行ったところ，3人の出店者は主婦仲間で「生業ではないものの，お小遣いになれば」と，安く仕入れた子ども服を売っているという。
　アーティスト：アーティストの卵が，自作のポストカードなどを売ったり，その場で似顔絵を描いたりと，形態はさまざま。出店をきっかけに，「自分の作品を売ること」と「知ってもらうこと」を目的としている。プロのアーティストを目指していなくても，「自分の作品を売ること」を目的としたハンドメイド好きな人がアクセサリーなどを売ってる場合も含

む。
〔素人出店者〕
ボランティア：発展途上国や被災地へ売上金を寄付するためのボランティア活動として出店している。学生中心。
友だち同士，カップル：イベント，遊びの一環。別の友だちからの委託品も含めて売っているブースもある。10〜20代中心。
家族：家庭の不用品を家族で売っている。子どもが店番を手伝っているブースもある。若い母親も多く，その場合は子ども服（古着）が中心。聞き取りを行ったところ，「今売っている子ども服もフリマで買った」という。

では，つぎに来場者を目的別に分けてみよう。

買い物目的：若者が古着を安く買う，主婦が食器やタオルなどを安く買うなど，「何かをいいものを安く買うため」に来てる人たち。
転売目的：本の背取りと同じく，安く買った品物をオークションなどで転売しようという目的の人たち。午前中，店を開けた途端，「とにかくブランドもん見せて」という調子で店を回る。ブランド品でなくても品物を大量に手に取って「まとめていくら？」と交渉する人もいる。
掘り出し物目的：レアものを求めて，「何かを見つけるため」に来ている人たち。一見買い物目的客に見えるが，見つからなければ何も買って帰らないという客もいる。「何かいいものがあれば」の何かがハッキリしている人たち。
レジャー目的：フリーマーケットを目的にしているわけではなく，公園で遊ぶことのひとつにフリーマーケットが含まれている人たち。

📖 フリーマーケットの魅力

根拠のないカリスマ

　何度か足を運んだ結果，現在のフリーマーケットはさまざまな目的の出店者と来場者で成り立っているということがわかった。なかでも一番多いのは，友達同士・カップルで行っているイベントや遊びの一環としての出店者で，その場合の商品は洋服が多く，おしゃれに興味のある若い層が中心という印象を受けた。
　売買される物の値段は，物の原価や一般的価値より，思い入れの有無で設定

されていた。たとえば，服でも雑貨でもお気に入りだったものをやむなく売る場合は値段もそこそこし，それ以下になると「売らない」といわれる。一方で，どうしても手放したいものは，格安で売られていた。引き出物でもらった電気機器や食器など，重くてかさばる物が中心で，なかには10円や50円で売られているものまであった。

　人気があったのは，どうしても手放したいものが大量にあり，破格の値段を付けているブース，もしくは初心者のため無知な値段を付けているブースだった。逆に，人気のないところは，"思い入れ値段"が高すぎるブースだった。ノーブランドのヨレヨレのシャツに1000円という値段が付いており，値引き交渉にはほとんど応じないといった状況だった。しかし，安いもの新しいものに人が群がり，高くて古いものに人が寄ってこないのは，その辺の商店でも同じことで，フリーマーケット独特の特徴ではない。

　そこで，発見したのはカリスマがいるブースだった。フリーマーケットにおけるカリスマとは，常に人だかりができているブースの出店者で，たいして価値がなさそうなものを格安ではない値段で売ってしまう技を持っている人を指す。そういったブースでは，コミュニケーションが活発に行われていた。一見，出店者も客もコミュニケーションを楽しみながらフリーマーケットに参加しているように見えるが，そこで行われているコミュニケーションは，仲良く話すというより，具体的でシビアであった。

　　［カリスマと客とのやり取りの一例］
　　客：この服お姉さんが着てたんですか？
　　店：そう。めっちゃ可愛いでしょう？
　　客：可愛いです！　いくらですか？
　　店：いくらやったら買う？
　　客：ええー，300円？
　　店：ちょっとそれ安すぎるわー（怒）。

　以上の会話から見えてくることがいくつかある。
　まず最初の「客：この服お姉さんが着てたんですか？」「店：そう。めっちゃ可愛いでしょう？」というやり取りから，「生産者の顔写真がパッケージにプリントされている野菜」を連想できないだろうか。つまりフリーマーケットは

写真12-2　子ども服が10円で売られていた若い母親が店番しているブース

「その服を着ていた人から買える，そしてその人が目の前にいる場所」である。すなわち，膨大にある服のなかから，目の前にいる「なんとなくおしゃれっぽい人」が「選んで」「着ていた」ことに意味があり，それらが半額以下どころか破格の値段で買えるということである。服のブランド・系統が膨大にあるなかで，何を選べばいいのかわからない若者が，出店者のセンスに頼ることができるというのが，現在のフリーマーケットの魅力のひとつなのかもしれない。

　また，もうひとつのポイントは，カリスマの人は必ずしも「とてもおしゃれな人」ではないということである。逆におしゃれすぎる，いわゆる個性的な出店者のブースは敬遠されていた。カリスマは，「なんとなくおしゃれっぽく見える」ことと，それ以上に「堂々としている」ことが特徴だった。中学時代の弱小運動部の先輩のように，本人の実力以上に"先輩"という存在感が際立っているといったところだろうか。すなわち何の根拠もなく，出店者が服選びにおいて先輩であり，客が後輩のような関係性がそこにはある。それは前節で引用した卒業論文のなかの「個性的な遊び」をしている，かっこいいライフスタイルの人というイメージが先行しているのかもしれない。

Ⅳ　無印都市のイベント空間

▨ コミュニケーションは必要か

　価格設定のやり取りのなかでも，前述の会話のように客に決めさせるという形が多く，そこであまりにも安い値段を言うと，「売らない」もしくは「不機嫌になる」という堂々とした態度が印象的だった。また，大体カリスマのいるブースは，そのカリスマを支える穏やかな相方が一緒に出店しているということが多く，そのバランスの良さも集客の理由のひとつかもしれない。

　カリスマにかぎらず，「ありえない値段を言ってくるお客さんが一番むかつく」という出店者の意見はよく聞いた。最近は，均一価格を設定している出店者も多く，理由を尋ねると，「（客に）それ以上値段を下げられないから」「全部売切りたいから」ということであった。また，「客とのコミュニケーションが楽しいからフリマに参加している」という出店者からは，「均一にしてるところはお客さんとあんまり喋りたくないんちゃうかなあ」という意見も聞いた。

　以上のことから考えられることは，出店者も来場者もコミュニケーションをさほど重要視していないのではないかということである。フリーマーケットの魅力のひとつに「コミュニケーション」があるということは，当然のように言われてきた。たとえば，恋人とのデートを提案する中谷彰宏の本（ブックガイド参照）のなかの「フリーマーケットに行って，二人で店を出そう。」という章では，このように「当然」が表現されている。

　　たくさんのものを並べることなんてない。
　　たった１個でもいいのだ。
　　「何，持ってきた？」
　　「これ」
　　「また，不思議なものをいっぱい持ってきたね」
　　君が広げたのは，買ったけど，結局，一度しか着なかった服。
　　５年も洋服だんすの中で出番を待っていた。
　　売れるとうれしい。
　　洋服が活躍するチャンスに出会えたからだ。
　　売れなくても，うれしい。
　　みんな，お金儲けにきているんじゃない。
　　「ちょっと，うろうろしてきていい？」
　　と君が言った。

12 目的が交差する空間〔フリーマーケット〕

面白いものを見にきている人。
それが，君だ。
自慢のものを見せにきている人。
それも，君だ。
物を売ることじゃなくて，お客さんとのやりとりをするのが楽しい。
それがフリーマーケットだ。

いくらなんでも「売れなくても，うれしい」はずはないような気がするが，ここではいわゆる「イメージのなかのフリーマーケット」がキレイなかたちで文章化されているのではないだろうか。しかし，実際にフィールドワークしてみると，売る側からも買う側からも「コミュニケーションを楽しむ」という意識はそれほど感じられない。かといって「お金儲け」でもない。

それではフリーマーケットの本当の魅力とはどこにあるのだろう。

まず客からみた魅力は，前述したような「着ていた人の顔が見える」ということにくわえて，「破格の安さ」が一番大きいだろう。

では出店者にとっての魅力とは。エコ，社会経験，想い出，イベント，理想的な余暇の過ごし方などさまざまな理由があるだろう。出店目的と来場目的が多様化している今，その魅力もさまざまである。

前述した，中谷の「売れるとうれしい。洋服が活躍するチャンスに出会えたからだ」はたしかに大きな魅力だろう。それは何度もフリーマーケットに出店しているという出店者のつぎの言葉からもうかがえる。

> フリーマーケット出したからって儲かるわけじゃないし，よかった時でその日の夕飯代稼げたってくらいです。ただ，罪悪感から解放されるんですよね。まだ使えるものを捨てるっていう罪悪感が，いらなくなったものを商品として売ることで解消されるっていうか……だからフリマは気持ちが楽になるんです。

フリーマーケットに不用品を出品することによって，気持ちが楽になる。またそれらは，客にとっては価値のあるものになる。そういった相互関係のあり方がフリーマーケットの発展を促しているのかもしれない。

〔註〕
* 1　ジャパンナレッジプラス一括検索結果（『日本国語大辞典』，『デジタル大辞泉』，『日本大百科全書（ニッポニカ）』，『imidas』，『プログレッシブ和英中辞典』，『ランダムハウス英和大辞典』，『現代用語の基礎知識』）。
* 2　『日本経済新聞（東京版）』1994年8月29日夕刊。
* 3　ジャパンナレッジプラス『日本大百科全書（ニッポニカ）』入力ワード「フリーマーケット」森本三男解説。
* 4　布施谷節子 2003「フリーマーケットに関する意識と売買の実態」『和洋女子大学紀要』家政編43。
* 5　小谷内瞳 2011「フリーマーケットの魅力——現代消費社会との繋がり」『龍谷大学社会学部社会学科　工藤ゼミ3期生卒業論文集』。

もっとかんがえる

- 消費生活の水準が高度化して，各家庭の内に「不良品」ではなく，使うチャンスのなくなった「不用品」がまとまって生じた。フリーマーケットはそんな社会変化に寄り添う形で発展を遂げた。フリーマーケットによく出品される「不用品」の移り変わりから，生活行動の変遷が見えてくるかもしれない。
- フリーマーケットの出店者も客も若年化が目立つようになった。中古品に対する価値観や余暇の過ごし方の年齢層ごとの違いが影響していると考えられる（実際にフリーマーケットに出かけてみると，中高年の素人出店者が非常に少なかった）。年齢層の変遷に着目してフリーマーケットを考えてみるのもよいだろう。

ブックガイド

『フリーマーケットの通』毎日新聞社（1995年）

いくつかあるフリーマーケットのハウツー本のなかで，一番文化的な側面にひかりをあてた本。歴史から，各国のフリーマーケットの特徴など，読み物としてもおもしろい。

群ようこ・もたいまさこ 1997『活！』角川書店

仲良しの作家と女優が，さまざまな新しい体験に挑んだエッセイ。物事を体験して自分が「ちゃんと」感じたことを，キレイごとではない文章にするという点で参考になる。扉ごとに見られるナンシー関さんの消しゴム版画も必見。

中谷彰宏 1997『忘れられない君とのデート』PHP研究所

「君」への手紙のように綴られるさまざまなデートの提案書。いかにもというようなイメージと現実を比べるという視点で読むと，ギャップが見えてくる。論文を書くときは，「穴」を見つけるのが重要で，まずはこういった本に書かれていること

に違和感やギャップを感じることからトレーニングしてみるのもよいだろう。

ムラマツエリコ・なかがわみどり 1999『k.m.p.のぐるぐるなまいにち』JTB
　作者が日常のなかで感じる疑問にていねいに向き合って書いたエッセイ＆イラスト。フリーマーケットの項目では，手作り系の出店者がどのように準備をするのかが細かく書かれている。客の反応から次回の商品の企画を練る反省会など，本文で紹介しきれなかった手作り系の人たちの本音がわかる。

〔金　益見〕

Column 6　イベント空間としてのテレビ局

イベントとしての「街」

　近年，夏の催しの定番になりつつあるのが，テレビ局が開催するイベントである。注目すべきはその規模だ。とくにフジテレビの『お台場冒険王』(2003～08年)と後継の『お台場合衆国』(2009年～)は，コンスタントに毎年約400万人を動員している。家族連れをターゲットとするその内容は，バラエティ番組を再現したセットで，名物のゲームを疑似体験できるなど，ごく他愛のないものである。にもかかわらず，そんなブースやアトラクションに，2, 3時間の長蛇の列が並ぶ。これらのイベントはなぜ開催され，どのような社会的意味をもつのだろうか。そしてまた人びとはなぜ集まるのだろうか。以下，フジテレビの事例を中心に考えてみよう。

　鍵となるのは，イベントの開催地の変化である。テレビ局がイベントを開催すること自体は，1980年代からおこなわれていたが，それらは，明治神宮外苑や国際見本市会場などを開催地としていた。つまり，もっぱらアクセスとキャパシティという利便性の面から，会場が選択されていたのである。ところが近年のイベントでは，会場が，テレビ局の本社屋やその周辺地域に設定されている。たんに人が集まることではなく，テレビ局に，あるいはテレビ局が立地している「街」に，人が集まることが重視されているのだ。イベントの盛りあがりそれ自体というよりも，それを媒介に，テレビ局が立地する「街」の賑わいを創出することが狙われている。

　これはあらためて考えると不思議なことだ。テレビ局は，なぜ自身の立地する「街」をアピールする必要があるのか。以前にはこんな動きはみられなかった。たとえば，フジテレビがかつてあったのは新宿区河田町だが，河田町という街が「フジテレビのある河田町」というかたちで結果的に知られることはあれ，河田町という街をブランド化したうえで「河田町にあるフジテレビ」を持ちあげる，という戦略はとられていなかった。ではなぜ「街」に人を集めようとしだしたのか。

　この動きの背景にあるのは，都心部の大規模再開発という，土地と資本にかかわるリアルな文脈である。周知のように2000年代に入ると，テレビ朝日は六本木ヒルズへ，日本テレビは汐留シオサイトへ，そしてTBSは赤坂サカスへと，いずれもが再開発された巨大複合施設に移転している。1997年のフジテレビのお台場移転は，その先駆けをなすものだった。かたやテレビ局はブランド性のある場所を求め，かたやまっさらな再開発エリアはシンボリックな文化性を帯びた施設を求める。「六本木＝テレ朝」「汐留＝日テレ」「赤坂＝TBS」という図式は，テレビ局と新興の「街」の双方にとって，互いのブランド性を高める好都合な仕掛けとなっていた。

　その点，移転当初のフジテレビにとって，お台場の「何もなさ」は致命的だった。都

市博中止のあおりを受け、膨大な空き地ばかりが広がるお台場の「何もなさ」。それを逆手にとって展開されたのが、「お台場＝フジテレビ」という図式を強引に浸透させることで、お台場を、フジテレビのごとく明るく、楽しく、ファッショナブルな「街」として認知させるイメージ戦略だった。つまりは「フジテレビのあるお台場」と「お台場にあるフジテレビ」の相乗効果を図ったわけだ。結果、複合商業施設やエンターテインメント施設、オフィスビルなどが続々と建造され、お台場は——予言の自己成就的に——賑わいのあるスポットとなった。

2003年にスタートする『お台場冒険王』が、従来の規模を遙かにしのぐメガイベントとして企画された背景にも、やはり再開発をめぐる事情がある。その年、六本木ヒルズと汐留シオサイトがあいついで誕生したのだが、それら競合する新興の「街」に対抗して、お台場の集客力を向上させるべく、フジテレビは多大な資金とスタッフを動員し、お台場全体を巻き込むイベントを企画したのだ。それはテレビ局同士の競争でもあり、新興の「街」同士、言い換えれば資本と土地というリアルの競争でもあった。

テーマパーク級の設営にかかる費用のため、収支はつねに赤字なのだが、フジテレビはこの催しをやめられない。「何もなさ」を逆手にとるためにくりだした「お台場＝フジテレビ」という図式から、フジテレビは逃れられない。お台場の衰退は、そのままフジテレビの衰退を意味するからだ。イベントは、お台場の生命線である。お台場では「街」でイベントが開かれるというより、むしろ「街」自体がイベントとして仕立てられる。そうである以上、フジテレビはイベントを打ち続け、人が集まり賑わっているという事実性をつくり続けるしかない。

イベントを訪れる人びとの側も、大量の人が集まるという、端的な事実性に巻き込まれにやってくるのかもしれない。少なくとも、マスメディアの操作にまんまと引っかかっている、というわけではないだろう。人びとは、お台場にそれほど期待していない。どうせ何もないとわかっていながら、それでも何かが起こりそうな気もして、ついだらしなく出かけてしまう。それは、ネットやケータイなどの登場で、影響力が落ちたといわれるテレビを、それでもまだだらしなく視聴し続けてしまうのと、どこか相似形をなす。フジテレビのメガイベントは、そんな二重のだらしなさを吸着して膨れあがることで、「お台場＝フジテレビ」という図式を延命させている。

〔近森　高明〕

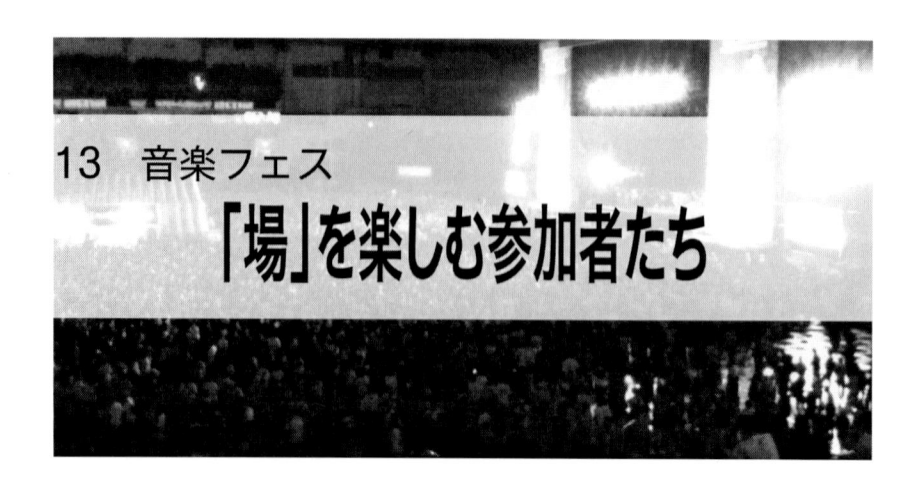

13 音楽フェス
「場」を楽しむ参加者たち

音楽フェスのこれまで

　「夏フェス」という言葉は，夏休みの始まる直前の情報誌，情報サイト等の媒体で毎年特集が組まれるほどに一般化した（「ぴあ　関西版WEB」での特集，「西日本の夏フェス＆野外ライブを中心に7月〜10月の注目イベントを紹介！　夏フェスカレンダー 2012WEST」[*1]など）。最近では夏だけでなく年中，日本のどこかでフェスはおこなわれているので，ネットメディアなどではその特性を生かして常時「フェス特集」なるものを組んでいるサイトもある（配信サイト「Listen Japan」での特集「夏フェス／冬フェス／ライブイベント特集2012, MUSIC FES 2012, FIND YOUR MUSIC AND YOUR MUSIC FES」[*2]など）。

　しかし，フェスがこれほど広く日本に根付くまでの道のりは決して平坦なものではなかった。日本におけるフェスの走りである，株式会社スマッシュの主催する「フジロック・フェスティバル」の第1回は，1997年の7月26日，27日に山梨県富士天神山スキー場で開催されたが，台風の影響で2日目が開催されず，不慣れな参加者のマナーの悪さやそれにともなう混乱が多くのメディアで批判された。しかし，場所を東京都豊洲に移して開催された1998年の第2回を経て，新潟県苗場スキー場で開催された1999年の第3回が成功をおさめると，それ以降，フジロック・フェスティバルは軌道に乗り始め，現在も苗場

で毎年開催されている。

　その歴史についてここでは深く立ち入らないが，失敗に終わった第1回と比べて参加者がフェスに慣れてきたこと（フェスは山間部の野外で開催されるため，雨対策，防寒対策，虫さされ対策等，それなりの装備が必要である），そのための情報共有の手段としてネットメディアが最大限に活用されてきたこと（1990年代後半以降，ネットを介したコミュニケーションが爆発的に拡大した）が成功の要因として挙げられるだろう。フジロックに続けとばかりに，1999年に北海道で「ライジング・サン・ロックフェスティバル」が，2000年に千葉と大阪で「サマーソニック」（第1回は山梨と大阪），茨城県で「ロック・イン・ジャパン・フェスティバル」が開催され，それらのフェスは現在も続いている。

　私（1976年生まれ）と同じくらいの世代，すなわちこれらのフェスがはじまった1990年代後半に大学生くらいであった「フェス第一世代」の人びとならば，「フェス」と言われれば，まずこれらのいわゆる「四大フェス」を思い浮かべる人が多いだろう（実際，私の「フェスデビュー」も2001年のフジロック・フェスティバルである）。しかし，2012年現在においては，フェスの数も増え，多様化，分散化が進んでいる（大学生に「この夏行ったフェス」を問えば，四大フェス以外のフェスの名前が頻出する）。そこで本章では，四大フェスのみならず現在おこなわれているフェスまで含め（もちろんすべてを扱うわけではないが），さらに20歳代の「フェス第二世代」以降の人びとにまで対象を広げることで，音楽フェスの現在に迫っていきたい。そこで明らかになるのは，①音楽フェスの魅力は未知のアーティストとの出会いである，②「場」を楽しむ志向性の強いフェスはそのフェス固有の文化を育む，③「場」は世代という壁を超えることが困難なため，現在，世代交代するフェス／同世代内で成熟するフェスの二極化が進んでいる，ということである。順に見ていきたい。

🖥 音楽フェスの魅力

▒ 未知のアーティストとの出会い

　私の「フェスデビュー」である2001年のフジロック・フェスティバルのことは，今でも鮮明に記憶している。

お目当ては，トリのひとつ前に出演したマニック・ストリート・プリーチャーズというイギリスのロックバンドで，私はいつも行くライブと同じように，彼らのほとんどのアルバムを聴き，バッチリ「予習」をして行った。しかし，実際にフェスに行ってみて，もっとも感動したのは，まったくノーマークだったアメリカ，ボストンのパンクバンド，ドロップキック・マーフィーズだった。会場に着いてすぐに見たそのステージは圧巻で，その後の「本命」の存在を忘れさせるほどのものだった。

フェスではしばしばこういったことが起きる。お目当てではないアーティストに出会い，彼らのファンになることは，フェスならではの楽しみといえよう。

私とひとまわり年齢の違う20歳代のある女性もこうした経験をしたという。

2010年に，レディオクレイジー[*4]に行きました。サカナクション，チャットモンチーとアンディモリがお目当てだったんですけど，グレイプバインのステージを見て，めっちゃのる感じじゃなかったんですけど，他のバンドより濃くて，じっくり曲を聞ける雰囲気で，かっこいいって思ってファンになりました。それまでアルバム聞いてたんですけど，難しくて放置してあったんですが。(20歳代　女性)

彼女にとって，グレイプバインとの出会いこそ，フェスならではの出来事であった。その後，彼女はグレイプバインの単独ライブにも通うことになる。

3回。対バンにも行きました。今でも好きです。一緒にフェスに行った子にもCDを貸してます。

くり返しになるが，こうした経験は，ライブにはないフェスならではのものである。自分の馴染みのないアーティストとの出会い。永井純一は，それを「ノリからノリへと渡り歩くような楽しみ方」と表現している。[*5]

このように，フェスの魅力は，自分の知らないアーティストとの出会いだと言えよう。だから，（私が単独ライブに行く前によくしていた）「予習」などもってのほかだし，極端に言えば，誰が出るかなどわからなくてもよい。

朝霧ジャム

この考え方を体現するフェスが，フジロック・フェスティバルと同じくス

マッシュが主催する，静岡県の朝霧で2001年から開催されている「朝霧ジャム」というフェスである。

朝霧ジャムは，直前まで出演アーティスト名が発表されないという，ある意味，「極端な」フェスである（2012年10月6日，7日に開催された第12回朝霧ジャムでは，出演アーティストは9月20日に発表された）。しかし，このフェスのファンは多い。2012年のチケットは，場内駐車券付のチケットだけでなく，場外の駐車券付のチケットのひとつ（グリーンパーク駐車券付チケット）までもが売り切れになった。

朝霧ジャムのオフィシャルサポーターサイト，「朝霧JAM's.org」[*6]を見ると，いかにして朝霧ジャムでの滞在を楽しむかに重点が置かれていることがわかる。サポーターは環境部，整理部，ボランティア管理部，キッズランド部，朝霧LAND部，救護部に分類され，それぞれが朝霧ジャムを快適にするために活動している。それに対し，サイト上には出演アーティストに関する情報は極めて少ない。彼らにとって，フェスとは出演するアーティスト目当てで参加するものではない。フェスとは「場」を楽しむものなのである（朝霧LAND部の活動紹介では，はっきりと「朝霧JAMの醍醐味は，富士山・音楽・そして人との出会い」と書かれている）。

オンライン・マガジン，「スマッシングマグ」の2011年の朝霧ジャムのレポートではつぎのように述べられている。

> 日中には，ステージから聞こえる音をBGMに折りたたみの椅子にどっかり座り，のんびり過ごす人たちが多かったように思える。「盛り上がる人は盛り上がって。ユルい人はユルくいってください。」今年結成30周年を迎えるザ・ビートニクスで高橋幸宏が言っていたが，それがまさに朝霧ジャムの楽しみ方だ。踊っている人，演奏する人，バーベキューを楽しむ人，うたた寝している人，会場にいるすべての人からこの自由な空間はつくられている。[*7]

場を楽しむフェスにとって重要なのは，出演するアーティストだけではなく，そのフェス全体の雰囲気なのである。

音楽フェスと世代

フェス固有の文化

　しかし,フェスがアーティストではなく場を楽しむものであったとしても,たとえば朝霧ジャムに売れ線のJポップのアーティストばかりが出てきては,参加者は満足しないだろう。実際,「場を楽しむ」といっても,出演するアーティストの選定に関して,主催者側は考慮せざるをえない。

　ここに,「場を楽しむフェスほど出演アーティストの縛りがきつくなる」という逆説が生じることとなる。たとえば「場を楽しむ」という性格の比較的薄い都市型フェス,サマーソニックであれば,出演アーティストの傾向を毎年ガラガラと入れ替えたとしても不思議ではない[8]。なぜなら,フェスはあくまでアーティストの「入れ物」に過ぎないからである(「ショーケース」的とも言えるだろう)。しかし,「場を楽しむ」という性格の比較的強いフジロック・フェスティバルであれば,出演アーティストの傾向を過度にいじることは難しくなるだろう。フェスは単なるアーティストの「入れ物」ではなく,彼らも含め,固有の文化を形成しているためである。

　私が実際に参加した経験からしても,場を楽しむことに重点が置かれるフェスには,独自の歴史が育んだ固有の文化が存在する。

　フジロック・フェスティバルには複数のステージがあるのだが(図表13-1),入口に近く収容人数も多い「グリーン・ステージ」や「ホワイト・ステージ」は,トリのバンドが出演するということもあって,人の流れも早く,いわば巨大な野外ステージの様相を呈している。しかし一方で,入口から離れた奥まった場所にある「フィールド・オブ・ヘブン」や「オレンジ・コート」は収容人数も少なく,比較的マイナーなアーティストが出演する。これらのステージには「常連客」が多く,人の移動も少ない。

　行った人なら理解できると思うが,フィールド・オブ・ヘブンやオレンジ・コートには,独特の場の雰囲気があり,それがフジロック・フェスティバルの「空気」を特徴づけている。ヒッピー風の民族衣装に身を包んだ人びとが行き交い,多国籍料理の屋台が立ち並び,ジャンベの音色が響き渡る。筆者の世代

13 「場」を楽しむ参加者たち〔音楽フェス〕

図表 13-1 フジロック・フェスティバルのステージ

「フジロックガイド」HP（http://fuji-rock.com/stage-map.jpg）

であれば懐かしく思うであろう，1990年代のオルタナティブな空気感が漂っている。出演するアーティストの奏でる音楽を楽しむことは，この場を楽しむことのひとつの要素になり，ある人にとって，それはBGMに過ぎない。しかし，だからこそ，この場で流れる音楽はこの場に合ったものでなくてはならない（フィールド・オブ・ヘブンで終始Jポップやヘヴィメタルがかかっていては，つぎの年から常連客は来なくなるだろう）。それが，「場を楽しむフェスほど出演アーティストの縛りがきつくなる」という逆説である。

クラブ文化とフェス

　場を楽しむタイプのフェスの雰囲気が，ライブというよりクラブの雰囲気ときわめてよく似ている。その意味で，フジロック・フェスティバル以降の音楽フェスは，1990年代に成熟したクラブ文化と旧来のライブ文化の間の子ということもできるだろう。

　現在の音楽フェスに目を移すと，朝霧ジャムやフジロック・フェスティバルが主に担ってきた場を楽しむフェスの役割は，主にレゲエ（邦楽）のフェスが担っているようである。レゲエのフェスに関しても，指摘されるのはクラブ文化との類似性である。

Ⅳ　無印都市のイベント空間

　レゲエフェスに2回，参加したことのある20歳代の女性は，レゲエフェスの印象をつぎのように述べる。

　2008年，高校3年生のときにはじめてハイエストマウンテン[*9]に行きました。一緒の子はレゲエフェスに行ってて，服，合わせていこうってなって，レゲエっぽい色のスカートで合わせて行きました。ギャルみたいなのが多いって聞いてたんですけど，実際は，思っていたよりもギャルが多くて怖かったです（笑）。水着で昼から飲んで，男は海パン。曲はよく知らないけど，ギリ楽しめました。（20歳代・女性）

　レゲエフェスに来る人たちはファッションやライフスタイル等に共通性のある，派手めの人たちで，「出会い」の場所にもなっている。それは，同じタイプの人間が集い，その場を楽しむクラブの雰囲気とよく似ている。

　レゲエ系のクラブの感じですね。踊りもあるしお酒もある。音楽が流れ続けてて，出会いもある。

　興味深いのは，それが，目当てのアーティストを楽しむために行く単独ライブと対照的なものとして語られていたことである。先の女性は，実際はアーティストをじっくりと聴き込むことの方が好きであるため，結局はレゲエフェスにそこまでハマることはできなかった。

　単独ライブが好きなんです。レゲエフェスは曲がゆっくり聞けないし，レゲエのポーズをとったり，やたらレゲエ愛をあおってくるのが恥ずかしい。座って聞いてるのが好きです。いきものがかりが好きで，この前，ライブに行きました。

　ただし，その雰囲気にハマることのできる人はどっぷりとはまることができる。好きな人にとっては最高の場所。それが，一部の若者に熱狂的に支持されているレゲエフェスである。筆者の世代に熱心なフジロックファンがいるのと同様に，彼女らの世代には熱心なレゲエフェスファンがいるのだろう。このように，場を楽しむフェスの強みはリピーターとなりうるような熱心なファン層を獲得できる点にある。

世代交代するフェス？

しかし，そのことは，当のフェスにとっては「諸刃の剣」でもある。フェス文化がクラブ文化に近づけば近づくほど，若者のためのフェスは，世代交代を余儀なくされるからである。

ある世代の若者から見た輝かしい文化が下の世代から見たらきわめて陳腐でかつ乗り超えるべきものとして映るということはしばしばあるだろう。その代表的なものがクラブ文化である。筆者の世代においては光り輝いていた1990年代のオルタナティブカルチャーも，その下の世代から見たら色あせているだろうし，下の世代においては光り輝いている現在のレゲエカルチャーもさらにその下の世代から見たら色あせているだろう。こうして，クラブ文化は世代交代していくのである（それがなくては，クラブ文化は停滞してしまう）。

だから，もしフェス文化がクラブ文化に近づくのだとすれば，フェスも同じく世代交代しなくてはならないということになる。たしかに，今のフジロック・フェスティバルでレゲエフェスにいるような若者を見かけることは少ない。こうして，古い若者文化は次世代の若者たちの担う新しい文化に取って代わられていくのである。音楽フェスも例外ではない。

音楽フェスのこれから

しかし，それは，音楽フェスがなくなることを意味しない。クラブ文化と違い，フェス文化は若者だけのものではないためである。観客とともに音楽フェスも成熟し，存続していく。フジロック・フェスティバルは，こうした道を歩み始めているように思われる。今，フジロックに行けば，ステージの前には初期にはあまり見かけることのなかった豪華なカップホルダー付きアウトドアチェアが所せましと立ち並び，一日中そこに座ってステージを楽しむ人びとであふれかえっている風景を目にするだろう。また，子連れでも楽しめるように，子ども向けのアトラクション（会場内にある「キッズランド」と呼ばれる施設）も充実してきている。[10]フジロックは，30歳代から40歳代になった「フェス第一世代」が楽しめるようなフェスに変化しつつあるのである。

他方，世代交代を促したいのならば，場の雰囲気にこだわらず，アーティス

Ⅳ 無印都市のイベント空間

トを「見せる」ことに特化した「ショーケース」的なフェスにすればよい。たとえば、ロック・イン・ジャパン・フェスティバルの「冬版」のようなフェスティバル、2003年から開催されているカウントダウン・ジャパンは、サマーソニックと同じ会場（幕張メッセ）でおこなわれる都市型のフェスなのだが、出演アーティストの新旧交代を進めて若いファンを取り込みつつ、うまく世代交代をしているように思われる。実際に参加してみても、ティーンエイジャーから中年まで、幅広い客層が参加しているのがわかる。「フェス第一世代」と「フェス第二世代」が共存しているという点で、フジロック・フェスティバルとは対照的である。しかし、フェス文化の中心を「場を楽しむ」ことに置けば、その成熟度はフジロックに軍配があがるだろう。こうした都市型フェスの若い世代の参加者には、フジロックではあまり見られない特定のアーティスト目当ての「場所取り」が目立つし、それが「場を楽しむ」目的の参加者との間の分断を生んでしまっているからである。

　いずれにせよ、現在、「場を楽しむ」という性格の強弱によって世代交代するフェスと同世代内で成熟するフェスの二極化が進んでいることは確かである。本書のテーマである「都市」の問題に引き寄せると、流動性の高い「都市的日常」に近い場所にある「都市型フェス」と流動性の低い「農村的日常」に近い場所にある「農村型フェス」[11]の二極化が進んでいるとも言えるだろう（ただし、それがあくまで「都市」に住む人びとの欲望に沿って生み出されたものであることには注意しなくてはならない）。今後、それぞれがどんな生存戦略をとり、どんなフェス文化を育んでいくか、その動きを注視したい。

〔註〕
* 1　http://kansai.pia.co.jp/special/fes2012/
* 2　http://i.listen.jp/st/sp/sp/summerfes2012/
* 3　2012年11月23日、大阪経済大学でアンケートを実施したところ、回答者70人のうち、音楽フェスに行ったことがあるのは11人で、挙げられたフェスは、京都大作戦（3人）、OTODAMA（2人）、サマーソニック（2人）、COMING KOBE（2人）、RUSH BALL（2人）、京都音楽博覧会、MONSTER BASH、Talking Rock Fes、Freedom、みやこ音楽祭、レディオクレイジー、ボロフェスタ、ミナホ（MINAMI WHEEL）、氣志團万博、イナズマロックフェス、MEET THE WORLD BEATであった。
* 4　2009年より毎年12月下旬に大阪で開催されているロックフェスティバル。
* 5　永井純一 2008「なぜロックフェスティバルに集うのか――音楽を媒介にしたコミュニ

13 「場」を楽しむ参加者たち〔音楽フェス〕

ケーション」南田勝也・辻泉編『文化社会学の視座』ミネルヴァ書房，180頁。
* 6 http://asagirijams.org/
* 7 Hiromi Chibaharaによる記事（http://www.smashingmag.com/jp/archives/25560）。
* 8 実際にサマーソニックの出演アーティストの傾向は明確に定まっておらず，「何でもアリ」の様相を呈している。それは一年のラインナップに関してもそうで，たとえば筆者の参加した2012年のサマーソニック（千葉会場の2日目）に関しては，各ステージのトリは，アメリカのR＆Bシンガー，リアーナ（マリン・ステージ），イギリスのロックバンド，ニュー・オーダー（マウンテン・ステージ），ティアーズ・フォー・フィアーズ（ソニック・ステージ），アメリカのパンクバンド，ペニーワイズ（ビーチ・ステージ），日本のアイドルグループ，ももいろクローバーZ（レインボー・ステージ），日本のアコースティックユニット，おお雨（ガーデン・ステージ），韓国のロックバンド，チャン・ギハと顔たち（アイランド・ステージ）という，きわめて多彩なラインナップだった。
* 9 1999年より大阪で開催されているレゲエフェス。レゲエグループ，Mighty Jam Rockが主催する。
*10 フジロック・フェスティバルの公式ホームページのなかの「フジロック・ヒストリー」の2007年のページには，「子供と一緒にフジロック，家族参加も年々増え続け，キッズランドは未来のフジロッカーでいっぱいです」とある（http://www.fujirockfestival.com/history/history07.html）。
*11 フジロック・フェスティバルのテーマソングは忌野清志郎の「田舎へ行こう Going Up The Country」である。

もっとかんがえる

- この章では音楽フェスについて考えてきたが，最近は，お笑い芸人が出演するお笑いフェスも盛り上がりを見せているという（2007年より開催されている「LIVE STAND」など）。客層や場の雰囲気，盛り上がり方など，音楽フェスと比較して考えてみよう。エンターテインメントとしての「音楽」と「お笑い」の違い（または共通点）が浮き彫りになるかもしれない。
- この章では詳しく触れることができなかったが，今の若者の間では，レゲエフェスに参加する客とロックフェスに参加する客のファッションやライフスタイルには大きな違いがあるらしい。実際に参加してみて，客の比較をしてみよう。そうすることで，今，若者文化のなかで「ロック」と「レゲエ」のそれぞれのもつ意味が明らかになるかもしれない。
- 地域密着型の音楽フェスと若者の「ジモト志向」の関係について調べてみよう。また，音楽フェスが地域おこしにもつ意義を考えてみよう。

ブックガイド

佐藤良明 2004『ラバーソウルの弾みかた――ビートルズと60年代文化の

ゆくえ』平凡社

1988年に初版が出版された佐藤良明の代表作の第3版（私は大学時代，第2版を必死で読み込んだ）。ロックフェスを生み出した「カウンターカルチャー」の黄金期，1960年代という時代の意味を，アメリカ小説の研究者である筆者が独特の手法で明らかにする。

南田勝也 2001『ロックミュージックの社会学』青弓社

「ロックとは何か」について，社会学のアプローチを用いて明らかにした本。多くの理論的枠組が用いられており，社会学からロックを考えたい人にとっては基礎的な文献である。後半の日本のロック史は，2000年代以降のロックに慣れた若者にこそ読んでもらいたい。

鈴木あかね 1999『現代ロックの基礎知識』ロッキング・オン

海外（とくにイギリス）のロックを理解する際に役立つ。階級やセクシュアリティ，民族の問題などがわかりやすくまとめられており，ロックを語りつつ，優れた現代社会論でもある。「洋楽離れ」の進む今の若者たちに是非読んでもらいたい1冊。

〔阿部　真大〕

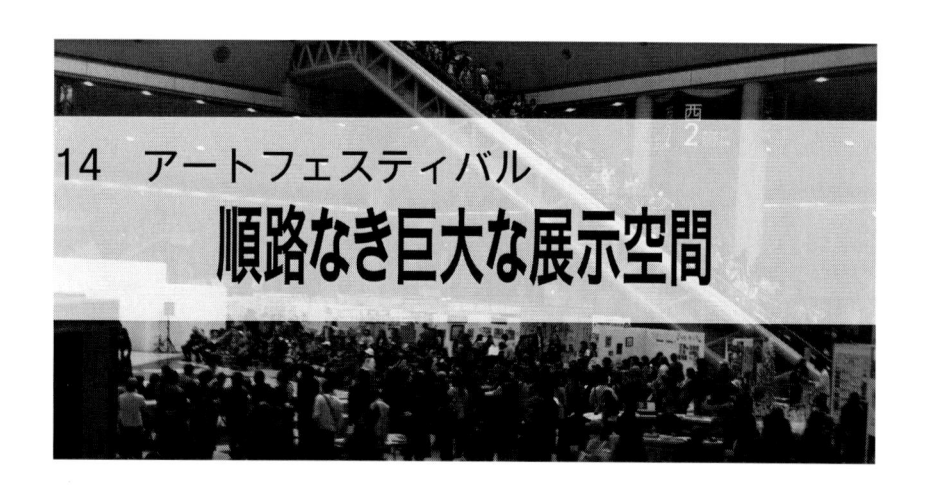

14　アートフェスティバル
順路なき巨大な展示空間

「みんな」がいる場所へ

東京ビッグサイトへ

　電車のなかで，ふと気が付く。「あの人と目的地が同じかもしれない」。かといって，話かけるわけでもない。同じような服装や似たような荷物など，気づきはいろいろある。でもそっと見守り，自分も見られていると思い込む。そうしているうちに駅に到着し，予想通りに「みんな」が降りていく。

　都市部でのイベントへ向かう時には，こうした高揚と緊張が伴う。お互いの共通点は確認しつつも，あえて無関心を振る舞い，さらにそのような態度を相互に承認する。このように「みんな」と知り合いになるつもりはなくても，そうした意味での「みんな」をあてにしている場として，都市のイベント空間はある。

　本章はこのように濃淡を判定し難い経験を具体的に検討するため，東京ビッグサイト（東京国際展示場）で年に2回のペースで開催されている「デザイン・フェスタ」というアートフェスティバルを取り上げていく。というのも，こうした巨大会場で作品を展示・鑑賞することは，これまでとはやや異なる経験であるように思われるからである。

　もちろん，東京ビッグサイトでは企業の展示会や各種業界の見本市，進学・

IV　無印都市のイベント空間

就職フェアや同人誌の即売会などもおこなわれるので，別様の経験もありうる。しかし，ここではアートという文脈に絞り，デザイン・フェスタがいかなるイベント空間であるのかを述べていくことにしよう。

デザイン・フェスタへ

　現在，デザイン・フェスタは東京ビッグサイトの西ホール全館でおこなわれている。臨海地帯にある東京ビッグサイトは都心部から若干離れているため，そこへ向かうまでがちょっとした旅である。新交通ゆりかもめで新橋駅から向かえば，湾岸の倉庫街を抜けてレインボーブリッジを渡り，フジテレビ本社とお台場の間を通ってから，パレットタウンの大観覧車を回り込むようにして，逆三角形の巨大建築の前に到着することになる。

　会場の西ホール全館とは，1階の西1・西2ホールとアトリウム（吹き抜けのスペース），そしてアトリウムを見渡すエスカレーターを登った上にある4階の西3・西4ホールと屋上のことである。そこには1700を越える出展ブースが設けられ，アトリウムではファッションショーがおこなわれる。また，照明を少し暗くしたエリアでは映像が上映され，西ホールと駐車場の間にはライブステージも設けられる。さらには，世界各国の料理が楽しめるレストランエリアもある。こうしたデザイン・フェスタには2日間で約1万人の出展者とその数倍の来場者が訪れ，類似イベントのなかでは歴史も長く（2013年5月に第37回を開催），規模は最大級である。

　こうしたデザイン・フェスタで興味深いのは，入場口を通過すると「まずはここから観る」といった方向感覚を失う点である。会場が巨大なので，お目当てのブースや知り合いの展示といったきっかけがなければ，行き先を決めることができないのだ。その結果，私たちはなんとなく歩き始めることになり，また，つかれたところで観るのを止めることになる。

　こうした経験は，美術館と比較するとよくわかる。美術館では学芸員やキュレーターが展示作品を選んで解説し，全ての作品をそれなりに鑑賞できるように順路が設計されている。しかし，デザイン・フェスタにはそれらが不在であり，どの作品を見てどのように歩くのかは鑑賞者に委ねられる。専門家によって最適化された順路というよりも，より自由度の高い歩き方が人びとに委ねら

れているのがデザイン・フェスタの特徴なのである。

🖥 デザイン・フェスタとは何か？

▧ オール・ジャンルの空間

　そもそも，デザイン・フェスタは1994年9月11日に東京・晴海の国際貿易センターで第1回を開催し，1996年11月の第4回から東京ビッグサイトに会場を移して，現在に至っている。たとえば，第3回（1996年3月）の開催要項には「あなたの作品が主役です！」として，以下のような文面がある。

> デザイン・フェスタはチャンスを積極的に自分の力でつかみとるそんなデザイナーたちの祭典です。どんなに才能が豊かでも，プロとして活躍するチャンスは意外に少ないものです。しかし1人では作れないようなチャンスも，みんなが集まって大きなムーブメントを起こせば可能性は大きく広がります。デザイン・フェスタは大勢のデザイナーが1ヶ所に集まり，それぞれの才能を気軽に試せます。そして，その中からたくさんのスターが生まれることを目ざしています（「第3回デザイン・フェスタ開催要項」）。

　デザイナーとして「チャンス」をいかにつかむのか，それがデザイン・フェスタの基本にある。そして，このようなチャンスは「1人」で作るよりも，「みんな」で集まって作ったほうが「大きなムーブメント」になり，「可能性」も大きくなる。だからこそ，個人でギャラリーを借りて展示するのとは別に，「大勢のデザイナーが1ヶ所に」集うことが強調されるというわけである。

　なお，ここで「スター」と書かれているが，それを生み出すことはデザイン・フェスタの目標ではなかった。出展にあたってのルールは「オリジナル作品であればカテゴリーは問いません」というものであり，事前審査はない。当日においても，1.8m四方の出展ブースが会場全体に用意されるだけで，会場で審査員が出展者を序列付けするのでもない。出展者が並ぶなか，来場者はそれぞれに回遊しながら，その場その場で「チャンス」をつかめれば，それでよいとしたのである。それゆえ，第5回（1997年5月）の開催要項には以下のような文面も加わった。

IV　無印都市のイベント空間

　デザイン・フェスタは，参加者にとっては才能を試せる場所です。注文がたくさんあり独立した人，作品をショップに置くようになった人，ギャラリーのオーナーに誘われ，個展を開いた人，デザイナーとして大手企業と契約した人，刺激を受け合った参加者同士でアトリエを作った人など，多くの人がこれをきっかけにステップ・アップしています。また，他の場所では表現しづらかったアイディアもここでなら気軽に試すことができます。メーカーが新しい展開の反応を見たり，オープンしたてのショップが商品の紹介をしたりと，ブースの使い方は様々です。来場者の方々は，気に入ったデザイナーに自分だけのオリジナルのものを作ってもらったり，どこにもない一点物を見つけたり，オール・ジャンルの作品とアーティストに一度に出会えるここでしか味わえない楽しみ方ができます。そして，業界関係者には，新しい感覚，才能を発見する場所として注目されています。表現方法は自由。オリジナルの作品であれば誰でも参加できます。Design.Festaはクリエイター達の実験の場。そして，次へのステップ・アップのきっかけの場です。様々なアイディアをDesign.Festaで表現してみて下さい（「第5回デザイン・フェスタ開催要項」）。

　要するに，デザイン・フェスタは何かしらの基準を持ち出して出展者を審査したり，序列付けをするのではなく，出展者と来場者が大勢やってくれば，それぞれにおもしろいと思うものを見つけ合うに違いないとしたのである。だからこそ，「オール・ジャンル」で「表現方法は自由」。「オリジナルの作品であれば誰でも参加」可能というわけなのである。

無審査というポリシー

　そのためか，デザイン・フェスタに対しては「学園祭」といった感想が第1回のときから出ていた。「ヘタウマ世代のクリエイティブ感覚」について取材をしていた雑誌『流行観測アクロス』は，その当時の様子を以下のように報告している。

　朝九時に有楽町から晴海行きのバスに乗り込むと，いるいる。それっぽい「カマ男」やキューティー系少女がうようよしていて，まるでP'パルコのオープン日のよう。……足を踏み入れるなり，伝わってくる「クールな熱気」さながら学園祭のように，黙々とブース作りに余念がない。……会場を一回りしてみる。洋服あり，オブジェあり，アクセサリー，帽子，食器，写真から

似顔絵描きに至るまで，会場はまさに手作りの殿堂だ。だいたい二十代前半までの若者が6割ぐらい，予想に反して（？）オバサンのハンドメイドニット系の店も二，三割と少なくなかったが，全体の空気は，若者のイキのいいクリエイティブ感覚のものとなっていた。作品のレベルは総じて高い。もちろんバラつきはあるけれど，売り値が比較的安いため，商品としての"値ごろ感"がある。それになんと言っても，ほとんどが重要な（？）一点物なのだ。[*1]

たしかに，デザイン・フェスタの会場にはいろいろなものがあり，完成品としての「バラつき」はある。しかし，ここで注目すべきはそうした美的な序列付けとは別に，その場で個別に売買がなされ，他でもなくデザイン・フェスタでしか購入できない「一点物」に固有の意味が与えられている点である。つまり，デザイン・フェスタはその当初より，主催者が出展者に評価を与えて社会に送り出す登竜門というよりも，多様な出展者と来場者が相互に評価し合うことでそれぞれにおもしろがっていく仕組みを採用していたのである。

それゆえに，デザイン・フェスタの会場はごちゃごちゃである。また，どこからでも観ることができるし，いつでも観るのを止めることもできる。当時の責任者（臼木邦江）は，「デザイン・フェスタが良い悪いを審査し始めたら，アートやデザインそのものが面白くなくなる」としばしば語っていたが，このような無審査というポリシーこそ，他のアートフェスティバルとは決定的に異なるデザイン・フェスタの固有性なのである。

公募展の変遷

登竜門都市・パルコ

オール・ジャンルで無審査，そして大勢の出展者と来場者が相互に評価をし合う。このようなデザイン・フェスタのやり方が当時において新しく見えたのは，それまでのアートフェスティバルが主催者による出展者の序列付けをあたりまえにしていたからである。そこで，以下ではこうした序列付けがなされる「公募展」との関係を述べてみることにしたい。

日本社会でアートに関する公募展といえば，日展（日本美術展覧会，1907〜）

Ⅳ　無印都市のイベント空間

や二科展（1914〜）などがよく知られている。しかし，それらは「「美術」という既得権を守るための，一種の政治団体のようなもの」らしく，「模範として示された「作風」の再生産行為が暗黙のうちに要請され」たようである。以下で述べる「日本グラフィック展」（1980〜1989）から「アーバナート」（1992〜1999）に至る流れは，このような伝統とは別に1980年代の日本の企業が主催した公募展の系譜として知られている。[*2]

　たとえば，日本グラフィック展の第1回公募案内には「80年代をクリエイトする，イラストレーター及びフォトグラファーの人材発掘を目的とするテクニカル・ワークの新鋭たちからのヴィジュアル・メッセージを，クリエイティヴ・チャレンジしてもらう，スーパーアート・エキシビション」と書かれている。そして，審査員が応募作品のなかから賞と賞金の選定を行い，入選作品はパルコの特設会場で展示され，カタログにもまとめられた。こうしたやり方は「URBAN（都市の）」と「ART（芸術）」を組み合わせた「URBANART（アーバナート）」にも引き継がれ，「新人発掘のためのアート・コンペティション」（第4回公募案内）として知られたのである。

　重要なのは，公募展のこうした展開が「都市」と深いかかわりを持っていた点である。たとえば，日本グラフィック展を全面支援したパルコの経営者・増田通二によると，「街の演出」に「コンペにくる人の顔」は欠かせなかったという。「街は勝負かける舞台」であり，パルコへと向かう出展者たちの「当たった，落ちた，そこがドラマ化するのに一番いいモチベーションだ」というわけである。[*3]また，このような舞台で才能を見出されたアーティスト・日比野克彦によれば，「パルコのコンペで一番大きなことは，渋谷って場所だと思う……。渋谷のファッションビルパルコがやったっていうところでやはりこれだけ集まってきた」とも回想されている。[*4]

　つまり，日本グラフィック展からアーバナートまでが開催された1990年代までは，他でもなくパルコがある都市（吉祥寺や渋谷）において，このような公募展がおこなわれることに強い意味が持たされていた。舞台としての固有性が求められる空間こそ，稀少な作品が発掘展示されるにふさわしいというわけである。その意味において，新人の登竜門は都市でなければならない。少数に絞り込んでいく作品の序列付けと他でもない固有な街の序列付けはペアで理解

されていたのである。

▧「どこでやるのか」から「誰がやるのか」へ

　アーティストの村上隆が企画運営することで知られる「GEISAI」(2000～)はこうした展開の後に始まったものだが，そのやり方はやや異なる。というのも，GEISAIは先述したような意味での都市の舞台性にはこだわっていないからである。「なんの疑問ももたずに西洋のルール内でやってる日本の美術館を俺が好きじゃないというのはわかった……，コンヴェンション・センターで年2回やっていく。これから僕の主戦場は美術館ではない場所になっていく」というように，GEISAIはパシフィコ横浜や東京ビッグサイトといった臨海部の巨大会場を開催場所に選んだのである。

　また，GEISAIは事前に展示作品を絞り込まず，当日に一斉展示された会場で評価する方法を導入した点に特徴がある。これには「ストリート・マーケットのようでアートの域に達していない」という意見もあったようだが，審査員は「実際に出展者がいるブースの前を狭い通路をくぐり抜けるように見てまわり，生身をさらして評価をして歩かなければならない」とされたのである。序列付けはおこなうのだが，これまでの公募展のように非公開審査で事前に出展者を絞り込むのではなく，大勢の出展者を前に公開審査をしたのである。

　なお，巨大会場での開催と公開審査は大きな負担になっていたようでもある。「最終的には数億円の赤字となりました」とふり返られるGEISAIは，実際のところは「ビッグサイトに会場を移してからが，もう身の丈を超えて地獄の始まりだった」とも回想されている。それでも続いたのは，「GEISAIは村上隆というアーティストがオーガナイズしている場所で参加者が釣られるのを待っている，大きな『釣り堀』」としての機能が人びとに期待されていたからだと言われるが，これは要するに，村上隆という人称がそれなりに人びとを呼び込む力を持っていたということであろう。GEISAIは村上隆本人に観てもらう場所でもあり，また彼が評価する作品をそれとして鑑賞する場所でもあるのだ。

　つまり，GEISAIが開催された2000年代にはそれまでのように都市の舞台性にこだわることなく，巨大会場でアートフェスティバルが開催されるように

なった。また，それゆえに事前に出展者を絞り込む必要がなくなり，今度は大勢の出展者の前で公開審査を行うようになった。しかし，それはそれで大変な労力を伴うものであり，結果として主催者の人称性が巨大会場を秩序付けるようになったのである。その意味で，新人の登竜門は「どこでやるのか」というよりも「誰がやるのか」という点，つまり「都市」ではなく「人称」が重視されるようになったのである。

　このように考えてみると，デザイン・フェスタに対して「学園祭」といった理解が生じた前提が見えてくる。つまり，デザイン・フェスタは1990年代半ばから巨大会場で開催し，無審査で大勢の出展者と来場者が相互に評価をし合えばよいとしたのだが，それは既存の公募展とはかなり異なる形式だったのである。それまでの公募展のように専門家によって審査された空間ではなく，そのような批評と序列付けが不在な空間であったために，来場者はどのように歩けばよいのかと不安になってしまったのである。デザイン・フェスタに対する「学園祭」といった理解は，序列のない並列的な空間をそのまま楽しむことへの困惑を示していたのだ。

■ 批評を代行する消費

　ここまでを踏まえると，デザイン・フェスタにはつぎのような特徴があるといえる。まず，デザイン・フェスタはパルコ的な意味での舞台としての「都市」には無関心である。より大勢の出展者と来場者を募るデザイン・フェスタは，都市の固有性よりも会場としての大きさを機能的に優先するのである。また，デザイン・フェスタはGEISAIにおける村上隆のような主催者の「人称」にも無関心である。もちろん，デザイン・フェスタにも開催事務局や運営責任者は存在するのだが，それらに承認してもらうためのアートフェスティバルではないのである。それでは，「都市」や「人称」に回収されないデザイン・フェスタはいかに秩序立っているのであろうか。たとえば，第3回デザイン・フェスタにおいて，以下のような記事がある。

　ひとつ思い出した話がある。確か小学校のときに授業で出てきたと思うのだ

が「スイミー」の話である。一匹だけではほんの小さな魚にすぎないのだが，敵の魚が自分たちを襲おうとすると，たくさんの魚が寄り集まって巨大な魚へと変身し，追っ払ってしまうという話だ。……，小さなパワーがひとつにまとまって大きなパワーになるという，スイミーそっくりのところがこのイベントにはあるのではないか。[*9]

一つひとつは「小さな魚」である。しかし，それらが集合すると「巨大な魚」にも見えてくる。そして，このように「小さなパワーがひとつにまとまって大きなパワーになる」のがデザイン・フェスタだというわけである。そして，このような読み込みがなされる現場では以下のような動きが生じる。

頭からつま先まで，先行くファッションでアピールしているブースの隣に，奥様たちが和気あいあいと手芸作品を展示していたりと，このヨロズヤ感覚がたまらない。今回の出展者の年齢は16歳から72歳。出身地も日本に留まらず，イギリス，フランス，アルゼンチンまで……。1回目から出展し続けている人も少なくなく，横の交流を深めることで，刺激しあっている。[*10]

専門家によって最適化されていない展示空間は「ヨロズヤ感覚」を生み出し，それゆえに年齢や出身地の違いがおもしろくなってくる。また，こうした多様さが「横の交流」を「刺激」し，継続的な参加を促すというわけである。要するに，「都市」や「人称」といった特定の価値というよりも，多様性を肯定した相互の「つながり」の連鎖がデザイン・フェスタを秩序付けているのである。

だからこそ，オール・ジャンルで無審査のデザイン・フェスタは全体として捉えることが難しく，無理に語ろうとした瞬間に「学園祭」といったメタファーに滑り込んでしまう。「都市」や「人称」によって序列が与えられている空間は，それに身を任せることができるわけだが，「つながり」によって秩序付けられている空間は，そのなかに参入していこうとする前向きな姿勢がなければ楽しめないのである。

とはいえ，このように誘発される鑑賞への能動性を微妙にズラすのが，「一点物」という個別売買であろう。それは「観る／観られる」というよりも，「買う／買われる」といった関係性への移行だ。実際のところ，デザイン・フェスタには巨大な作品が並ぶというよりは，出展者が搬入しやすく，また来場者が持ち帰りやすい，小型作品（ポストカードやTシャツなど）が並ぶ。巨大会場で

大勢の出展者と来場者に相互評価が促される割には、ささやかな消費が批評を代行するのである。

　その意味で、デザイン・フェスタはアートフェスティバルであると同時に「市場」なのである。このように考えれば、会場がごちゃごちゃであることも、またどこからでも歩き始められることも、そもそもそういうものだと明るく割りきれよう。序列の不在を秩序付ける「つながり」は、批評を必要としない分だけライトな消費を誘発するのだ。すべての展示作品を観なくてもよいと思えてしまえるデザイン・フェスタを歩くとは、このように作品そのものを深くは鑑賞するわけではない快楽に身を委ねることなのである。

〔註〕
* ＊1　『流行観測アクロス』1994年11月号。
* ＊2　椹木野衣 2003「公募展──その不可能性の中心」『GEISAI MUSEUM PAPHLET』GEISAI実行委員会。
* ＊3　増田通二 1989「座談会　アートの地層が液状化した」榎本了壱監修『アート・ウィルス』パルコ出版、44頁。
* ＊4　日比野克彦 2000「座談会　2000年以降のアートシーン」榎本了壱監修『アーバナートメモリアル』パルコ出版、9頁。
* ＊5　村上隆 2001「村上隆×奈良美智　温泉対談【前編】」『美術手帖』11月号。
* ＊6　椹木野衣 2007「壮大かつ非現実的なアートの実験」『美術手帖』3月号。
* ＊7　村上隆 2007「おもろいアートイベントをより多くのお客様に!!」『美術手帖』3月号。
* ＊8　三潴末雄 2007「私はGEISAIをこう見る」『美術手帖』3月号。
* ＊9　『mono magazine』310号（1996年）。
* ＊10　『Allets』1996年5月号。

もっとかんがえる

- デザイン・フェスタやGEISAIは、それを開催するにあたって「コミックマーケット」を参考にしたという。また類似の形式として「フリーマーケット」や「ニコニコ超会議」もある。したがって、同類異種のイベントを複数調査しながら、市民参加型社会におけるイベント空間やユーザーのあり方を比較分析することができるだろう。
- 東京ビッグサイトのある東京副都心にはさまざまな巨大施設がある。また「ベイエリア」や「ウォーターフロント」など臨海地域には独特の施設が集まり、人びとの歩き方が工学的にも設計されている。したがって、同類異種の街を複数調査しながら、水辺の街を比較分析することができるだろう。

14　順路なき巨大な展示空間〔アートフェスティバル〕

📖 ブックガイド

榎本了壱監修 2000『アーバナートメモリアル』パルコ出版
「日本グラフィック展」から「オブジェTOKYO展」，そして「アーバナート」に至る20年間の記録。作品に限らず，当時の人間関係も見えてきて，公募展のあり方が変化してきた時代の空気がよくわかる。

村上隆 2012『村上隆完全読本美術手帖全記事1992-2012』美術出版社
アーティスト村上隆が『美術手帖』といかなる関係にあり，またどのような批評家と共に歩んできたのかという記録。「原宿フラット」から「芸術道場」を経て「GEISAI」の現在に至るまでの記録として読むこともできる。

『私をコミケにつれてって！』宝島社（1998年）
1975年より開催された「コミックマーケット」が東京ビッグサイトで開催され始めた頃の記録。同人誌というジャンルのなかで，巨大会場で人びとが何をいかに楽しんでいたのかがよくわかる記録にもなっている。

〔加島　卓〕

Column 7　ストリート・パフォーマンス

ガラスケースのなかの演奏

　フォーク・ギターを抱えた若者が、路上で声をはりあげ歌う。その様子をちらっと見ながら、足早に通り過ぎる人たち……。こうした光景は、2000年代に入ってから、とりわけよく目にするようになった。路上で演奏する人が増えたのは、「ゆず」にはじまる「ストリートの神話」化の影響だという。路上のアーティストからスターへというその神話は、じつは音楽産業とメディアによって演出された宣伝戦略だと権晏娥は指摘しているが[*1]、ゆず以降、「コブクロ」「川島あい」「YUI」など路上出身というミュージシャンがメディアで活躍し、それとともに楽器を抱えたミュージシャンが路上にあふれた。

　こうしたストリート・ミュージシャンが見られる場所は、大きく3種類にわけられるだろう。ひとつは、繁華街の路上である。京都市では、河原町駅周辺や鴨川三条の河川敷などで、アンプやドラムも含むバンドの演奏や、大道芸などが行われており、週末の夜はとくににぎわう。ミュージシャンたちは周辺の店に気を使い（鴨川三条では、21時以降は音は出さないという自主規制があるという）、警察や酔客とのトラブルをそれぞれの工夫でやり過ごしながら、演奏できる場所を開拓してきた。しかし営業終了後の店舗前などは周辺住民からの苦情が絶えず、公共の場所では警察の取締りが厳しくなり、路上で演奏できる場所は、しだいに少なくなってきている。

　こうした路上演奏の規制強化にともなって拡大しているのが、商業空間やイベントの場である。京都市では、地下街である「ゼスト御池」の広場を積極的に活用しようと、2008年から京都市の第三セクターである運営会社が広くイベントの募集をはじめた。純粋な営利目的以外で通行人の安全が確保される企画なら、1日8000円プラス売上の10％の使用料で貸し出している。現在では、ミュージシャンの演奏や大道芸、アート販売、地域振興の物産展などに利用され、イベント数は年々増えており、通りすがりに足をとめる人も多い。こうして路上演奏が可能な空間は、商業施設やイベントの演出のひとつとして、集客や増収につながる場合にのみ認められることで、しだいに商業化されてきている。

　さらに、行政による路上パフォーマンスの管理・統制の動きも強まっている。京都市では、登録されたミュージシャンに地下鉄構内の指定場所での演奏を許可する「サブウェイ・パフォーマー」という制度が、2009年から市の交通局によってはじめられた。構内の空きスペースを活用した「駅のにぎわい創出」のために、整備費がかからない安価な空間利用法として、ニューヨークやロンドンの地下鉄が参考にされたという。パフォーマーとして認定されるのは、アコースティックの音楽演奏をする人に限られ、年に一度審査を受けて、演奏のクオリティと「乗客とトラブルにならないこと」を示すこ

とが求められる。行政が認定ミュージシャンのみに指定場所でのパフォーマンスを許可する同様の制度は，東京都の「ヘブンアーティスト」でまずはじまり，当初は大道芸人の雪竹太郎らによって，こうした管理・評価の仕方への批判も行われていたが，同様の制度はその後，埼玉県や柏市など，各地の自治体にも広がっている。

京都市役所前駅は，サブウェイ・パフォーマーの指定演奏場所のひとつだが，周囲をガラスで囲まれており，人通りのある通路と隔てられている。管理者の境界を定める仕切りとして設置されたガラスだというが，まるでガラスケースのなかに入れられた演奏を外側から眺めるような，奇妙な空間になっている。そのため立ち止まる人は少なく，登録ミュージシャン数は年々減少しており，現在は初年度の7割にまで落ち込んでいる。

それでも演奏しているミュージシャンたちは，それぞれの意義をこの場所に見出していた。いつかこの場で誰かが見初めてCDデビューにつながることを期待しているという人，ライブハウスの「本番」に向けた「練習」の場所ととらえている人，定年後の余暇として昔の仲間とバンドを再開した人。禁止されているアンプを，交通局の目を盗んで低音量で使っている人もいた。そしてみな異口同音に，多くの人に音楽を聞いてもらえる場所があることに感謝し，少ないとはいえ予期せぬオーディエンスとの出会いがあり，そうした出会いの偶然性によって毎回違った空気が生まれるストリートの魅力を語る。

ストリート・パフォーマンスそのものは規制される一方，安全でクリーンだと認定されたものだけが，商業化され管理された空間に囲いこまれ，施設の集客や「まちの活性化」という目的を達成するための安価な方法として，空間に花を添えるのだ。こうして無機質な空間が都市を覆い尽くしていく。管理された「ガラス張りの空間」のなかに，路上の表現が本来的にその表現のなかに抱え込んでいたはずの，出会いや偶然に左右される一回性，空間管理の権力との攻防がわずかながら残されているのが，現在のストリート・パフォーマンスのあり方なのかもしれない。

〔註〕

* 1 権曼娥 2007「ストリートとメディアの文化経済学」吉見俊哉・北田暁大編『路上のエスノグラフィ──ちんどん屋からグラフィティまで』せりか書房。
* 2 雪竹太郎 2003「東京都・ヘブンアーティスト制度についての私の見解」『現代思想』31巻12号，140-155頁。

〔丸山 里美〕

V
無印都市の身体と自然

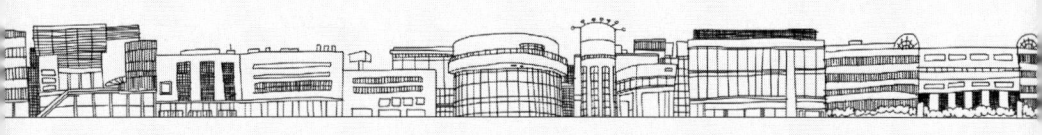

15 自転車
都市をこぐ

🚲 無印都市と自転車移動

　東京の高校生が衝動的に学校をさぼって，目的地もあいまいなまま，自転車に乗って北へ向かう。小説『走ル』で描写されるのは，いわば風景なき風景，地域なき地域ともよべそうな，郊外化・情報化したきわめて現代的な生活様式である。

　ファミレス，コンビニ，ガソリンスタンド，ホームセンター，ファミレス……まるでDNAの塩基配列のようにそれらの繰り返し。田舎道への分岐点はあるが国道を走っている限り同じ風景が続く。

　暗い道沿いに見つけた自販機の前でとまると携帯の電源を入れた。このキー盤中央にある丸ボタン長押しで電源を入れる。少なくともどこにいても，携帯電話のアドレス帳に記されている人々とは等間隔の距離にいるような気がする。すぐに二件のメールが届いた[*1]。

　その始まりこそ退屈な日常生活を衝動的に突破しようする旅にみえるが，そこに空間的な外部はほとんど存在しない。自転車による長距離の移動を身体的・経済的に支えるのは，どこにでもあるファミレス，サウナ，ネットカフェ，コンビニ，ATMであり，日常的な人間関係もケータイを通じて——旅の始まりから終わりまで——ほとんど絶え間なく，どこまでいっても継続する。そのよ

うに引き伸ばされる都市生活の延長に存在するのは自転車で走る感覚の強弱，疲労と回復，加速と減速，高密度と低密度の光景——ひたすら自転車をこぐことによる体験のリズムである。風景がもたらすサブライムでもなく，あるいは自己という内面の変容でもない，身体感覚の強弱に何度も立ち返る感覚が，この小説の旅を特徴づけている。

自転車に乗って移動するとは，現代日本に広がる都市空間や郊外生活——本書で用いられる言葉でいえば無印都市——において，その起伏や手触りを体験する方法ではないか。このとき都市空間は，単なる観察の対象としての「風景」ではなく，五感を通して一体化する〈地形〉として現れる。

自転車は，点と線だった街を「面」に変えてくれる。この事実が大都会東京をフレンドリーな街に変えてくれた。東京で暮らして20年。だがこの巨大な街は，歩きと電車だけでは身近というには広すぎてね。ところがその東京と私の隙間を埋めてくれたのが自転車だったというわけだ。[*2]

本章では，徒歩交通と機械交通のあいだで空白となった現代の都市空間に起伏をつけ，その手触りを体験させる行為として自転車移動に注目する。ただし，このような自転車の独特の体験性，および自転車ブームと呼ばれる言説と実践は，現代日本の都市空間や交通環境において浮上した独特のものである。

複数形の自転車移動——「自転車ブーム」のねじれ

ポストモータリゼーションを模索するなか，先進国で自転車がふたたび注目されている。近年の日本においても何度目かの「自転車ブーム」が発生した。戦後日本社会において，自転車は，4度，ブームになっている。1950年代の戦後日本の解放を象徴するサイクリングブーム，1970年代のバイコロジー運動と日本一周ブーム，1980年代のファッションとしてのマウンテンバイクブーム，そして1990年代末以降の現代の自転車ブームである。

だが，Cycling and Societyを編集したデイヴ・ホートンらも指摘する通り，発展途上国と呼ばれる地域やプレ高度成長の時代における自転車の意味や位置は異なる。また，先進国における自転車の意味や位置にも違いがある。[*3]

日本における通勤時における二輪車のみ利用の割合は，1980年16.4％（バイ

ク含む),1990年17.6％（バイク4.7％,自転車12.9％）2000年15.7％（バイク3.5％,自転車12.2％）と推移しているように,どちらかといえば先進国中上位に位置する。ただし1980年以前では,自転車とオートバイが区別されずに二輪車という同じカテゴリーに入っており,日本における自転車の位置の中途半端さを表している。また2000年代の自転車の割合は,やや減っている。あとで詳しくふれるように,さまざまなメディア上で自転車はブームであり,社会問題とされる。しかし,この統計と言説のズレは,現代の自転車ブームが他の交通のシェアを侵食したというよりも,自転車の意味や感覚が変わったことを表している。

　自転車の利用の仕方には,買物の移動手段,通勤・通学の移動手段,仕事道具,レジャーやスポーツという違いもあるし,自転車の形態にもいくつもの違いが存在する。しかし,以下でみるように,ブームのなかで語られている自転車は,そうしたさまざまな自転車や自転車移動のなかでもロードレーサータイプを頂点とする特定のものに偏っているようにみえる。本章では,こうした自転車という多様なテクノロジーと自転車移動という複合的な実践——複数形のbicyclesとcyclings——において,いかにして特定の自転車移動の意味と形態が突出するのかを,自転車ブームとそれに付随する自転車の社会問題化をめぐる言説の饒舌さを分析することで考える。

自転車の居場所と両義性

自転車はどこにいるべきか？：車道と歩道のあいだ

　ブームが始まると,自転車はいくつかのかたちで社会問題化する。焦点になった問題は,「自転車はどこにとめるべきか」と「自転車はどこを走るべきか」という二つに大きくわけることができる。

　1970～80年代に焦点になったのは,「自転車はどこにとめるべきか」という問題,すなわち放置自転車である。大都市の人口過密化がすすみ,自転車利用が多くなってくると,それをうけいれる場所の不足が深刻な社会問題となる。一方,現在の自転車ブームでは「自転車通勤」が推奨されている。これは公共交通の補助手段というよりも,ドアトゥドアの主要交通を指している。ここで

問題なのは，どちらかといえば「自転車はどこを走るべきか」である。

　道路交通法では，自転車は軽車両として位置づけられており，そのため原則車道の左側を走ることが決められている。しかし，1970年代当時，都内道路総距離2万kmのうち自動車がすれ違い可能な道路が13％しかなかったところに自転車ブームが起きたため，1978年道交法17条を改正運用して自転車の歩道通行を許可することになった。法規上は車道を走る軽車両として位置づけられるものの，運用上は歩道を走ることが可能になったのである。

　このとき自転車は，〈歩道では「交通強者」／車道では「交通弱者」〉という両義的位置にたつ（『警察時報』2006年1月号）。

　前者の「交通強者」の立場を強調するならば「年850人が殺されている！『暴走チャリ』撲滅大作戦」（『読売ウィークリー』2006年9月24日）という自転車乗りのマナーの問題化になる。実際，一部の自転車乗りは，「車道通行」の徹底を要望しており，2011年11月の警視庁通達は歩道通行を原則禁止するものであった。

　逆に後者の「交通弱者」の立場をとって，「運転者が児童・幼児らの場合や車道などが危険な場合は歩道を通行できる」（2008年6月30日道路交通法改正）とすることで法規と運用の乖離を解消しようとしたこともある。この改正は，どちらかといえば運用実態に沿い，自転車を歩道側に寄せている。

　ただし，そもそも運転免許証を必要とする自動車と異なり，自転車には免許制度やそれに付随する公的な講習や教育がほとんど備わっていない。そのため，道路交通法などの法律からは相対的に切り離されて——法律をそれほど意識せずに——自生的に利用されている実態がある。身近な人に教わりながらいつのまにか乗れるようになり，自分なりの乗り方をなんとなく身につける。自転車交通は，制度的に許可・教育される自動車交通と本能的に体得・学習される徒歩交通のあいだにあるという意味でも両義的なのである。そのためか，法律上，違法とされることもそれほど悪気なくおこなわれる傾向があり，自転車は，その規範的・制度的な中途半端さゆえに，「マナー問題」として頻繁に社会問題化される。

　自転車専用道路や専用レーンが十分に整備されていない以上，こうした自転車の制度的な両義性——「公と私」，「正常と逸脱」——は解消されない。その

ため「道路・歩道は誰のものか？　自転車vs自動車vs歩行者の勢力争い」(『週刊ダイヤモンド』2009年9月26日)という記事にあるように，自動車ドライバーからは「自転車はフラフラして邪魔だから出ていけ」となり，歩行者からは「暴走自転車が怖い　ベルでどかすのは法律違反ですよ」といわれる。自動車と歩行者，車道と歩道のあいだで，自転車ははさみうちにあうのである。

自転車は誰のものか？：「ママチャリ」と「ロードレーサー」のあいだ

　自転車をめぐる対立は，自転車同士でも言説化している。先の記事は，「ママチャリ族の主張」として「スピードを出しているわけでもないのに携帯電話で話しながらの運転に文句あるの」という意見を紹介している。「ロードレーサーの主張」として「スピードを出すのが大好きでカメレオンのように歩道と車道を都合よく使い分け」という意見もあげられている。「ママチャリ＝マナー違反」／「ロードレーサー＝スピード狂」という対立といえようか。

　「ママチャリ」という言葉には，自転車というテクノロジーの意味やイメージをめぐるジェンダー秩序が表現されている。たとえば疋田智であれば以下のような語りになる。

> ちょっと街を歩いてみるとわかるのは，自転車に乗っているのは圧倒的にスーパーマーケットに行き帰りするお母さんたちと，通学に使う中学，高校生たちだ。それ以外の人はそれほど自転車に乗らない。特にオジさんは自転車に乗らない。この日本では，よほどの事情に迫られない限り，大人の男は自転車に乗らないものだからだ。

　時間帯によっては，公共交通の補助交通として，最寄り駅まで「ママチャリ」とよばれる自転車に乗る男性を見ることは可能なはずだし，女性のロードレーサー乗りもいるはずだ。にもかかわらず，先の対立の構図を紹介した週刊ダイヤモンドの記事に描かれている絵をみると，「ママチャリ」に乗っているのは女子学生と子持ちの母親，「ロードレーサー」に乗っているのは筋肉質の男性とスーツ姿のサラリーマンである。自転車というテクノロジーそのもの，あるいはその種類や役割には，「男らしさ／女らしさ」の意味やイメージ——ステレオタイプが存在している。

　もうひとつの対立は，「大人と子ども」である。一人前の大人は，自転車に

乗らず，子どもは自転車に乗る。「成人男性／女・子ども」という対立軸が，「公共交通／私的交通」という対立に重ねあわされ，「ママチャリ」に代表される既存の自転車交通は——圧倒的多数であるにもかかわらず——私的なものとして周縁化される。上記の文献では，「ママチャリ」は遅く，長距離移動に向かないという理由から，ロードレーサーのような姿に改造することが推奨され，「ママチャリじゃない自転車」に買い替えるように誘われる。

　女性が乗ることが排除されているわけではないが，こうした自転車こそが成人男性が乗っても恥ずかしくない，かっこいい自転車である，というわけだ。自転車を普及させるために，こうした対立の構図を戯画的に描き，それを解消するのに入念かつ親切な誘導が必要であるということ自体，自転車というテクノロジーをめぐるジェンダー・ポリティクスが強固に存在していることを暗示している。現代社会における自転車の意味と形態は，「大人と子ども」，「男性と女性」という社会的カテゴリーのあいだにおいてもゆらいでいるということができるだろう。

▓ 自転車の体験性：両義性がもたらすスリル

　自転車ブームのなかで語られる自転車移動は，どこかにつくための手段——M.ウェーバーがいう「目的合理的行為」——というよりも「走ること」そのものを目的とした，それ以上のなにかにみえる。たとえば流線型のヘルメット，身体に密着したボディスーツ，嬉々として語られるカスタマイズへの情熱，あるいは自らが乗る自転車の名づけ。速度と安全を両立させるという理由によって，こうした衣装やカスタムが選択されているが，そのスタイルは，さまざまな意味で人の目をひくし，ロードレーサーとよばれる自転車も単なる技術以上のものを意味している。

　M.マクルーハンのメディア概念が指摘するように，新しいテクノロジーは，身体の能力を拡張することで，身体と環境の関係を組みかえ，構造化する。たとえば自転車の速度は，人間の脚力で移動できる範囲を拡張する。それだけではない。「ママチャリ」とよばれる自転車であれば，クロスバーやアップハンドルによって体を起こし，低いサドルによって直座姿勢を維持し，速度を犠牲にして視覚性をアップさせる。しかし，ドロップハンドルと高いサドルによっ

て前傾姿勢になるロードレーサータイプの自転車は，視覚性を犠牲にしながら高速移動や長距離移動を可能する。つまり，高速移動を重視するために，視覚以外の他の感覚に強く依存しながら，交通環境を認識することになる。

　このように都市空間をぬって高速移動する自転車には，いくつもの危険が存在する。たとえば，車道を自動車やバイクとともに走っている状況で，目の前に路上駐車している車両が現れたとしよう。駐車車両を避けるためにガードレールの切れ目から歩道に入るべきか，そのまま猛スピードの自動車に近づいて車道を移動するべきか。歩道に入ったとしても，ゆっくりと歩く高齢者や子どもがいた場合，そのまま車道を走るスピードで移動するわけにもいかないだろう。自転車で都市空間を高速移動する場合，歩道と車道，どちらを走るかを一瞬で判断する必要があるのである。

　自転車移動において，もっとも転倒，パンクしやすい場所のひとつは，この歩道と車道のあいだの段差である。歩道と車道のあいだの段差をまたぐ際に，地面と自転車のリムのあいだにチューブがはさまれてパンクすることを「リム打ちパンク」という。また，とくに車道から歩道へ段差をのりこえて移動する際，段差と車輪が平行な状態で直進するとハンドルをとられて転倒しやすい。交通制度として車道と歩道が区別され，そうした区別を物質的・建築的に形態化した「段差」は，自転車の交通制度上の両義性を「リスク」として体験させるものといえるだろう。このように歩道と車道を行き来しながら，できるだけ高速移動を維持しようとすれば，視覚のみならず，聴覚，触覚，平衡感覚をつうじて他の交通機関とコミュニケーションする必要がある。たとえば，大型車が後ろから迫ってこないか，自動車の音を聞きわける，大型車が通り過ぎるときに風圧に負けないよう平衡感覚を調節する，などである。

　ただし，ロードレーサーに乗る人びとにとって，自転車の両義性によってもたらされる体験性の「リスク」は，自転車移動がもたらす〈スリル〉の快楽に変換される。

　　僕は片道12kmほどの自転車通勤をしているけれど，通勤時間帯の都市の道
　　路はリスクが山盛りだ。横を走るクルマと並走しながら路面の段差や落下物
　　を避け，左折する車に巻き込まれないように注意して交差点を横切り，路地
　　から出てくる他の自転車に注意を払い，飛び出してくる歩行者にハッとした

りする。駅前などは通勤・通学の自転車が縦横無尽に走り回り、カオス状態だ。……結局ロードレーサーに乗るということはそういったリスクと引き替えに「高速移動する快楽」を得ることだと思う。リスクを自ら受け入れ自分の判断力でできるだけ安全に楽しむ、折り合いをつける、と言ってもいい。常に五感を働かせ、周りの動きを予測し、自分のとるべき行動を瞬間的に判断して動く。[*6]

ロードレーサーと一体化しながら、錯綜する交通環境に突入する危うさをスリルとよみかえる。自転車移動の快楽とは、徒歩交通と機械交通のあいだで分断され空白となった都市空間を、身体―技術―環境を直接的につなぎあわせるリスクのなかで浮かび上がらせる体験なのである。

新しい場所としての移動感覚
―― 〈身体の秩序〉としての都市空間

人はさまざまな動機で自転車に乗り、行政機関や自治体、関連団体や企業もさまざまな効果や目的をあげて自転車を推奨している。エコロジー、渋滞解消、健康増進、中心市街地の活性化など。しかし、自転車乗りはそうした「社会的なもの」を自転車に乗る理由としては最終的に棄却し、楽しい以外の理由はないと断言することがある。[*7]

「社会的な理由」を経由することなく、いわばわかりやすい「社会」をあえて消しながら自転車というテクノロジーの体験に没入していくとき、〈身体の秩序〉として体験される都市空間が浮上する。自転車移動を分析する社会学者スピニーがいうように、自転車乗りは、走っている最中、どこにいるのか正確にはわからないが、自分が何をしているか、どうやってそこに行くかは、なんとなく体験としてわかる。自転車乗りは都市を身体的に了解することができるのである。[*8]

ただし、前節までに検討したように、自転車移動のスリルとリスクは、自転車の社会的地位のゆらぎに由来する。動作と強度として都市空間を体験することがひとつの「ブーム」――あるいは「社会問題」として饒舌に語られるのは、都市交通における自転車の両義性ゆえなのである。

しかし、そのとき、「ママチャリ」がもつ微弱な快楽は忘れられてはいない

だろうか。自転車ブームにおける饒舌な言説と陶酔的な体験が、複数形の自転車を抑圧・否定することなく、その可能性を広げるように作用するなら、それはポストモータリゼーションの新たな都市空間をみせてくれるかもしれない。

〔註〕
* 1 羽田圭介 2008『走ル』(→2010年に河出書房新社にて文庫化)。
* 2 疋田智 2002『快適自転車ライフ』岩波文庫 (→2005年に『大人の自転車ライフ』として光文社にて文庫化)。
* 3 D.Horton, P.Rosen and P.Cox 2007 "Introduction", D.Horton ed. *Cycling and Society*, ASHGATE.
* 4 国土交通省国土交通政策研究所 2005「都市交通における自転車利用のあり方に関する研究」『国土交通政策研究』58号。
* 5 疋田・前掲註＊2。
* 6 米津一成 2008『自転車で遠くに行きたい』(→2012年に河出書房新社にて文庫化)。
* 7 同上。
* 8 J.Spinney 2007 "Cycling the city", D. Horton ed. *Cycling and Society*, ASHGATE.

もっとかんがえる

- 本章では、ロードレーサーを中心とするような自転車について考察したが、それ以外の自転車の利用について調べて、考えてみよう。
- 戦後日本の自転車ブームは、4度おきているが、それぞれの歴史的・地域的・階層的特徴について調べて、分析してみよう。
- 自転車のみならず、スケートボードやインラインスケートなど他の移動現象について調べて、分析してみよう。

ブックガイド

疋田智 2002『快適自転車ライフ』岩波書店 (→2005年に『大人の自転車ライフ』として光文社にて文庫化)
　自転車ブームの代表的な牽引役の一人であり、自転車ツーキニストを自認する疋田智氏による著作。自転車の乗り方、買い方、手入れのノウハウから、現代交通における自転車問題、国際比較まで幅広く要点を知ることができる。

秋山岳志 2012『自転車が街を変える』集英社
　自転車を単なる「ブーム」にしないためには、都市交通・地域交通に自転車を適切

に位置づける必要がある。自転車専用道路など，諸外国の先進事例を紹介しながらその方途を探る。

D. Horton, P. Rosen and P. Cox 2007 *Cycling and Society*, ASHGATE
自転車に関する日本語で読める社会学的著作は少ないため，苦肉の策としてイギリスの著作を挙げておく。自転車移動が地域や時代によって異なるかたちをとることがわかり，その可能性の沃野を知ることができるだろう。

〔田中 大介〕

Column 8　マッサージ店

「他者に身を任せる」ことの快楽

　平日の夕暮れどき，仕事から解放されて家路をたどる。それにしても，今日もまた疲れを引きずっている。肩がこり，首も腰も限界に近い。こんなときはやはり……。街の路地を縫うように歩き，行きつけのマッサージ店にたどり着く。ここは私の知るかぎり，近所でいちばん安いマッサージ店だ。常に5～6人のマッサージ師がおり，彼らの腕もなかなかのもの。受付を済ませ，待つこと10分。「お待たせしました」。なんだコイツか……。この店には，男性女性，20代から50代まで，さまざまなマッサージ師がいる。だが，そのなかでもこの男の腕はイマイチだ。少なくとも，私には合わない。しかし，指名料金を払ってまで，ほかのマッサージ師に代えるのもいかがなものか。彼にもプライドがあるだろう。それにしても，私には妙なやさしさがある。

　そして，マッサージが始まる。案の定，しっくりこない。揉み方が，なにか違う。「すいません，もっと強めにお願いします」。「わかりました」。少しだけ，力が強くなる。だが，なぜだか満足できない。こんなとき，私は実感する。当然のことだが，他人はしょせん他人にすぎず，私の身体を完全に支配することなどできないのだ。私は，彼に無防備な形で身体をあずけている。彼は私の身体を自由自在にマッサージしている。だが，それは私のこころにも身体にもひびかない。お互いの身体がつながっているにもかかわらず，そこには完全な「亀裂」だけが生じているのだ。そういえば，街中で知らない人に体をぶつけられたとき，同じような感覚を覚える。多少の身体の痛みとこころの不愉快さ。これは，自己／他者という関係，あるいは身体の問題にかかわる宿命なのだろうか。

　翌週，またもや懲りずにマッサージ店へと向かう。受付を済ませると，今日はすぐに通してくれた。「お待たせしました」。この人は……，私がこの店でナンバーワンと認めているマッサージ師である。これで，わざわざ足を運んだ甲斐があったというものだ。いよいよ，彼の「神の手」が動き始めた。まさしくこれだ……。「かゆいところに手が届く」という表現はあるが，もはやそんな次元ではない。私自身が気持ちのよい部分を，彼は私以上に知っている。彼は果たして本当に他人なのか。いや，自己だろうが他者だろうが，そんなことなど，どうでもよくなってしまう。

　一方で，私も社会学者の端くれである。わずかな思考が作動し，彼について考えはじめる。「それにしても，彼はなぜマッサージの修行をはじめたのだろう？　年齢は？　出身地は？　社会階層は？　文化資本は？」。だが，そのような心理的抵抗もむなしく，私の意識は遠のいていく。彼のことを「分析」しようとした理性など，快楽の前では無残に敗北してしまうのだ。気持ちがよすぎて，徐々に眠りへと誘われる。理性までもが揉

みほぐされていく……。研究者としては，ある種の「屈辱」である。それにしても，これほどまでにここちよい「屈辱」とはいったい何なのだろう。これほど快楽に満ちあふれた「屈辱」を，私は知らない……。
　やがてマッサージが終わり，目を覚ます。「終わりましたよ」。彼の声が聞こえた。私は彼についてほとんど何も知らない。友人でもなければ家族でもない。私にとって彼は，都市空間に生きる，一人の人間……ただのマッサージ師にすぎないはずである。だが，彼は私から「すべて」を奪い去ることができる。普段は決して奪われることのない，意識や思考能力，社会学者としてのわずかなプライドさえも……。そこでふと頭をよぎるのは……身体と「他者」の摩訶不思議な関係性，それが都市空間のなかで，街の片隅で，すなわちマッサージ店という場所で，日々くり返されていることの謎である。そして，その謎を「解明する」こともなく，私は来週もまた，その「不思議さ」に飲み込まれていることだろう。

〔高井　昌吏〕

16 フィットネスクラブ
都市空間を飼いならす

🚴 画一化された空間

　老若男女がフィットネスクラブに通い、ダンスやマシン、プール、サウナなどで汗を流す光景。それは、もはや都市生活にありがちなひとこまであり、身体美を求める、あるいは健康に気を配る人びとにとっては、日常生活の一部になっているだろう。現代のフィットネスクラブは、とくに大手の施設であれば、全国どこでも設備が似通っている。たとえば、プール、お風呂、サウナ、マシン、スタジオなどがあり、それぞれの場所にインストラクターが配置されている。スタジオにはダンス、ヨガ、太極拳などのプログラムがあり、初心者から上級者まで、それぞれに応じたコースが設定されている。コンビニエンスストアやカラオケボックス、あるいはショッピングモールなどは全国どこでもほぼ同じつくりだが、フィットネスクラブにも同様のことがいえるだろう。その空間の配置は、首都圏であろうが、あるいは地方都市であろうが、さしたる違いはない。すなわち、いわゆる画一化された都市文化のひとつと考えられるだろう。[*1]

　だが、空間が画一化されているからといって、そこでの人びとの行動や利用形態、あるいはコミュニケーションまでもが均一化しているのだろうか。コンビニエンスストアやレンタルDVD店に寄る際、人びとは日常的な消費装置に

身を任せ，アフォーダンスに従って行動しているのかもしれない。同じように，フィットネスクラブも消費装置のひとつであり，マシンやスタジオプログラムなどに誘導されつつ行動する側面がある。だが，はたしてその側面だけをとりだして，コンビニと同様の都市空間と解釈してもよいのだろうか。ここでは，実際に都市空間としてのフィットネスクラブを「歩く」（フィールドワークやインタビュー調査をおこなう）ことによって，あらためてその特徴をとらえ直してみたい。そして，他の画一化された都市空間と比較・検討しつつ，決して単なるアフォーダンスにとどまらない「生きられた空間」としての姿を明らかにしてみたい。

「都市」「身体」「社会関係資本」

フィットネスの歴史と「美容」「健康」

そもそも，フィットネスはいつごろから流行し始めたのだろうか。日本におけるフィットネスクラブの歴史をひもとけば，それは1980年前後にさかのぼる。当時，都市部にはダンスを中心にしたエアロビクスという運動が登場し，女性を中心に大きなブームとなった。井谷惠子によると，フィットネスクラブと呼ばれるものがオープンし，増加し始めるのは1979年からであり（1978年までのオープン数は，全国で毎年20件以下である），1982年からは従来のスイミングを中心とした経営だけではなく，エアロビクスブームに乗る形で，フィットネスクラブへとクラブ形態が変化したという[*2]。店舗数は全国の都市部を中心として瞬く間に増加し，90年代の最盛期には，全国で2308店舗（民間のみ）にまで膨らんだ[*3]。

A.ブレイクによると，「エアロビクスは，身体に対する，集団による相対的評価を基本としており，標準体型（性別および性的魅力，年齢，民族，ジェンダーなどを考慮した一般基準）に近づくことを目指すものである」という[*4]。おそらく，フィットネスにも同様のことがいえるだろう。理想のプロポーションをつくり，健康を維持することは多くの人びとの願望に違いない。そのために，1週間に何日か，あるいは，極端な人であれば毎日のようにフィットネスクラブへ通う。もちろん，そこにはさまざまなタイプの人が存在する。たとえば，一人

で黙々とトレーニングにはげむ人もおり、そのようなケースでは身体（あるいは身体観）や健康（あるいは健康観）とアイデンティティの関係が問われなければならないだろう。このように、フィットネスクラブという空間は、多くの都市生活者の願望をかなえうる可能性をもっているのだ。

　一方で、そこは競技スポーツとは違って、「勝利」という明確な目標がない。フィットネスは、基本的に非競争的で、目的は「健康になる」「美しくなる」などかなり抽象的である。したがって、モチベーションを維持するには相当な精神力が必要であり、そこへ身を任せ続けることは非常に難しい。すなわち、事前に会員料を払っている（つまり行かなければもったいない）のだが、コンビニのように無意識的にふらりと立ち寄れるかといえば、必ずしもそうではない。それにもかかわらず、フィットネスクラブは、なぜ都市文化のなかで存在し、繁栄し続けているのだろうか。

都市空間におけるコミュニケーションへの欲望

　ここでは、フィットネスの文化を人間関係、あるいはコミュニケーションの場という視点から考えてみたい。社会学には、「社会関係資本」(Social Capital, 以下SCとする）という概念がある。SCについて深い考察をおこなったのはR. パットナムである。「資本」といえば、一般的に「物的資本」や「人的資本」は経済的な効果をもたらすが、人間はその一方で、社会のなかでさまざまな関係性を生み出している。たとえば、個人間の強いつながり、そこから生じる互酬性、あるいは信頼性の規範などである。そしてSCという概念は、そのような社会的ネットワークには高い価値がある、信頼性を生み出す土壌があるという基本的前提を持っているのだ。SCは「結合型SC」と「橋渡し型SC」に分類される。「結合型SC」は内向きかつ排他的なアイデンティティをつくりあげるが、特定の互酬性を安定させ、連帯を維持していくのに都合がよい。それに対して「橋渡し型SC」は、外部との連携や情報の伝播などにおいて優れている。[*5] 具体的には、前者は民族ごとの友愛組織、あるいはよそ者が入ることの難しい田舎などがイメージされ、後者は幅広い支持基盤をもった社会運動、大学のサークルなどが近い。そして、実社会における集団や組織はあくまで「生き物」であり、「結合型」の特徴が強くなることもあれば、「橋渡し型」の要素が

前面的に表出されることもありうるのだ。

　では，日本の都市空間において，とりわけフィットネスクラブにはどのようなことが言えるだろうか。たとえば，L. ギンズバーグによると，日本のフィットネスクラブは一種のコミュニティセンターであり，とくに年配の女性がそこでおしゃべりし，交友関係を深める場でもあるという[*6]。河原和枝は，「ファッション感覚でフィットネス・ブームをもたらした若い女性たちの足が遠のいたあと，フィットネスクラブは主として中高年層に支持され，今日にいたっている」と指摘している[*7]。とくに年配者たちは（昼間は一般的に年配の主婦層が多い），お客同士で主婦としての立場を共有しており，夫や子どもの話など，話題にはことかかないだろう。それでは，以上のような議論をふまえ，日本のフィットネスクラブにはどのような特徴がみられるだろうか。

フィットネスクラブにおける都市コミュニティ

階層による「包摂」と世代による「排除」

　まずは，関西の都市部にある某フィットネスクラブ（以下，「フィットネスクラブX」と表記する）をとりあげる。バブル期以降に全国展開したスポーツクラブとは違い，1970年代以前からスポーツに携わる施設として地域に根を下ろしている。その意味ではかなりの老舗施設であり，Xがフィットネスクラブとしてあらためてオープンしたのは1980年代前半である。

　インストラクターのAさん（50代女性，フィットネスクラブXに20年以上勤務している）によると，このフィットネスクラブでは年配の会員（とくに女性）が高い割合を占めており（とくに昼間），富裕層とまではいかなくとも，生活にはかなり余裕のある客が多い。たとえば，乗換駅（しかも，Xの徒歩10分圏内に乗換駅は二つある）から近いにもかかわらず，自家用車でフィットネスクラブまで送り迎えがある客もめずらしくないという。さらに，年配女性，とくに60代以上の女性客がグループをつくり，なかには20年以上も通い続けているリピーターがいる。Aさんはつぎのように語っている。

　インタビュアー：来てはる（年配の）方は水中ウォーキングとかしてるのか

> 僕わからないんですけど、どうですか？　けっこう真面目にやってますかね？
> A：そうですね、男性はほとんどスイムかウォーク。女性はスイムの後おしゃべり。ウォークしながらおしゃべり、ウォークの後おしゃべり。
> インタビュアー：なるほど（笑）。それをくり返してらっしゃるんだ。
> A：はい。で、寒くなったからもう一回泳ごかとか。寒くなったし上がって、しゃべってたから寒くなったからサウナでおしゃべりして、シャワーでおしゃべりして、お着替えしながらお化粧しながらおしゃべりして。
> インタビュアー：へ〜「寒くなったから」ってすごいですね（笑）。
> A：「ここに来てくちの運動すんのが一番多いわ」って言う方は多いです。それは自分でもおっしゃってますし。それがストレス解消になる。
> インタビュアー：（笑）あ〜。ストレス解消にももちろんなりますしね。

　ここまでくると、コミュニケーションというよりも、まさしく「くちの運動」に近い。この場では、体を動かすのと同様かそれ以上に、他の女性客とコミュニケーションをとることが行われている。だが、彼女たちはただ単に「あるひとつの都市空間」に居合わせた女性たちというわけではない。なぜならば、趣味や嗜好にもかなりの共通点があるのだ。

> インタビュアー：けっこうあの、まあ色々主婦の人（お客）、おもしろい話してはると思うんですけど、どんな話が多いですかね？　なんかちょっとあの（さっき）海外旅行の話とか出ましたけど、ほかにどんな話されますかね？
> A：食べる話。
> インタビュアー：食べる話（笑）。
> A：食べる話ですね。どこそこの店がおいしい、何々が（おいしい）……。
> インタビュアー：それはもちろんええとこのお店なんでしょうか？
> A：そうですね。お店の名前を出して。
> インタビュアー：へえ〜すごいなあ、僕とかわかんない店ばっかりなんでしょうね。
> A：あとまあ、健康のこと？
> インタビュアー：あ、はいはい。
> A：腰が痛いとか。
> インタビュアー：年齢的にはもうだいぶいってらっしゃる？
> A：60歳、70歳ですね。

インタビュアー：60歳，70歳ですか。
A：あの，お金はいくらあってもやっぱり健康が一番やっていう結論になる。

「お金はいくらあっても……」という言葉が物語っているように，彼女たちの生活には，すでに金銭的な苦労などまったくない。共通の趣味も，比較的高級な料理の食べ歩きなど，似通ったところがある。さらにインストラクターによると，彼女たちはグループで，しばしばフィットネスクラブ以外の場所でも関係性を保っているという。たとえば，一緒にお茶をしにいく，遠出をする（登山や旅行，ときには海外旅行）などである。以上のように，このケースでは客同士のつながりがフィットネスクラブという空間以外にも拡張されているのだが，そこにみられるのは単なる仲間づくりという発想ではない。彼女たちの趣味とそれを担保している階層性によって，この都市空間におけるコミュニケーションが支えられているのである。

一方，そこでは他の世代を排除するような傾向もある。とくに，同じ空間を共有しているはずの若い女性インストラクターに対して，強い批判を浴びせる傾向がある。

A：ご意見箱っていうのが置いてあるんですけど，男性の所と女性の所に。男性の所にはほとんど入ってない。1ヶ月に1枚あるかないか。女性はやっぱり1週間に4〜5枚はある。
インタビュアー：ふ〜ん。で，いろんなこと。まあクレームが書いて入れてあるんですね？
A：はい。
インタビュアー：へ〜ふんふん。面白いな。
A：学生リーダー（インストラクター）とかがちょっと時間がかぶる，1時とか，入れ違いになることがあるんですけど，その学生リーダーの態度が悪い。挨拶もしない。その辺までですよね。
インタビュアー：若い子ですよね？
A：若い子。
インタビュアー：男の子のことですかね，女の子？
A：女の子のこと。女性ロッカーで女性のリーダーと一緒になったら。
インタビュアー：ふ〜ん同性には厳しいのかな。
A：女性には厳しいですね。
インタビュアー：……（苦笑）。

A：歩き方とか言葉遣いとか。
インタビュアー：そうですね，まあ娘とかそれくらいの世代ですもんね。
A：娘……孫。
インタビュアー：孫くらいですね？
A：「今の若い子（娘）は！」っていう話でもよう盛り上がります。
インタビュアー：ああ〜（笑）。
A：今の若い子（娘）は携帯持って歩きながら電話してるとか，電車の中で化粧してるとか，股を開いて座ってるとか，そういう……女性に対してが多いですね。今の若い子はっていうのはどっちかというと女性に対する，女の子に対する。

　このような苦情・不満は，同じ空間を共有している若い客に対しても見られるのだが，とくに自分の娘（あるいは孫）世代の女性インストラクターに集中しているという。彼女たちの行動，振る舞いがいちいち批判の対象とされ，グループ間の話題のひとつとして機能しているのである。自分たちと別の世代を異質な他者と想定するのは決して珍しいことではないが，このケースではインストラクターは若い女性であるとともに，店の従業員のように考えられている。すなわち，決して通りすがりの若い女性ではなく，都市におけるサービス業の原理に基づいたうえで，自分たちに奉仕すべき他者だと認識されるのだろう。したがって，「叩く」ことの正当性を担保しやすく，格好のターゲットになると考えられるのだ。

　そもそも，いつでも誰でもお金をはらえば参加できるというのがフィットネスクラブの原則である。その意味で都市における自由な場であり，そこには友人をつくり新たな個別的信頼を獲得する可能性があるといえる。だが，ここに現れているのは，階層性や世代に担保された，排他的な仲間意識である。これは，「結束型SC」に近いと言える。さらに，それがフィットネスクラブという画一化された都市空間を，自分たちで「飼いならす」原理として機能しているのである。

都市に出現した「疑似家族」の空間

　一方で，都市空間を「飼いならす」バリエーションは，他にもみられる。次の事例は，東京23区のなかにあるフィットネスクラブYである。バブル期以

降に全国展開し，客の階層は前述のXほど高いわけではない。老若男女さまざまな客がおり，男性客も全体の3割程度は含まれている。ここで働くインストラクターのBさん（女性，20代後半）は，インストラクターも含めたフィットネスクラブY内での空間利用について，つぎのように述べている。

 B：（フィットネスクラブの利用の仕方について）えっとですね，いろいろですかね。いろんな方いるんですけど，オジサンもいますし，あと若い方でもいたりして，フィットネスクラブの利用の目的で運動するだけじゃなくただお風呂に入りに来ると。
 インタビュアー：なんかサウナみたいな使い方ですね。
 B：そういう方もいますし，本当コミュニケーションの場として。運動はあまりしないんだけど，話すだけ話して帰っちゃう。基本それがダメってオペレーションはしてないんですけど，「あの人運動しないで帰っちゃったね」みたいな，会員さんがいたりだとか，「あの人いつも話しに来てるばっかりだよね」とか。
 インタビュアー：それは男の人ですか，女の人ですか。
 B：両方いますね。
 インタビュアー：両方ですか。
 B：たとえば，ご結婚されててもどちらか，だんな様か奥様が亡くなられて，ちょっとひとりで住んでるから淋しい方。
 インタビュアー：ひとりで生活していて，話し相手がいない。
 B：お話し相手があまり普段の生活でいらっしゃらないような方も，実際あると思いますね。もちろん運動もされてると思うんですけど，運動よりもそっちの方が楽しくていらっしゃってる方もいらっしゃいますね。

そもそも男女問わず，フィットネスクラブYには運動するだけではなく，「話をするためにフィットネスクラブへ通う」というお客が多いようである。会話を楽しむという点では，前述のXと同様である。だが，そこにはXに特徴的だった排他性，とくに年配の客が若いインストラクターを排除するような傾向はほとんどない。むしろ，インストラクターも含め，家族のような雰囲気があるという。

 B：（年輩のお客さんは）すごくかわいがってくださいますし，逆に私の親は健在でも，その方たちはお子様がいらっしゃらない方だったりとか，か

わいがってくださいますね。私の下の名前，○○っていうんですけど「○○ちゃん，○○ちゃん」って親しみが強いというか，少し家族みたいに思ってくださる方が多くて，お弁当作ってきてくれたりとか。一人暮らしのスタッフに一人暮らしは大変だから持ってきてくれる方がいたりとか。いつもお世話になっていますって年末に何かもってきてくださるとか。そういう方がいたりとか。
インタビュアー：おもしろいですね。本当の親とだいぶ違うやろうし，もしかしたら本当の親より素直に言えることも。
B：そこもなんかの出会いなので，フィーリングが合うこともあると思うので，年齢が違っても男女の関係以外でも，フィーリングが合うっていう人もいると思います。

　フィットネスクラブは，基本的にプライベートな空間ではない。もちろん，そこで各々のライフスタイルが形成されることは事実だが，大勢の人びとがお金を払って同じ場所でトレーニングをするという意味では，都市社会のパブリックな空間である。しかしながら，そこでは世代を超えて，家族のような親密な関係が生じているのである。年配女性客が，ひとり暮らしのインストラクターにお弁当を作ってもってくる。下の名前で親しく呼びかける。このような関係は，お客とインストラクターを巻き込んで成立する「擬似家族的な関係」といってもよいであろう。とくに，年配客とインストラクターの関係にそのような傾向は強い。

　フィットネスクラブYの空間において，インストラクターは少なくとも一部の客にとってはただの従業員ではなく，重要な意味を持つ他者として存在している。そしてインストラクター自身も，仕事であるにもかかわらず，プライベートとパブリックの間をあいまいに揺れているような感覚をもっているのだ。「フィーリングが合うということがある」という言葉からも，そのことがうかがえるだろう。

画一化された空間を飼いならす

　以上，フィットネスクラブという都市空間を，利用者の特徴から分析してきた。言うまでもなく，そもそもフィットネスクラブとは，都市における「画一

化された空間」だったはずである。それは1980年代の消費社会にのるかたちで，コンビニやショッピングモールなどとともに誕生・増加していった。同じような施設，設備，プログラム，インストラクターの配置によって，それは全国各地の都市で成立している。当初，その場に期待されていたのは，各々の客が「健康」や「美」あるいは「流行」という都市的な「記号」を追い求めることだった。

しかしながら，この調査で明らかになったのは，その空間が多くの客によって，むしろ「飼いならされている」という事実である。そこでは，都市部における共同体の形成や強化，あるいは他者の「包摂」「排除」が日々おこなわれている。階層による仲間意識であろうが，「疑似家族」の形成であろうが，それは本来フィットネスクラブに期待されていたものではない。「画一化された空間」のなかに，階層性に担保された趣味嗜好や，家族的な人間関係への欲望がもちこまれ，客自身がその空間の意味を勝手に創り変えてしまったのだ。

1999年には，フィットネスクラブへ通う女性の48.0％が40歳以上の女性となった。[*8] 中高年女性はフィットネスクラブのなかでマジョリティを占めるようになり，一方で2010年代には，団塊世代の男性が一斉退職をむかえる。フィットネスクラブにこの世代の男性客が増えることも，十分に予想されるだろう。果たして，引退後の男性・女性たちがそれをどのように消費していくのだろうか。都市空間において，「画一化」と「飼いならし」の攻防は，まだまだ終わりをむかえることはないだろう[*9]。

〔註〕

* 1 「フィットネスクラブ」という名称が流通した後に，「総合型スポーツクラブ」と呼ばれる施設が登場するが，フィットネスクラブとの区別は厳密にされているわけではない。通商産業省の定義によると，前者は「次の三点を満たすもの。(1)屋内プール，トレーニングジム，フィットネススタジオの施設を有するもの。(2)指導員（インストラクター，トレーナーなど）を配置しているもの。(3)会員制の運営形態を採用しているもの」（通商産業省大臣官房調査統計部編 1989『平成元年　特定サービス産業実態調査報告書　フィットネスクラブ編』通産統計協会，2頁）となっているが，総合型スポーツクラブも一般的には同様の形態を有している。
* 2 井谷惠子・田原淳子・來田享子編 2001『目でみる女性スポーツ白書』大修館書店，125頁。
* 3 通商産業省大臣官房調査統計部編 1995『平成7年　特定サービス産業実態調査報告書　フィットネスクラブ編』通産統計協会。

V　無印都市の身体と自然

* 4 　A. ブレイク［橋本純一訳］2001『ボディ・ランゲージ——現代スポーツ文化論』日本エディタースクール出版部，35頁。
* 5 　R. パットナム［柴内康文訳］2006『孤独なボウリング——米国コミュニティの崩壊と再生』柏書房。
* 6 　Laura Ginsberg 2000 "The Hard Work of Working Out: Defining Leisure, Health, and Beauty in a Japanese Fitness Club", *Journal of Sport & Social Issues*, Vol. 24, No. 3, 260-281.
* 7 　河原和枝 2005『日常からの文化社会学——わたしらしさの神話』世界思想社，70頁。
* 8 　井谷ほか・前掲註＊2，127頁。
* 9 　なお，本調査は文部科学省科学研究費助成，2005年度〜2006年度，(基盤研究(C))，「フィットネス・クラブにおけるジェンダー・アイデンティティ構築様式の変容について」(研究代表者は西山哲郎。執筆者は研究分担者。課題番号：17510228) の援助を受けている。

もっとかんがえる

- フィットネスクラブの立地場所によっても，利用の仕方が変わってくる可能性は十分に考えられる。乗換駅の近辺にあるのか，あるいは住宅地の中にあるのか，あるいは駐車場を完備しているのかなど，それぞれの条件ごとに利用客の特徴がみられるかもしれない。
- そもそも，フィットネスクラブは画一化された空間ではあるが，個々人によって利用の仕方はさまざまである。たとえば，黙々とひとりでトレーニングに励む客，仲間づくりに励む客。あるいは本来の使用方法から完全に逸脱して，お風呂やサウナに入るだけの客，インストラクターと話すだけの客などもいる。それらを類型化し，ジェンダーや世代などから分析してみるのもおもしろいだろう。
- フィットネスクラブは，もちろん日本特有のものではない。したがって，国際比較も重要な視点になるだろう。たとえば，R. パットナムによると，アメリカにおけるニュースポーツの空間（スノーボードやフィットネスクラブなど）は，伝統的なスポーツ（かつてのボーリングなど）と比較してSCの機能が極めて貧弱であるという。

ブックガイド

河原和枝 2005『日常からの文化社会学——わたしらしさの神話』世界思想社
日本でフィットネスクラブについて論じた研究としては，必読文献である。フィットネスだけではなく，消費社会と女性文化の関係について，ファッションやスポーツなどの視点から分析している。

I. ボーデン［齋藤雅子・矢部恒彦・中川美穂訳］2006『スケートボーディング，空間，都市——身体と建築』新曜社
スケートボーディングを事例として，都市空間や消費社会，あるいは現代建築への

批判を描き出している。身体文化とサブカルチャーを軸にし，都市社会に対する文化的抵抗をテーマにした論考である。

井上俊・菊幸一編著 2012『よくわかるスポーツ文化論』ミネルヴァ書房
　競技スポーツの歴史や現状だけではなく，消費社会とスポーツの関係，あるいは現代におけるストリートスポーツなど，都市文化としてのスポーツについても基本的な事柄を学ぶことができる。

〔高井　昌吏〕

Column 9　ラウンドワン

欲望なんてラウンドワンが教えてくれる

　ラウンドワンは何屋さんなのだろうか。ボウリング場という人もいるかもしれないし，ゲームセンターだという人もいるかもしれない。あるいはカラオケ屋さん，またはそのすべてだという人もいるかもしれない。店舗によっては，フットサルやバッティング，ゴルフ打ち放し，3on3 などが遊べる「スポッチャ」なんて設備まである。もはや何でもありの「遊び場」である。そう，そこには，「私たちの欲しいものが何でもある」のである。人びとの好みが多様化し，流行も移ろいゆく今日，こうした多幸的な空間はどのように成り立っているのだろうか。

ラウンドワンの成り立ち

　長期の景気低迷に多くのレジャー産業が苦しんでいる一方で，好調を維持してきたラウンドワンは特異な存在である。そんななか，社長の杉野公彦氏によるラウンドワン創業の逸話は，業界ではもはや神話化されつつある。1970年代，父が副業で始めたローラースケート場（元はボウリング場）でアルバイトをしていた杉野氏が，平日でも暇な大学生を集めるために，ボウリング場やゲームセンター，ビリヤードなど，思いつく限りの屋内型アミューズメント設備を詰め込んだ施設を企画した。それが1982年に誕生したラウンドワンのルーツだという。

　その後，地元・大阪を中心に2号店，3号店と拡大し，今では全国に100店舗以上を数える（2012年3月期現在）。こうして拡大したラウンドワンの店舗は，大きく分けてロードサイド型と繁華街型の二つに分類されるが，そのほとんどが前者のロードサイド型である。これは，ショッピングモールなどの大型商業施設の展開と同様の，「消費の郊外化」のひとつのあらわれとみてとることができる。

都市に寄生するラウンドワン

　だがここで興味深いのは，数の上では少数の繁華街型店舗である。2000年8月には梅田店（大阪），2001年3月には京都河原町店，7月に三宮駅前店（神戸），2002年4月には横浜駅西口店という具合に，2000年代に入って，都市部に繁華街型店舗が次々に進出してきている。こうした繁華街型店舗は，敷地面積が広くとりにくい一方で，鉄道駅に近いため駐車場は最小限あるいは無しで済み，近隣に飲食店もあるのでわざわざ「複合化」するまでもない。つまり経営側からすれば投資効率が良い。ロードサイド型店舗が，郊外に都市をまるごとつくりだすものだとすれば，繁華街型店舗は都市に寄生し，都市の延長線上に成り立つのである。

この既存の都市との連続性は，特定の目的を持たない遊歩者を誘いこむことに成功する。休日にショッピングやデートでやってくる若者たちはもちろんのこと，平日の昼間にも，暇つぶしの高齢者，営業の合間に休憩するサラリーマン，子どもの送り迎えの母親などがメダルゲームに興じる。夕方になると放課後の中高生，夜になると飲み会後の大学生やサラリーマンのグループがやってきてカラオケやボウリング。うっかり終電を逃しても，深夜も営業しているのでそのまま遊び続けることができる。このように，ラウンドワンは，私たちの都市経験の隙間にすべりこんできている。そして私たちはいつも気がつけばそこにいるのである。

遊びが誘発される「しかけ」

　こうしたラウンドワン繁華街型店舗の遊歩性は，その店舗の内部においても徹底している。ボウリングの順番待ちをしている間に，プリクラを撮ったり，エアホッケーをしたり。そんなことをしているうちに，順番がくる。ボウリングをしたら，メダルゲームで使えるメダルが無料でプレゼントされる。そんな風に，ラウンドワンには自動的に遊びが誘発される「しかけ」が張り巡らされている。私たちはただそれに身を任せるだけでいい。

　「タレントを呼んで大きな花火を打ち上げるより，線香花火みたいに，いつ誰が来ても予約なしに自由に参加でき，ワッと騒いで瞬間的に終わるイベントのほうが大事なんです」。こうした杉野社長の戦略はまさに，ゲリラ戦のそれを思わせる。ラウンドワンにやってくる人びとの多くは，明確な目的などなく，ただ何か楽しいことはないかと迷い込んでくる。それゆえ一発で戦況を決定するような「主戦場」はなく，状況に応じて小さな罠をしかけていくだけである。

　そう考えると，ラウンドワンはさまざまな遊びの「ニーズ」に応えているというより，その「ニーズ」という考え方そのものを無効化するかのようである。ラウンドワンという空間に足を踏み入れたら，自分が何をしたかったのかなんて，後から気付かされるものだから。そうそう，これこれ，こんな遊びがしたかったんだ，といった具合に……。

〔参考文献〕

　　「経営戦記　杉野公彦　ラウンドワン社長18歳から始めて起業30年　発展を支えた飽くなき『事業欲』」（『月刊BOSS』2010年7月号）。

　　ラウンドワンホームページ（http://www.round1.co.jp/）。

〔木村　至聖〕

17 都市近郊の海浜ゾーン
ビーチの脱舞台化・湘南

🚴 湘南を観察する

▧ 湘南を歩く

　2012年8月某日。あらためて真夏の「湘南」に向かう。

　江ノ電の江ノ島駅に降り立ち，代表的なビーチである江ノ島海岸（片瀬海岸東浜）を目指した。改札を抜けてすぐに小さな踏切を渡ると細い一本道が続く。そう遠くはないので，ところどころ寄り道をして，きょろきょろと観察しながら，のんびりと歩く。「海で何して遊ぶ？　街にはない宝物がいっぱい！」──。ちょうど小田急線片瀬江ノ島駅を横切るあたりでひときわ目立つマリンスポーツショップの看板が目に入る。これを横目で見流すと，強い潮の香りとともに，アスファルトに散った砂がじゃりじゃりとビーチサンダル越しに響いてくる。高ぶりをぐっと抑えながら歩道用トンネルをくぐってゆるやかな坂道を上ると，広大な海と空，海水浴客の群れが一気に目に飛び込んできた。

　砂浜をぶらつくには少々着込みすぎた自分に気恥ずかしさを覚えつつも，とにかくビーチ全体を見渡せるポイントを探す。砂に足をとられながら，海の家の執拗な勧誘を断りながら，あたりを見回して歩き続ける。そしてようやく砂浜と道路のはざまに位置するコンクリートの階段を居所と定めて腰を下ろした。ある人物やグループを注視して，さまざまなアクションの顛末を追いなが

ら，数時間ぼんやりと観察をおこなう。目新しい動きがなくなってきたら，今度は景観にも目を配りながら海岸沿い国道134号線の歩道を鎌倉方面に向かって歩いてみる……。

このような怪しく淋しい観察行動を経路や時間帯を変えて数日にわたりくり返した。

三つの違和感：〈見慣れた都市的風景〉・〈脱力した行動〉・〈どぎつい身体〉

これらの観察を通して感じとったことがらは多々あるが，ここではとりわけ私のなかに残ったいくつかの違和感を問題にしたい。

まずは海岸周辺におけるあまりに〈見慣れた都市的風景〉の広がり。これがひとつ目の違和感だ。多くの者が平坦な日常生活にちょっとした非日常の彩りが添えられることを期待して海浜ゾーンを訪れているはずである。考察のためにと前もって自分をセーブして訪れたはずの私も，いざ駅に降り立つとついそわそわとしてしまう。ところがどうだろう。駅から砂浜への経路や沿岸の国道には，チェーン店のコンビニ，ファーストフード，ファミレス，牛丼店，焼肉店，ラーメン屋が立ち並び，都市の日常的な風景が節操なく広がっている。すると私の浮ついた感情は幸か不幸か日常的な平穏さへと引き戻されていくのである。

二つ目は，ビーチでの〈脱力した行動〉の数々。ビーチとは，肌の露出，日焼け，遊泳，ボール遊び，花火といった解放的な活動を心置きなくおこなえる社会的空間であるのだが，まさにこういった空間においてそれらを淡々とおこない，それなりに満たされて帰っていく……。ナンパなど仲間グループ以外との交流も思いのほか少ない。これらの行動に何も悪いところはないのだが，その拍子抜けするほどの淡白さが私にはどうも味気ない。

しかしながら——いやそれゆえにというべきなのだろう，三つ目として，〈どぎつい身体〉とでもかりに表現しておきたい表象が目に焼きつく。過度にも思える，露出，鍛え上げられた肉体，タトゥーなど，そこで呈示されている身体が私には"どぎつく"感じられた。たしかにこれらはそれじたい過激な身体表象でもあるのだが，しかし私のなかの"どぎつい"感触とは，その過激さゆえに"どぎつい"ということとは微妙に異なる。あえて言い表せば，平板に異物

V 無印都市の身体と自然

が闖入してくる——そういった種類の"どぎつさ"なのである。[*1]

ここで私の目をひき違和感を生じさせているのは，おそらく1990年代初頭に湘南をたびたび訪れていた私のなかの湘南イメージとの差異である。本章では，この違和＝差異を携えて手掛かりとしながら現在の湘南の文化的様相へと迫ってみることにしよう。

アッパーな若者文化の「舞台」としての湘南

実体なき「湘南」

ここまで何の説明もなしに触れてきたが，そもそも「湘南」とは一体何だろうか。慣れ親しんだ者にとっては愚問に思われるだろうが，じつは湘南を実体として指し示すことは意外に難しい。たしかにそれはある地理的な呼称に違いない。しかし正確な地域を問われたら，その応答が容易ではないことにすぐ気づかされるはずだ。一般には神奈川県南部の相模湾沿岸地域あたりという共通認識があるが，それは厳密に地図上で画定できるものではなく，ちょうどわれわれが「下町」と呼ぶものと同種の漠然とした呼称にすぎない。だから公的なレベルでの区分を参照してみても，行政による区域，気象情報の区域，自動車の「湘南ナンバー」の適用区域とで複数の湘南が存在してしまう。[*2] 呼称の発祥についてもまた，中国出身のある商人が大磯の海辺を故郷中国の湘江の南方（「湘南」）の風景と重ねて名づけたとされる説，この中国の湘南がかつて禅宗のメッカであったことからその伝播とともに広まったという説，またこの地がかつての相模国の南にあたるため相南にさんずいが付いて湘南と変化したという説など，諸説あってその起源は定かではない。

にもかかわらず湘南イメージすなわち文化的空間としての湘南は，地理的な場合とは対照的に，奇妙な実体性を感じとれるほどにわれわれに広く浸透している（「湘南ブランド」）。それゆえ湘南ナンバー抗争にみられるような「湘南ぶん捕り合戦」[*3] がこれまで各所でくり返しおこなわれてきた。つまり「湘南」というのは，観光地が往々にしてそうであるように，すぐれて社会的な構築物なのである。

▨ アッパーな若者文化の舞台

　東海道の宿場をのぞいてもともと農漁村にすぎなかったこのあたりの地域は，明治期（1870年代以降）の海水浴文化の流入とともに海水浴場が各地に開設されて一般に知られるようになった。それとともに葉山御用邸の完成（1894年）や徳冨蘆花の「湘南雑筆」（1900年）がベストセラーになったことをうけて，富裕層の高級リゾート地としても当時の人びとの間に広まっていく。しかしながら湘南が他の海浜地区と一線を画すような決定的なイメージを獲得することになるのは，映画『太陽の季節』（1956年）の舞台として取り上げられたことによるものが大きい（原作は石原慎太郎による芥川賞受賞作の小説で，昭和の大スター石原裕次郎のデビュー作でもある）。ここで描かれた反抗的な若者像が当時強いインパクトを与えて社会現象となり，これに感化された若者たちは「太陽族」（大宅壮一）と呼ばれたのである。このエポックメイキングな作品によって，湘南はその後長らく続く若者の文化空間としての強力な舞台性を獲得する。ここで各々に詳しく立ち入る余裕はないが[*4]，たとえば1950年代後半の反抗的な若者像を支える舞台から，1960年代には健全な若者像（加山雄三の「若大将シリーズ」：1961～71年まで全17作）も付加され，また，およそ1970年代以降の「サーフィン」[*5]，1980年代以降の「暴走族」（『湘南爆走族』：『少年KING』1982～88年連載，87年映画化），さらには1960年代以降脈々と続いている「音楽」（「湘南サウンド」：加山雄三，サザンオールスターズ，TUBEなど）という具合に，それぞれが文化的厚みをもつ領域を幾重にも積み上げながら，湘南はぎらぎらと活気のある若者文化の大きな「舞台」であり続けた。訪れるたびに何かがありそうと，つい浮つきアッパーになってしまうほど私のなかで強く印象づけられている湘南イメージは，このような分厚い文化遍歴を背景にした舞台装置に支えられていたのである。

　私がたびたび訪れていた1990年代初頭の湘南には，このような力強い「舞台」の輝きがまだ十分に残っていた。そのためここに足を踏み入れるさいには，『Fine』（サーファー系ファッション誌）あたりでファッションやお店を事前にチェックするなど，その場に"なじむ"ための準備や"背伸び"が強いられる妙な緊張感があった。こうして浮ついた多くの若者が，ふだんとは異なる刺激的な何かを期待し，恋人や友達を連れ立って溢れかえる。もちろんここに"何か"

が実体として転がっているわけではない。正確にいえば，そのように期待する者どうしのコミュニケーションを潤滑に接続させ，そのかぎりで時折ほんとうに何かがありうる，あるいは少なくともありえそうだと実体的に幻想を抱かせるような——まさに社会的構築物としての——「舞台」を当時の湘南が用意していたということである。

しかし冒頭でも書いたように，このようなアッパーな若者文化の舞台としての湘南がこんにち変質してしまったようなのだ。次節では「湘南」にかんする雑誌記事をデータにしながら現在の湘南文化の様相へと迫っていこう。*6

「脱舞台化」する湘南

アッパーからダウナーな文化の舞台へ

対象記事を概観する限り，湘南は1990年代半ばあたりまでアッパーな若者文化空間としてその舞台性が機能していた。とりわけ記事数の多い恋愛文化に関するものをここでは確認しておこう。《彼と出会った湘南の海へ再び。誰もいない海は2人の愛のスクリーン。映画の主人公のつもりで波うち際を歩く。》(「デート・プラン特集号　海が見たくて，彼と湘南へ。」『an·an』1983年10月21日号)——。たとえばこのような記事に典型的なように，ふだんとは異なる自分を引き出し，デートを盛り上げるために演出してくれるような舞台として湘南はイメージされ，その期待に十分応えていた（「夏はゼッタイ湘南太陽族で決める！完全無敵のデートスポットマニュアル」『スコラ』1988年8月11日号）。当時公開された映画『彼女が水着にきがえたら』(1989年)はこのあたりの雰囲気をよくあらわしている（「映画『彼女が水着に……』は，湘南の最新デートバイブル」『GORO』1989年4月27日号）。"Urban Marine Resort Story"という英語のタイトルが添えられた本作品は，敵と戦いながら海底に沈んだ宝物を探すという至極凡庸なストーリーが進行するのだが，ここでロマンとしての宝物の発見と主人公男女2人の恋愛の結実とが重ね合わされて描かれていることは本稿において示唆的であろう。ロマンとしての恋愛に期待を抱かせ（"何かがありそう"），これを発展させる場として湘南が舞台化されているからである。

ところが1990年代後半以降，湘南という舞台の性格が変質していく。まず

1997年前後では何かのタガが外れたかのように，身も蓋もない直接的なセクシュアル表現を含む記事が目立ってくる（「ボクらの時代のナンパのメッカで取材した最近の初体験事情！　湘南」『SPA!』1996年9月4日号／「決定！97年夏，湘南で最もエグかったのはこのコだ！」『スコラ』1997年8月28日号）。そして2000年代に入ると，このセクシュアル系の高まりがまるで最後の火花であったかのように（ただしデート系・セクシュアル系ともに定番ネタとしては残る），アッパーからダウナーの方向へとその性格が大きくシフトしはじめる。着目すべきキーワードとしては"食"・"歩き"・"スローライフ"あたりが挙げられるだろうか。1990年代までは恋愛のほうが主目的でそのためのネタや口実として湘南を訪れていたとすれば，2000年代以降はその重心が変わり，"食"へのフォーカスが強調されて恋愛がむしろ副次的になっている向きがある（「鎌倉&湘南　山がおいしい，海もおいしい107軒」『Hanako』2008年5月8日号）。移動手段もドライブ（「湘南ドライブデート ROAD & DATE SPOT MAP」『GORO』1988年6月23日号）から"歩き"が強調されてくる（「のんびり！　ウキウキ！　鎌倉&湘南　グルメと雑貨とお散歩と」『Hanako』2004年4月28日号）。そして2000年代半ば以降は，よりはっきりと"スローライフ"・"LOHAS"といった言葉が，湘南と関係づけられて登場してくるのである（「湘南スローライフ的な暮らし方」『BE-PAL臨増』2007年8月20日号／「LOHASな湘南散歩」『Oz magazine』2006年8月7日号）。

　以上をふまえると，現在の湘南という舞台の変貌は「アッパーからダウナーな文化空間へ」という大きな図式によってひとまず把握することができるのかもしれない。しかしながら，もう少し記事の細やかな傾向に分け入ってみると，このシフトはけっして力強い単線の矢印でもってあらわされるようなものではなく，もっと複線的に込み入った内実が発見できるのである。

「脱舞台化」する湘南

　指摘しておくべき第一の点は，このシフトの要因には文化の担い手の変動が大きく絡んでいるということである。マンション乱開発の地域問題化や新たな小学校の開校といった動きにもあらわれているとおり，子育て世代の湘南移住ブームが続いている（「ビーチサイド移住計画　満たされたいから海辺に暮らす」『Lightning』2003年7月号）。すると"スローライフ"・"LOHAS"をはじめとする

ダウナー文化のせり上がりには、その担い手による経年効果——世代相応に"老けた"——が関わっていることがみえてくる。[*7]

　第二の点は、現在の湘南という文化空間がかつての一枚岩的な舞台性にみられるような求心力を欠いているということである。ダウナー的性格を基調低音としながらも、こぢんまりとした文化のさまざまなバリエーションが広がってきている。一点目と関連づけてその一端だけ示すと、上記の新規参入者（移住者）を含む旧・若者世代の場合は、かつての記憶を動員しながら現在の湘南をノスタルジックに読み替えたりする（「"サザンの夏"をもう一度　おとなの湘南物語」『日経おとなのOFF』2008年9月号）。これは比較的理解しやすい現象であるにしても、興味深いのは、対する現・若者世代のほうである。なるほど記憶をもたないこの世代にとって湘南とは、それなりの「自然」を残す、たんなる解放空間にすぎないのかもしれない。彼（女）らはこの空間に対してじつにシンプルに身体性でもって向き合おうとする。これにもいくつかのバリエーションが見受けられる。あるときはこの解放空間をじつに"機能的"に読み替えてそこに身体を投げ出す。たとえば近年ビーチでの音楽イベントが盛んだが（「LiveReport『湘南音祭』」『oricon style』2005年6月27日号）、ここで湘南は、巨大なキャパシティと解放感の供給をともに満たす、音楽イベントに最適な"ハコ"としてある。またあるときには"超越的"な空間として読み替えてそこに身体を投げ出す。たとえば「ビーチヨガ」は、湘南に残された「自然」とスピリチュアル的なものとをゆるくすり寄せる具体的方法のひとつでもあるだろう（《自然のパワーに包まれながら心と体を解き放つ幸せな時間》「心をゆっくり満たす　ビーチヨガを体験」『Oz magazine』2012年8月号）。

　これらの動向は、いうなれば、これまでアッパーな若者文化の場を提供してきた湘南における「脱舞台化」の具体的な現われである。期待された演者が登場せず、かわりにまだこなれていない者たちが舞台上によじ登る。そして残された舞台装置から各々目をつけたものを活用しながら、ある者は記憶を動員して、似て非なる物語を演じている。またある者はシンプルに身体を動員して、音楽に合わせて踊ったり、ここではないどこかへと耽ったりしている。戯画的に描き出せば、現在の湘南はこのような行き届かぬ即興劇にも似た文化がくり広げられているのである。

17 ビーチの脱舞台化・湘南〔都市近郊の海浜ゾーン〕

舞台なき舞台から

三つの違和感・再考

　脱舞台化して敷居が下がり，都市との境界が不鮮明になった現在の湘南には〈見慣れた都市的風景〉が流れ込む。都市的なチェーン店が立て続いて進出してくるのは2000年代半ば頃のことだ。しかし流れ込むのは風景ばかりではない。行動様式も同様である。かつての記憶をもたない現・若者にとって湘南は，都心からアクセスの良い解放空間のひとつにすぎない。このような空間では，〈脱力した行動〉——「身散じ」(1章)に通じるであろう——こそが適当なものとなる。薄着・遊泳・砂浜での運動・花火などからそこそこ解放的な快楽を享受しつつ，日焼けによって海に来た証を刻印して，日常のちょっとした変化を獲得する。こういったそれ以上でもそれ以下でもない等身大の解放的な活動で満ちている。そしてもちろん舞台性なきところに演技的な身振りも不要である。悪ぶって誇示する感じや異性の目を強く意識したアピールが希薄で，ひたすら自分や仲間内での快楽に志向する。そのように観者（＝他者）への関心が閉じられた「脱舞台」上において，過激な身体表象だけが平板に差し出されている——。この目をひく身体表象が何に向けられているのか不明瞭なまま過激さだけがむき出しになっている——。これこそが私が感じとった〈どぎつい身体〉にほかならない。

「脱舞台」における快楽

　観者である私は，この舞台なき舞台上で展開する，まるでパッチワークのような"即興劇"を両義的な想いをもって眺めている。
　「脱舞台」という収まりの悪い消極的な表現から思い切って「脱」を取り払い，新たな「舞台」として現在の湘南を描き出そうと幾度も試みながら，なかなか踏み出すことができない。その文化の頼りないあり様を前にして，苛立ちにも近いもどかしさを感じつつ，そこに立ち現れる身体の"どぎつさ"に辟易する。しかしこれらの反応は，かつてのような力強い舞台性を期待する者の身勝手な欲望をあらわすにすぎないのではないか……。この頼りない舞台へその

V 無印都市の身体と自然

まま平板に身体を投げ出すその率直すぎるほどの快楽を受けとめるとき，そのように思い直しもするのだ．湘南を"たんなる解放空間"として消費することじたいを評価しているのではない．この快楽をきちんとみつめることによって，現在の湘南に対する文化的な意味＝実践の書き換え可能性が広がっていくようでどこか瑞々しい感触をもつこともまた事実なのである．

このように身体をシンプルに投げ出すにせよ，はたまた湘南をかつての余韻から局地的に再構築するにせよ，「脱舞台」上に猥雑に広がったパッチワーク状の文化それぞれの中に，現在の湘南文化の快楽がこぢんまりと，しかし確実に生み出されている．今後これらの"パッチ"たちは，幸福な化学反応を引き起こして魅惑的な模様を織りなすのであろうか．それともふたたび新たな大きい一枚の布によって力強く覆い尽くされるのであろうか．興味惹かれる問題ではあるが，この行く末に思索をめぐらすにはもう少し時間が必要なようだ．

〔註〕
* 1 夜8時過ぎの片瀬江ノ島駅．暴走族のメンバーと思われる青年が，駅前で，たった2人で，それ風のバイクにまたがってごく自然に談笑している——．たとえば観察時に遭遇したこのような光景も"どぎつく"印象に残っている．「暴走族だから」"どぎつい"のではない．むしろこちらとしてみればまさに彼らをそれとして認知したいのに，群れることも圧迫感もなくあまりに平板にそこに存在しているがゆえにそうなのだ．「暴走族なのに」，怖がることも迷惑がって眉をひそめることもできない．そういった落ち着きどころの悪い"どぎつさ"なのである．
* 2 それぞれ以下を参照．神奈川県の行政による区分（http://www.pref.kanagawa.jp/cnt/f219/p418363.html），横浜地方気象台の二次細分区域（http://www.jma.go.jp/jma/kishou/know/saibun/kanagawa.pdf），湘南自動車検査登録事務所による管轄区域（http://www.mlit.go.jp/jidosha/kensatoroku/sikyoku/map/0409.htm）．
* 3 橋本玉泉・岡島慎二 2010『これでいいのか湘南エリア』マイクロマガジン社．
* 4 このあたりの変遷については，以下の文献の第3部「多様化する湘南」が良くまとまっている．「湘南の誕生」研究会 2005『湘南の誕生』藤沢市教育委員会．
* 5 『POPEYE』1977年5月25日号では，サーフィンと関連づけてはじめて湘南の特集が組まれた．《茅ヶ崎から鎌倉へかけてのこの部分は湘南といっても特に独立したひとつの土地柄を形成している．形成させているのはもちろん人，その人とはサーファーたちなのである．》（「特集　湘南カウンティー」）．
* 6 ここで扱うデータは，大宅壮一文庫の雑誌記事索引検索において「湘南」というキーワードでヒットした1983年10月から2012年8月までの記事2178件である．以下，内容に関連する典型的な記事名を括弧内に随時挙示する（《記事からの引用》「記事名」『雑誌名』刊行年月日），が，紙幅の都合で内容を一部省略しているものもある．
* 7 購読年齢層を高めに設定した雑誌『湘南スタイル』（エイ出版社）は1998年に創刊されて

現在まで安定した支持を獲得している。2010年には湘南エリアの子育て世代に向けられたフリーマガジン『湘南子育てライフ』（湘南海童社）が創刊されている。

🖐 もっとかんがえる

- ある特定の文化に絞って湘南の現代的様相に切り込んでいくことは，しまりのある魅力的なアプローチとなる。サーフィン文化，暴走族の高齢化（「旧車會」）が進むヤンキー文化，ビーチの自然保護運動，または寺社を多く抱える"歴史的"な都市・鎌倉との関係から湘南を捉え直す観点も興味深い。
- 都市近郊の海文化という切り口でいえば，代表格であるサーフィン文化ではその「神話」の解体と再構築といったこんにち的な動向が関心をひく。情報化（波乗りポイントの公開や波状況のライブ配信）などにより文化の平板化が進行する一方で，波乗り経験の神秘化，サーフィン"伝説"の召喚といった反動的な動きも同時に出てきているのだ。
- 他の「都市近郊の海浜ゾーン」ではこんにちどのような文化的な変動が発見できるだろうか。本章で対象にした湘南文化の場合と比較してこれとの共通点・相違点をともに意識しながら分析を進めていくと実り豊かな考察になるだろう。

📖 ブックガイド

「湘南の誕生」研究会 2005『湘南の誕生』藤沢市教育委員会
湘南誕生の経緯，観光地としての成熟，1990年代までの湘南イメージの構築といった観点を軸にしながら，湘南を詳細に調べあげた論考が多数収録されている。湘南に関心を抱いた者はまず本書からとりかかるのが良い。

ロバート・B. エジャートン［和波弘樹・和波雅子訳］1993『ビーチの社会学』現代書館
ビーチを考察した社会学の基本書のひとつ。豊富なフィールドワークからビーチという空間の社会秩序をていねいに分析した本書は，ふだんわれわれが自明視するこの社会的空間を異化するための入口となる。

北田暁大 2011『増補　広告都市・東京――その誕生と死』筑摩書房
都市のみならず，より広く現代社会について考えるうえでも重要な論点が数多く含まれている触発的な都市文化論。ちなみに本章で論じた湘南の「脱舞台化」という着想は，本書の渋谷論からヒントを得ている。

〔角田　隆一〕

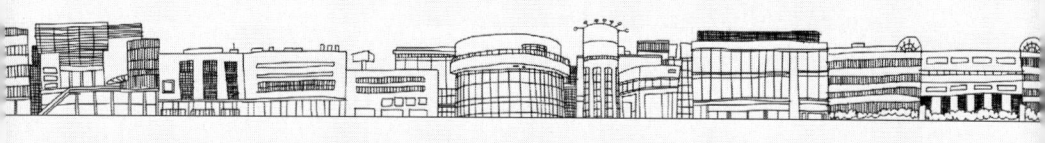

VI

無印都市の歴史と伝統

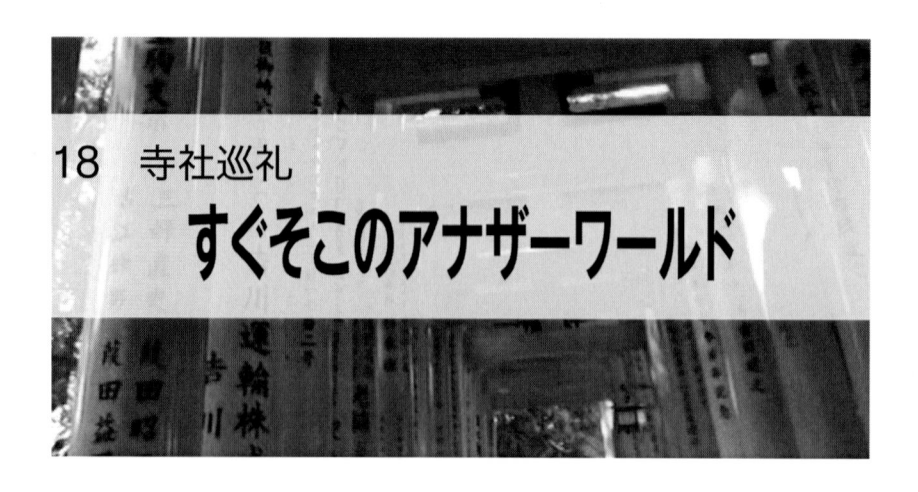

18　寺社巡礼
すぐそこのアナザーワールド

🚲 異世界の静寂のなかで名刺の束に出会う

　外国からの旅行客を京都の伏見稲荷大社に案内することになった。作法を聞かれたら困るから、まずは本屋に行った。驚いたことに、寺社巡礼に関する本が何種類も旅行ガイドの棚に置かれている。「パワースポット巡り」として、全国の雰囲気のいい寺社を案内するもの（最寄りの温泉地紹介付き）、「仏像に会いに行く」として、奈良・京都の有名仏像を紹介するもの、四国、西国巡礼の本格的指南本など……。あまり気にしていなかったが、寺社を訪ねてまわることは、観光として今とても人気があるようだ。

　緑の森に浮かび上がる朱色の千本鳥居は、何度訪れても美しい。そこそこ人はいるのに、なんとなく静かだ。神社の持つ雰囲気がそうさせるのだろうか。二手に分かれる鳥居の道をくぐり抜けると「奥の院」だ。「おもかる石」が置いてある。これは、願い事が叶うように念じつつ石を持ち上げてみて、予想より石が軽ければその願い事が叶うとされている「試し石」だ。カップルが真剣な顔で持ち上げている。ふたりの未来を願っているのだろうか。ここでふと、千本鳥居をふり返る。するとなにやら文字が書かれていることに気づく。鳥居を奉納した人の名前のようだが、よく見ると社名だ。先ほどまで異世界への入り口であるかのようにたたずんでいた鳥居のトンネルは、裏側からみると、な

んと名刺の束だった。近くの会社ばかりではない。なんだか，とても不思議な気分。ここは異世界かと思っていたけど，そうではなかったのか。この1本1本は商売繁盛の願望なのか。経費で落ちるのか，だとすれば費目はなんだ，交際費？と混乱しつつ道を戻る。最後にくぐるひときわ大きな一番鳥居。そこには黒々と，「電通」と書かれていたのだった。

　伏見稲荷ほど有名でないにせよ，どのまちにもひとつやふたつ寺社はある。ビルに囲まれた都市部でも，森っぽいものを見つけたらそれはたいていお寺か神社だ。高校日本史では伽藍配置の変遷を学んだけれど，構成そのものは現在もほぼ変わらない（都市にはビル寺院もあるけれど）。江戸時代には寺請制度という「ホーム寺社制」が敷かれていた。そして人びとは時に，「お伊勢参り」など遠方の有名な寺社へ出かけていった。寺社巡礼はかなり流行っていたという。

　現代のわたしたちは，かつてほど寺社と密接な関係を維持していないかもしれない。けれど仏像を見てまわること，寺社を巡ることはやっぱり流行っているし，日本一有名な広告代理店は日本一の稲荷社に広告を出している。寺社と無印都市に暮らすわたしたちとのかかわりは，どのようなものだろうか。

寺社空間を訪れることの意味

都市の「裂け目」：都市空間における寺社

　一般的な現代人の日常にとって，寺社空間は異質である。広い敷地に生い茂る緑，点在する建物は高くても5階建て（五重塔）だ。ここは高層ビルや高架道路が当たり前となっている現代的な空間利用法とは，異なる理屈で成り立っているのだな，と感じさせる。かといって，寺社の異質さは都会のビル群のために際立つのではない。たとえ田園風景のなかに「鎮守の森」や「お堂」が溶け込んでいたとしても，寺社は人びとの生活のなかに必ずしも溶け込んではいない。結婚や死亡といった重要なライフイベントで現代人が必ず連絡をとるのは寺社ではなく，行政機関であり冠婚葬祭業者なのだ。

　都市における寺社空間の特徴について，伊藤毅は寺社が行政力を持っていた中世都市の分析から，核（＝本堂等の寺社中心施設）を中心とした同心円状の広がりで，明確な結界を持つ閉鎖系の空間だと説明している[*1]。寺社空間とは宗教

VI　無印都市の歴史と伝統

的価値観があまねく行き渡る，俗世間（＝町）とは一線を画した空間なのだ。しかし，バッファも存在する。空間的には境内であり，時間的には縁日がそれだ。伊藤によれば，境内は，寺社の中心から見ると周縁部にあたる。しかし一転して寺社の外からみると，参拝客が集まる「にぎわいの場所」とみなせるのだ。同じように大野秀敏は都市における寺社の持つ異質感を，「都市の裂け目」と表現する。[*2] 都市の裂け目というのは，空間的には谷や川沿いといった都市計画の乱れや途切れたところのことで，都市機能からすると周縁部である。そのような場所が，江戸時代に「名所」となり，大衆を集めていたというのである。

この「機能的にさして重要視されていない空間に人が集まる」感じは，現代の寺社空間にもあてはまる。大阪市内で寺町といえば上町台地だが，ここでは境内空間や寺社の持つ劇場や集会所で，多くのイベントがおこなわれているのである。[*3]

〰 はるばるアウェー感：都市生活と巡礼

生國魂神社境内で毎年おこなわれる上方落語界の重要イベント「彦八まつり」に出かけることは，騒々しいイベントによる寺社空間の消費だが，もっと静かに寺社を訪ねゆくこともひんぱんにおこなわれている。これを「参詣」や「巡礼」という。弘法大師ゆかりの寺を四国中88ヶ所巡る「四国八十八ヶ所」や，近畿地方を中心に観音像を巡る「西国三十三所」が有名だ。こう書くと複数箇所が必要かのようだが，キリスト教やイスラム教では，「エルサレム」や「メッカ」という一箇所を目的とする巡礼がある。もちろん日本にも，伊勢神宮を目的地とする「お伊勢参り」がある。要するに参詣も巡礼も，訪ねる箇所数は問わず，その宗教が大切にしている場所へ出向き，礼拝することを指している。といっても，クリスチャンが毎週所属教会へ礼拝に出かけることを「巡礼」とは言わない。ホームを離れ，見知らぬ土地（アウェー）へはるばる出向く「感じ」が巡礼には必要だ。こういうわけで巡礼の3大要素は，聖地，巡礼者，巡礼路と言われている。[*4]

ところで「はるばるアウェーへ」は，江戸時代の庶民にとっては憂さ晴らしの手段だった。旅が容易になった江戸時代の庶民は，寺社巡礼にかこつけてハレの行動としての旅に出かけ，巡礼路の道中で憂さ晴らしをしたという。[*5] 現代

のわたしたちは簡単に移動するし，憂さ晴らしの手段も多く持っているから，巡礼をハレの行動と決めつけるわけにはいかないが，それでもやはり寺社を訪ねることは「ちょっとした」カタルシスであるかもしれない。移動は簡単になり，土地ごとの特色を見つけにくい現代，本気で「はるばるアウェー」することは結構難しい。一方で，寺社巡礼における「はるばるアウェー感」はさまざまな方法で演出され維持されている。たとえば，車で楽に来られるところをあえて徒歩で接近する。あるいは，観光バスで乗り付ける場合には装束をつけることで「はるばるアウェー感」を高める。寺社は都市空間のなかで異質なので，たとえ距離的に「はるばる」でなくとも，寺社内に際だった装置や振る舞いがあれば「アウェー感」が出る。寺社に巡礼はよく似合う。さっそくあちこちの都市の裂け目へと出かけて，さまざまな「はるばるアウェー感」を味わってみたい。

「はるばるアウェー」でカタルシス

ご近所でのアウェー：石切さんのお百度

近所のちょっと異質な場所を求めて，大阪府東大阪市にある「石切劔箭神社」(いしきりつるぎや)に行ってみた。大阪ミナミから電車で20分ほどである。駅の標高が神社より高いので，参道は下り坂だ。下町商店街の雰囲気を漂わせる参道には，豆などの乾き物を売っているお店，なぜか婦人服屋さん，神社に近づくにつれてせんべい屋とうどん屋が増える。東大阪のアンテナショップもあって，ゆるキャラ「いしきりんちゃん」が出迎えてくれる。しかしここが単なる商店街ではないことは，合間合間に点在する占い店によって知れる。ふつうの商店街にはこんなに占い店の需要はない。ごった煮的参道商店街を抜けると，右手に鳥居。そして境内を時計回りに黙々と歩いている人びとの姿がある。平日の午後だが，15人ほどいるだろうか。中高年の女性が多いが，男性や若い男女もいる。彼らは手に手にこよりをもって本殿を背に鳥居に向かって歩いてきて，「百度石」と刻まれた石柱に触れては折り返していく。お百度をふんでいるのだ。こよりは社務所に用意されていて，お百度をふむ人は使用することができる。石切神社は腫瘍治癒に利益があるとされており，快癒を願う人びとが多く訪れる。占

い店の多さもこのためだろう。なかには深刻な腫瘍のために祈っている人もいるかもしれないが、ことさらに暗い顔つきの人はおらず、かといって楽しげではもちろんなく、一様に淡々と歩いている。たしかにこれは身近な「はるばるアウェー感」である。人が祈る姿を日常風景で目にすることはない。けれど、背景を駅に変えさえすれば、一方向に人々が黙々と歩く様子は、朝の通勤風景そのものだ。それにしても静かだ。ここには同じ悩みを持つ人びとが集合しているわけだが語り合う場面はみられず、ただ足音だけが聞こえる。

　寺社では、同じ悩みや願いを持つ人びとが無言のうちにすれ違う風景が見られる。直接には他人の顔を見ない場合もある。商売繁盛を願う伏見稲荷の名刺の束や各地の天満宮の合格祈願の絵馬は、祈る人びとの残像だ。人びとは、異世界のルールに則って自分の祈願を表現する。どれほど深い思いも、ここではすべて定型で表現される。だからこそ、人びとは安心して祈願することができるのかもしれない。

見仏の世界：仏像のアウェー

　2010年に奈良県で開催された「平城遷都1300年祭」の関連イベントである、約50社寺による「秘宝・秘仏特別開帳」には約457万人が訪れたという[*6]。奈良県の人口は140万人くらいなので[*7]、他所からたくさん集客したことがわかる。仏像鑑賞は確かに流行っている。そんなわけで今度は「特別開帳モノ」に行ってみることにした。行き先は女人高野として知られる「室生寺」だ。伊賀に住む友人宅訪問の途中に立ち寄るといういい加減な動機だが、ちょうどその8月は金堂の諸仏公開中だったのである。

　出かける前に、まずは仏像鑑賞の方法について学ぶ。指南本の冒頭を見ると、仏像の細部を確認するために単眼鏡を準備するべきだと勧めてあった。ちょっと面倒なのでこれには従わず、実践者に学ぶことにする。仏像ブームの火付け役として名前が挙がる人物にみうらじゅんがいる。彼から学ぼう。彼の仏像鑑賞は、必ずしも宗教的・美術的な観点からおこなわれるわけではない。みうらには仏教と美術の素養がある。しかし彼は文化財的・美術的価値にかかわらず仏(ブツ)と出会っていく。本人がイラストを担当した『見仏記』には、「仏友」いとうせいこうの文章でその独特な姿勢が紹介されているので紹介したい。

(引用者注：中央の仏像を囲んで外側を向いている12体の十二神将見仏の場面で)
「いとうさん，こうやって走りながら見ると凄いよ．十二神将が次々に現れるからさ，もう仏像メリーゴーランド状態！」
　私の反応も待たずに，みうらさんはまた走り出した．相当の速度で須弥壇の周囲をグルグル回っている．あんまり楽しそうなので，私もやってみた．視界に現れては消える十二神将が，そのうち生きているように見えてきた．[*8]

　みうらは仏像を擬人化する．スナックのママに見立てたり有名俳優に見立てたりして理解していく．彼は自由に仏像の周りを走り回り，足元に寝転がって鑑賞する．仏教徒は悟りを開き「仏に成る」ことを目指すわけだが，みうらの仏との出会い方は，先方に人間世界へ降りてきてもらう方法だ．一方でみうらは，人間の擬仏化には厳しい．仏の慈悲に甘えるところに彼の鑑賞法はある．

(引用者注：武器を持つ「勝軍地蔵」に並んで配置された弁慶像を見て腹を立て)
「仏は戦争していいなんて言ってないよ！　もっとピースな人たちでしょう，仏は」
　仏が人かどうかは別として，言いたいことはわかった．みうらさんにとっては……名があろうがなかろうが兵士は兵士であり，殺人者なのである．それが仏と同格になることが，彼には許せないのだ．[*9]

　『見仏記』を読んで気が楽になり，ワクワクと室生寺へ出かけた．暑い季節だし，なるべく近い駐車場を探す．特別拝観期間の最後の土曜日だったので混むかと思ったが，朝早いこともあってかあっさりと駐車できた．料金を払うと入山料の割引券をくれた．室生寺は山になっていて，脇を流れる室生川が天然の結界になっている．川にかかる太鼓橋を渡ると山門だ．
　山門や鳥居をくぐってひとたび寺社の境内に入ると，そこは結界のうちであり日常世界とは異なる世界である．入り口で睨みをきかせる狛犬や仁王像に始まり，お堂に玉砂利といった寺社にしか存在しない舞台装置や神職，僧侶の装束は，ここは異世界なんだよ，というお約束だ．参詣者はこの世界を単に鑑賞するのではなく，ルールを通じて体験する．静粛と作法に適った参拝手順が求められているのだ．信仰の有無はさておき，かたちだけでもルールを守らなければ不敬であり不作法と見なされる．誰かが見張っていて叱られるわけではないけれど，ちょっと背筋がのびる感じだ．とても，みうら流の自由な鑑賞を試

VI 無印都市の歴史と伝統

す勇気は出ない。

　金堂に行くと，入り口に拝観料を集めるおばさんが座っている。特別拝観料を支払い，半券とおまけ（しおりとクリアフォルダ）をもらう。「クリアフォルダは拝観記念品で，十二神将が載っているので参考にするように」，と必要なことは言ってくれるが愛想がいいわけではない。緊張し始める。完全にアウェーだ。薄暗い金堂の中央まで行き，ずらりと並ぶ仏像に向き合ってみる。あたりまえだけど，仏像はなにも語らない。こちらもとくに言うべきことはない。大小いろいろなんだな，とか，みんな同じようにみえるがあっちは国宝でこっちは重文，文化財としての価値は違うんだな，くらいしか感想が出てこない。クリアフォルダを眺める。十二神将は十二支に対応していて，アタマにネズミを載っけたりしている。クリアフォルダと実物を照合し始めると，割とおもしろい。これがあってよかった。すると案内係と思われるおばさんが「あの方が，五木寛之さんお気に入りの仏さん。なんや魅力があるんですやろなァ」と話しかけてきた。一気に親しみを感じた。そして十二神将について，「薬師如来さんのまぁ，部下のみなさんやけど，薬師さんが院長先生としたら外科やら内科やら……そんなみなさんですねん」と教えてくれた。それで金堂は一気に医局になった。同行の友人は病院勤め，わたしもかつては病院勤め。これはかなり身近である。さらにおばさんは，何人かは出張しているという。それは残念，と言うと，いやいや，これも理に適ったことなのだ，と説明される。室生寺はかつて台風の被害に遭っている。金堂は木造建築だし，落雷でもあれば仏像も被害を免れない。そのリスクは切実なのだと。そんなとき，仏像が他所にあれば何体かはお助けできる。先方はいい仏像をそばに置けるし，うちも安心，win-winなのだという。なるほど，最近は仏像が業務命令としてそのホームを離れ，美術館などのアウェーに出ていることがあるわけだ。おばさんの話を聞きながら，台風の中お医者さんカバンをぶら下げて，出張先から救援にかけつける仏像がイメージできた。

はるばるアウェー：構わない売店

　最後に，本気ではるばるアウェーしてみようと，長崎県は福江島に行くことにした。もちろん，教会巡りの旅である。長崎の教会群についてはいろいろ資

料が出ているので調べていくと,「五島巡礼手帳」が売られていることがわかった。これは単なる手帳ではなく,ガイドブックや地図の詰め合わせである。詰め合わせの中にいわゆる集印帳が入っていて,各教会のスタンプが押せるようになっている（スタンプラリーをコンプリートすると証明書がもらえる）。そのほか,巡礼者バッジや観光案内,教会案内,教会マップなどのお役立ち情報が入っていた。

　福江島で訪問できる教会を次々と訪ねスタンプを押していったが,これまでの寺社訪問とは少し違うところがある。それは結界の不明瞭さだ。寺社の場合は山門や鳥居を必ずくぐるのだが,カトリック教会にはシンボリックな門は見当たらなかった。一箇所,「わたしが門です」と書かれた木の柱の間をとおるパターンがあった程度だ。もうひとつ違っているのは,信者さんの気配が感じられることである。逆に,スタッフの姿は見当たらない。9月の平日の訪問だったので,観光シーズンではなかったのかもしれないが,どこも訪問客は2,3組あるのに教会には誰もいない。ぽつんとスタンプが置いてある。そして「来週の奉仕当番表」や座席の「置き聖書」といった日常の道具から,かえって突き放された「はるばるアウェー感」が感じられるのである。ここは信者さんたちのための空間なんだな,としみじみ思う。長距離移動して「はるばる」やってきたわけだが,それよりも,多くの人が訪れるであろう井持浦教会の「お構いはしませんが」といった体で静まりかえる無人売店に,はるばる感を感じた。居心地は決して悪くない。ただ,心がシン……とするのである。

　寺社を訪れる楽しみのなかには,参道や境内のお店の物色がある。『見仏記』では移動風景はほとんど描写されない。巡礼の重要な要素であるはずの「巡礼路」は省略されているのだ。しかし,『見仏記』の連載が始まったおよそ10年後,2001年に放映がスタートした「テレビ見仏記」では,ふたりが参道を歩く様子も収録されている。参道の様子はテレビ的におもしろい。変わった人やモノがたくさんあるからだ。既述の石切参道商店街は,かけ出しの芸人でも話題に困らないすべり知らずのロケ地として知られている。同時に参道で時間を使うのは「メリーゴーランド」同様,みうらの目的地・目的仏接近法のひとつだとも考えられる。1998年から2000年まで放送されたNHKの「四国八十八か所」は,各界の著名人が月替わりで旅人となり,一番札所から順に紹介していく旅

番組だ。みうらは担当初回冒頭で,自分は重い感じではまわれないので,(お遍路ではなく)オヘンローラーといった感じで行きたい,と宣言する。そしてまず山門前の売店で商品を物色,解説するのである。

みうらほどのコレクターでなくても,参道や境内のすみにある売店をのぞいて歩くのはとても楽しい。境内地内の常設売店(といっていいのかわからないが)には,仏具・神具やオリジナルの護符,縁起本しか売っていない。装束をつけた人が座っているが「いらっしゃい」とは決して言わない。彼らは客(といっていいのかもわからないが)を構わないのだ。境内地のすぐ外にある店では,奥に入れば高価な仏具・神具類が置いてある。しかし,店前の目につきやすい場所にはご当地しょぼんやキティちゃんといったご当地キャラクター商品が登場し,境内から離れるにつれ呼び込みの声は高くなる。境内を出て参道を戻るほど日常の消費空間の感覚をとり戻すことができるのだ。

都市の裂け目のモザイク模様──静寂と喧噪

都市の周縁部である寺社空間に引き寄せられるも,結界に守られた寺社の静寂に突き放される──寺社巡礼とは,そのことの心地よさだった。たとえ物理的距離が近くても,ちょっとした異世界への「はるばるアウェー感」が堪能できる。よく見ればところどころに日常世界が見え隠れするが,俯瞰すればこの場所は美しい静寂に満ちた空間である。この様子はまるでモザイク画だ。

寺社空間には異世界や仏,祈願する人びととの出会いがあるが,そのほとんどは言語を使った対話をともなわない無言の出会い,静寂のなかのすれ違いだ。だから深刻な悩みを抱えて訪れていても,観光気分で訪ねていても傍目にはわからない。神仏とどのように出会い,祈っているのかも傍目にはわからない。個別に見れば人それぞれ,いろいろな違いや事情が浮かび上がってくるのだろうが,俯瞰してみれば静寂と儀礼的ふるまいでトーンはそろう。本当は完全な一方通行でも,実際には一切他者を構わなくても,「あ,あなたも……。わかります……」といったニュアンスでなんとなく,他者を感じることができる。寺社を一歩離れればいつもの日常があるという安心感。そのなかでの突き放された静寂は,心地いい。

とはいえ，この閉鎖系空間にはほころびもある。「知っているはず」の参拝ルールが通じない事態が起こっているのだ。たとえば，宗教的年中行事としての参拝が衰退してきたために，若年層でマナーに関する知識が不足している。それで，「神社とお寺のこと，きちんと理解していますか」という帯のついたガイドブックが出回る。別の例では，これまで信者を中心におこなわれてきたカトリック教会の巡礼が，一般の人びとに人気が出てきたために混乱している。2007年に「長崎の教会群とキリスト教関連遺産」はユネスコ世界遺産へ暫定登録された。そこで当地では翌年「巡礼地の秩序と品格ある活用，また地域活性化に寄与する[11]」ことを目的として，NPO法人長崎巡礼センターを設立させ，カトリック信者と共存できるルールの普及に努めている。先に紹介した「五島巡礼手帳」を販売しているのはこの団体である。これらは近年見られる，寺社空間の「はるばるアウェー感」維持に向けた言語的コミュニケーションだといえるだろう。

一方，寺社空間につながる参道や巡礼路では，従来どおり売店の呼び込みや巡礼者同士の会話も多くおこなわれている。静寂とは対照的な活気ある空間である。実は巡礼を扱う文学作品や映像作品はたいてい，巡礼者が巡礼路でさまざまな人に出会いさまざまな体験をするという，目的地までの道中の出来事がメインコンテンツだ[12]。長崎の教会巡礼の旅で，筆者はひとり旅の専門学校生に出会った。どうして教会巡りをしているのかとたずねると，雑誌に特集されていた教会のステンドグラスが美しかったし，学友の故郷なので来てみたかった，と答えてくれた。さらに，「実際に巡礼してみてどうだった？」と問うと彼女は「うーん……」と逡巡したのち，「島の人が親切で，よくしてもらいました」とほほえんだ。教会の美しさでも心情の変化でもなく，巡礼路での出来事が印象に残ったのは，とても「巡礼らしい」ことであるのかもしれない。

〔註〕
* 1 伊藤毅 2003『都市の空間史』吉川弘文館。
* 2 大野秀敏 1985「周縁に力がある——都市・東京の歴史的空間構造」『建築文化』466号，78-82頁。
* 3 webサイト「天王寺寺町寺子屋」(http://terateratera.sakuraweb.com/ind-ex.html)。
* 4 田中智彦 2004『聖地を巡る人と道』岩田書院。

- *5　神崎宣武 2004『江戸の旅文化』岩波書店。
- *6　『毎日新聞（大阪版）』2011年2月18日朝刊，23頁。
- *7　2010年国勢調査確報値。
- *8　いとうせいこう・みうらじゅん 1997『見仏記』角川書店，131頁。
- *9　いとう・みうら・前掲註*8，112頁。
- *10　一例として，ペン編集部編 2009『神社とは何か？　お寺とは何か？』阪急コミュニケーションズの帯。
- *11　NPO法人長崎巡礼センター「センター概要」（http://www.nagasaki-junrei-center.jp/?cat = 9）。
- *12　『東海道中膝栗毛』，『サン・ジャックへの道』，『星の旅人たち』など多数。

もっとかんがえる

- 中山和久（ブックガイド参照）は，「巡礼」には「聖なる旅」と「聖地への旅」の2種類があると言っている。最近の仏像ブームで，美術館や博物館に仏像が集められ展示されることも多くなった。仏と出会うために，寺社以外の場所へ出向くことも，「巡礼」と呼べるのだろうか。
- 「巡礼」は，「アニメの聖地巡礼」という使い方がされるように，巡礼者にとって目的地が重要であることがあらかじめわかっていることばだ。道中でさまざまな経験をした人の成長が期待できるのは，世界放浪の旅と同じだが，定めなき旅と巡礼の旅は，どう違っているのだろう。
- 巡礼は，巡礼者を迎え入れてくれる聖地があって初めて成立する。こう考えると，巡礼者の苦労だけでなく，巡礼を受け入れる側の苦労も想像される。聖地（目的地）から巡礼を眺めてみるのも興味深い。

ブックガイド

星野英紀 1981『巡礼——聖と俗の現象学』講談社

巡礼の意味について初心者にわかりやすく教えてくれる。星野によれば，巡礼とは旅立ちによる日常世界からの脱却から，巡礼路をたどり聖なるものと出会うことによる非日常世界への一時滞在を経て，ふたたび巡礼路をたどり日常的世界へ帰還する通過儀礼である。現実のさまざまな巡礼体験を，このような視点で読み解いてみるのに最適な1冊。

中山和久 2009「民俗学からみた日本の寺社参詣文化」原淳一郎ほか『寺社参詣と庶民文化——歴史・民俗・地理学の視点から』岩田書院，37-64頁

「巡礼」ということばの用法の変化をていねいに解説してくれる論文。この本には他に，歴史学や地理学など，巡礼についていろいろな視点から書かれた論文が入っ

ている。同じ対象について考えるのに，いろいろな接近方法があるのを教えてくれる1冊。

前田卓 1970『巡礼の社会学』関西大学経済・政治研究所
西国巡礼と四国巡礼について，どんな人がどんな動機で実施していたのか，巡礼のおこりから現代の巡礼事情まで，一次資料やオリジナルデータを使って教えてくれる。四国巡礼は道中が険しく訪問先数も多いことから，それなりの覚悟を要し，ワンダーフォーゲル的参加が向いていて，西国巡礼は有名な寺・仏像を巡るコースになっており道中に名所も多いことから，名所巡り的参加でも大丈夫，といった紹介がなるほど，と思わせる1冊。

神崎宣武 1993『盛り場の民俗史』岩波書店
盛り場について，「ケハレ空間」という用語をつかって解説している。これは「ケとハレが渾然と一体化した都市空間」のことを指す。寺社空間と盛り場とは一見全然違って見えるが，「ケハレ空間」として考えてみると，意外と共通点がみつかりそうな1冊。

〔越智　祐子〕

Column 10　アニメ聖地巡礼

オルタナティブな「アキバ」として

　埼玉県北葛飾郡鷲宮町（現在は久喜市と合併し，埼玉県久喜市鷲宮地域）にアニメファンが押し寄せるようになったのは 2007 年夏のことである。日中に多くの住民が通勤・通学先である東京方面へ向かう――「平成 17 年度国勢調査」によれば，鷲宮の昼夜間人口比率は埼玉県内で最も低い 69.2％である――人口約 3 万 7000 人のベッドタウンにこの奇妙な現象をもたらしたのは，1 本のアニメ作品であった。2007 年 4 月から 9 月にかけて放送された TV アニメ『らき☆すた』（らっきー☆ぱらだいす製作，独立 UHF 系放送）には作中で鷲宮町を始め，埼玉県北部の地方都市の景観が描かれており，ファンたちはそのモデルとなった地域の観光を目的としてここを訪れたのである。現在ではこのようなファンの観光行動を「（アニメ）聖地巡礼」と呼ぶことが定着しているが，当初はファンが訪れることで鷲宮の住民が困惑しているというネガティブな報道すらなされていた。しかし，その経済効果の大きさが知られるにつれて，新しいまちおこしの形として，鷲宮の取り組みはポジティブに語られるようになり，2012 年 12 月現在，この「聖地巡礼」を活用したまちおこしをもくろむ地域はあとを絶たない。

　さて，この「聖地巡礼」現象は，ともすればアニメファンたちの他愛のない「お遊び」や消費行動として捉えられるものであるが，しかし，その現場からは，それらを越えた想像力を巡らすことができる。

　先述の鷲宮のようなアニメ作品の「聖地」の成功例として知られている町を実際に歩き，住民に話を聞いてみると，「聖地巡礼」現象の異なる側面が浮かび上がる。たとえば，それを探る手がかりとして，「聖地」となった地域の商店街で見られる景観――美少女キャラクターのイラストの表出が挙げられる。

　鷲宮を事例にすると，2008 年以降には，町内の商店の軒先にファンの自作したイラストが掲示されるようになっていた。美少女イラストがまちに表出した景観は東京・秋葉原や大阪・日本橋のようなオタクの「趣都」と目される大都市の商業地域でよく目にすることができるが，同種の景観が鷲宮のような郊外地域で見られるようになったのである。店主にたずねると，それらのイラストはファンがすすんで寄贈したものであり，せっかくなので店先に掲げているのだという。ここで注意すべきは，イラストがただそこにあるのではなく，景観そのものがファンと地域住民との交流の結果，生み出されていることである。秋葉原などの「趣都」における景観は商業的な目的のもとに成立しているが，鷲宮のそれは，アニメファンの文化（オタク文化）を地域が受け入れていることで成立している。

　なぜそれが成り立つのか。鷲宮は，先述のようにベッドタウンとして位置づけられる

町であり，独自の観光協会が存在しないことに象徴されるように観光資源がないと住民からも目されている地域──「無印」の地域であった。しかし，それがゆえに，地域住民はアニメファンが「（何もない）鷲宮にわざわざ来てくれる」ことを歓迎し，ファンの活動を受け入れたのである。他方，2000年代中頃のアキバブームを契機に，オタク以外の人びとが流入しオタクの「趣都」としての側面が秋葉原で低下しつつあったことで，アニメファンたちは「アキバ」にかわる新たな「聖地」を必要としていた。だからこそ，オタク文化を受け入れた鷲宮の雰囲気に惹かれ，ファンはそこに集うようになったのである。「聖地巡礼者」は「聖地」となった地域の清掃やイベントスタッフなどをボランティアで務めることがあるが，その背景には自分たちを受け入れてくれた地域への感謝が背景にある。

　毎年9月第1週に鷲宮で開催される土師祭では2008年より，地域に古くから伝わる千貫神輿とともに，ファンと地域住民が協働でつくりあげた通称「らき☆すた神輿」が町内を練り歩く。美少女キャラクターに彩られた「らき☆すた神輿」の担ぎ手は，地元の住民だけでなく，インターネットを通じて全国から募集されたファンたちが担う。祭りのクライマックスでは千貫神輿と「らき☆すた神輿」が鷲宮神社前で並んで担がれるが，住民と地域外から訪れたファンが一体となって祭りを盛り上げるその姿からは新しいまちおこしの可能性がうかがえる。しかし，それは，アニメの「聖地」だから成立したのではない。無印地域の住民と地域外のアニメファンがお互いに「おかげさまで」の精神を持つことで成り立つのだ。「聖地」に表出する美少女キャラクターのイラストは，その精神が形となった「イコン」なのである。

〔参考文献〕
　森川嘉一郎 2008『趣都の誕生──萌える都市アキハバラ〔増補版〕』幻冬舎。
　総務省統計局 2007「平成17年度国勢調査 都道府県・市区町村別統計表」（http://www.e-stat.go.jp/SG1/estat/List.do?bid=000001007609&cycode=0　2012年11月30日取得）。
　山村高淑 2011『アニメ・マンガで地域振興──まちのファンを生むコンテンツツーリズム開発法』東京法令出版。

〔谷村　要〕

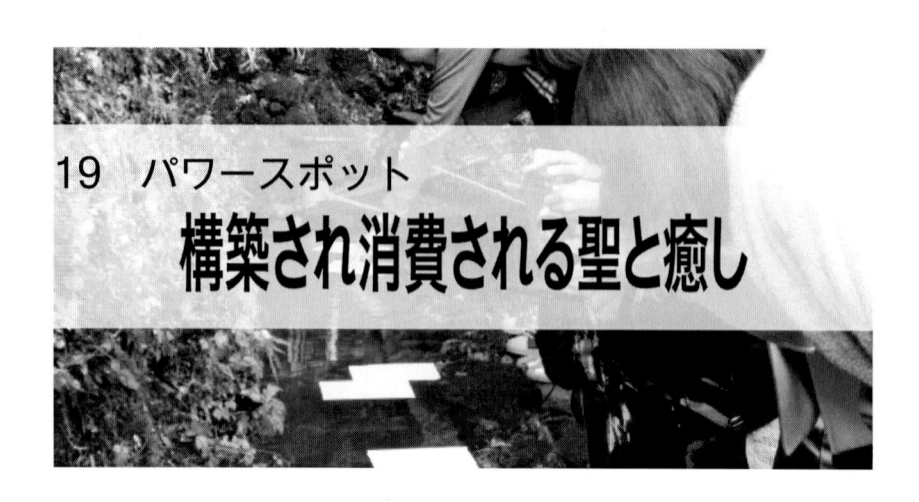

19　パワースポット
構築され消費される聖と癒し

伝統系パワースポットとメディア系パワースポット

伝統系パワースポット：京都・貴船神社を見る

　京都には「パワースポット」が多いという。コンビニエンスストアで各種旅行情報誌を立ち読みすると、かつての私の下宿のそばにあった吉田神社も今やパワースポットとして位置づけられている。90年代はじめに私は、「パワースポット」という言葉を聞いた記憶がない。そういえば安倍晴明ゆかりの晴明神社も、20年前にぶらりと立ち寄ったときには寂れていたが、陰陽師ブームのあとはたいへん繁盛している。

　さまざまな雑誌によると、貴船神社は格の高いパワースポットであるそうだ。恋愛のパワースポット、人間関係のパワースポットだという。季節は秋。ちょうど紅葉の美しい貴船神社に参拝してみた。来てみると、女性やカップルが多い。母と娘らしき組み合わせもいる。若い女性の集団も多い。金曜日の昼下がりの人出は、男女比が2：8ぐらい。近所のこれまたパワースポットとされている鞍馬山から降りてきて休憩している年配の男性や、紅葉狙いの写真マニアたちが女性比率の高まりを緩和している。

　貴船神社は、本宮、結社、奥宮と分かれている。まず本宮から。参拝客が多いわりには落ち着いた雰囲気である。ご神木の桂の巨木も迫力がある。境内に

は，心地よい湿り気があり，日々の喧騒を忘れさせてくれる。

　貴船神社は鴨川の水源地にあたり，そもそも水の神様であるという。水占みくじというおみくじを買って，境内の御神水の上に浮かべている人がたくさんいる。おみくじは，水に浸っていくと文字が浮き上がってくる仕組みだ。あぶり出しの水バージョンである。私もさっそく，浮かべる。「恋愛　女の妨げにて破るる事あり」。私はもう結婚しているのだが，このおみくじをどう理解していいのだろうか。

　本宮境内には，絵馬発祥の地の看板がある。昔は，日照りには黒馬，長雨には白馬または赤馬を備え神に祈願した。それがたび重なるため，次第に実物の馬から馬形の板に色をつけた「板立馬」へと換わったという。これが絵馬の起源だそうだ。境内にある絵馬を眺める。人の願いは時代を写す。もし絵馬を長期間にわたって分析できれば，人びとにとって何が日常の問題なのか，何を神に願うのかが時代によって変わっていく様子が読みとれるだろう。残念ながら，経年的に絵馬などを残している神社はすくないと思われるが。貴船神社は恋愛関係，人間関係の祈願が多いようだから，ここの絵馬から考える家族社会学やジェンダーの社会学だって可能かもしれない。

　具体的に絵馬の文面を見てみよう。やはり恋愛関係の願いが多い。「一日も早く量販課へ異動となり大好きな○子さんと一緒に仕事ができますように」「素晴らしいオタクの彼氏と出会って結婚出来ますように」といった調子である。わりと具体的な名前が書いてあるものが多くある。いまやオタクは，好ましい恋愛対象になりつつあるのか。「エロエロな出会いがありますように」と女性が書いている。性的な欲望の成就を絵馬を介して神に願っても違和感のない時代なのだなあと感じる。他にも表現は婉曲だが，関係が深まって肉体関係にまで至りたい旨の絵馬は多い。

　「妻として当然と思われるお金をくれますように」とか「夫の家出ぐせ，ギャンブルぐせ，浮気ぐせが治りますように」といった夫婦問題解決の願いもある。浮気をし，家出をくり返す男性の姿が目に浮かぶ一方，女性が家計を管理することを当然と考えていることも見てとれる。

　貴船神社は人を別れさせたり，よりを戻すということにも御利益があるとされている。このため，「○○子へのうらみをはらしてください。天罰が下りま

すように」のようにわかりやすく攻撃性を示す絵馬も結構多いが，個人的にもっとも怖かったのはつぎのものだ。

　彼が私を一度裏切ったことはもううらみません。もう一度やり直させて下さい。一日も彼を忘れたことがないのです。誰よりも彼が好きです。自分みがきも手をぬきません。○○くんともう一度幸せな日々をすごさせてください。

　文章は普通である。しかし，スキ，スキ，スキ……と無数の小さな文字で絵馬の側面がぐるりと埋め尽くされ，耳なし芳一のようになっている。
　ほかに気になったのは，「理想の人に巡り会いたいです」というような文面の後，住所や携帯電話の番号が細かく記された絵馬が，たくさんあったことだ。もともと，絵馬には神に願いを届ける，つまり人が神とコミュニケーションする機能が込められていた。これに対して，絵馬を介して人と人がコミュニケーションするという利用法が顕在化し始めているのかもしれない。貴船神社の絵馬の一部は，リアルな出会いの場として活用されている可能性もある。
　貴船神社のように人びとに「伝統」を納得させやすい場所に対して，急にパワースポットとして脚光を浴びはじめるところがある。近年では，テレビでの放送がきっかけになったという明治神宮の清正井があげられよう。

▓ メディア系パワースポット：東京・明治神宮清正井を見る

　日曜日の昼下がり，明治神宮にやってきた。天気がよいこともあって，境内は人でごったがえしている。外国の人々や観光客風の人も多い。明治神宮の外国人観光客の多さは貴船の比ではない。また，七五三に来ている親子連れも多く，休みの日なので結婚式をあげている人びともいる。大鳥居をくぐり参道から少し左へ入ると茶室や，庭園，清正井などのある御苑がある。清正井とは，加藤清正ゆかりの井戸ということになっているが，本人が掘ったかどうか定かではない。
　御苑の入り口で維持管理協力金500円を納め，清正井のそばまで御苑のなかを散策する。うっそうとした雑木林があり，野鳥が多く，大きな池もあり，さまざまな花が植えてある。都心にあるとは思えない。都会のオアシスという使い古された表現がよく似合う。手に野鳥をとまらせているおじさんに方法を指

南してもらい，生まれて初めて野鳥を手にとまらせるという貴重な体験をさせてもらう。よくここに野鳥を見に来ているというおじさんは，「鳥の方も自分を覚えているみたい」と言っていた。家族でピクニックに来ている人たちもいる。

　清正井の前から小さな行列が出来ている。そこにいる人たちは，野鳥観察やピクニックを楽しんでいる人たちとは少し雰囲気が違う。数えてみると26人並んでいた。客層は，貴船よりかなり多様である。貴船のように極端に女性比率が高いわけではない。待ち時間は10分ぐらいだった。行列の先にぽつんと井戸がひとつあり，順番が来た人の多くはもくもくと携帯電話で写真をとっている。井戸のそばには警備員さんが一人立っている。清正井をよく知らないと，なぜ井戸のそばにだけ警備員さんが立っているのかと不思議になる光景だ。私の前の家族づれらしき外国人4人組は，フランス語を話している。井戸に達すると4人は時間をかけて写真を何種類も撮っていた。私も見習って写真を撮り，戻るときに列を数えてみると70人を越していた。

　警備員さんに聞くと，3年くらい前から井戸のそばに立って警備しているそうだ。かつては，整理券を配り，平日も4時間待ちがあたりまえという状態だったらしい。「みんな携帯の待ち受け画面にしてね。何かいいことがあるってね」。

　御苑の入り口で尋ねると，多いときは7時間待ちもあったとのこと。どんどん訪れる人が減っているのかと質問すると，「そんなことないですよ。今でもテレビか何かに出るとね。また，人がすぐ増えます。でも多い時と比べると落ち着いてきましたね」とのことであった。

💻 構築と実体のはざまで

░ パワースポットとはなにか？

　そもそもパワースポットとはなんだろうか。大学の図書館の電子ジャーナルJapanKnowledge+（ジャパンナレッジプラス）で引くとまず『imidas 2012』では，「その場に立つと，不思議にエネルギーが満たされたように感じられる場所」と書いてある。『デジタル大辞泉』のように「霊的な力が満ちているとされる

場所。[補説]1990年代ごろからのオカルトや超自然主義の流行に伴って使われだした」と，言葉の使用され始めた文脈が書いてあるものもある。

　言葉上の細かな変遷に関心のある方は『現代用語の基礎知識』のような流行語の記載されている事典類を過去にさかのぼって比較する方法もあるだろう。ここでは言葉の細かな変遷よりも，社会のなかでパワースポットにいかなる意味づけがされ，どのようなものとして存在し，また変化していっているのかを駆け足で紹介してみたい。こんな調べ物に便利なのが専門図書館である。さっそく，雑誌の専門図書館大宅壮一文庫を利用してみた。

　ここからはそこで調べた雑誌記事を見ていこう。宗教学者鎌田東二は，「パワースポット」について「1970年代に生まれ，2000年代に普及した和製英語です。学問的には聖地や霊場と呼ばれ，神仏や精霊などが顕現する調和のとれた環境が代々守られている癒し空間を指します」と説明する[*1]。由来については，1960年代のフラワーチルドレンやヒッピームーブメントに繋げる説明もある[*2]。一方で，古事記や日本書紀にまでさかのぼり，宮崎県の高千穂などを紹介するものもある[*3]。パワースポットとはそもそも何なのかという本質主義的な考え方と，パワースポットという概念がつくられていく過程への着目，つまり構築主義的な考え方が混淆されている記述が多い。

　そのなかで「パワースポット」に関するつぎの説明が，もっとも包括的で使いやすい。

　　そこに足を運ぶとパワーを感じる場所のこと。神社仏閣，大自然，遺跡，人工物の四つに大きく分けられる。多くは古くからの神話や言い伝えが残されていたり，誰もが感動を覚える絶景が広がっていたりする場所だ。メディアで紹介されて有名になるケースも多い。しかし，その定義はあいまいで「あなたがパワーを感じれば，そこがあなたのパワースポット」という懐の広い言葉でもある[*4]。

　たしかに，パワースポット案内的なものには，神社仏閣や大自然を意識したものだけでなく，「東京都庁，東京タワー，瀬戸大橋」といった巨大人工物も出てくる。本質主義的立場でパワースポットを探求し，地磁気を調べたりして実体的にそれを突き止めたいという記事も一部ある[*5]。しかし，それは少数派で，多くはなんとなく「パワースポット」と言い始められている。そして，言い始

められると急に歴史や由来が盛んに語られはじめる。

「伝統の創造」とパワースポットの構築

これを「伝統の創造」という文脈から考えてもいいだろう。近年作られた（構築された）ものが、あたかもずっと存在する伝統である（本質である）かのように、変容していく過程を探求することも、歴史学、社会学、人類学的研究手法のひとつである。[*6]

前述の「メディアで紹介されて有名になるケースも多い」ものの典型として、今回は清正井をめぐる言説を取り上げる。そして、パワースポットという言葉の「懐の広さ」は、「食のパワースポット」[*7]、「パワーフード」[*8]、「パワー・ブリッジ」[*9]などなど元気がでれば、何でもパワースポット的に表現する事態を引き起こしている。

このパワースポット蔓延状況に、爆笑問題の太田光は、「私はそんなパワーは欲しくありません。それならいっそ自分がパワースポットになったほうがいいと思うからです」とボケている。しかし、これがボケとして成立しない状況にすらなっている。[*10]

「パワースポットは神社ではなく自身のハラの中にある」[*11]と安易に自己の外部に救いを求め、パワースポット巡りをする人々を批判する書評や、脳科学者の「本当のパワーは、パワースポットを信じるあなたの心のパワー」[*12]という自分自身がパワースポットだという記事も多い。このように議論が錯綜するなかで、全体の傾向を多くの語りのなかから見いだしておこう。

『CREA』、『ELLE JAPON』などの高級女性誌などを見ると、おすすめの海外のパワースポットが多数掲載されている。アメリカのセドナに行け、モロッコだ、チベットだ、砂漠だなど、お金と時間がないと実現不可能な紹介が書かれている。[*13]一般の人びとには、そこに書かれた実体験と効能は、あまりにも自らの日常生活とかけ離れた地点にある。しかし、セレブのパワースポット体験自慢を読んで楽しめる人ばかりではないだろう。また、一方、停滞感の強い今の時代にパワースポットを外部に求めず、自分自身をパワースポットにしろという強者のお説教に納得できる人も少ないはずだ。

パワースポットをより身近なものとして再定義し、自らも体験したいという

VI　無印都市の歴史と伝統

気持ちは当然のものだ。一般女性誌では，東京から日帰りで楽しめるパワースポットの特集「都電荒川線沿線パワースポットガイド」が組まれたり，現地に行けなくてもパワースポットのお守りを手に入れられる特集も見られる。一般女性誌のなかにはお守りだけでなく，清正井のピンナップがのっていて，切って家にかざれるようなものもある。そして「飾ってよし！触ってよし！の特製ピンナップを待ち受けで！携帯サイトで期間限定配信中！」だという。また，パワースポットに行くよりも，まず家の掃除をして自宅をパワースポットにしようといった記事もみられる。

写真だからだめだ，本物を体験せねば意味がないという思考は，お金と時間のある特権的な人びとの傲慢であるともいえよう。パワースポットをより安く，身近なものとして，日常化，消費化する方向性にうまくあてはまったものの一例が，つぎに説明する「清正井」のブームだとも考えられる。明治神宮にある清正井について起こった現象を考えてみよう。

パワースポットと人びとの願い

構築され，消費されるパワースポット

はじめに紹介した貴船神社は，本宮，結社，奥宮といった神社，桂のご神木，相生の杉，舟形石，御神水など多くの名所，そして，和泉式部が夫につれなくされたとき参拝して愛を取り戻したといった伝承，謡曲鉄輪にも出てくる恨みの丑の刻参り……といった伝説や歴史に事欠かない。パワースポットという表現がなかったときから参拝者は多かった。

これに対し，興味深いのは，清正井である。明治神宮は，大正9年創建という比較的新しいものである。その中で，とりたてて訪れる人もあまりいなかった井戸がどのように大人気のパワースポットとなっていったのか。清正井自体にはとくに何かがまつられているわけではない。もともと加藤家，井伊家の下屋敷の井戸だけに，なぜこのような過剰な意味づけがなされていったのだろうか。

雑誌記事をみると，1990年代に入ってからも，清正井は「日本の名湧水厳選十景」，「大江戸銘水案内」，「ニッポン『水』紀行」といった具合に銘水の文

脈で紹介され続ける。とくにパワースポットとして持ち上げられる気配はない。スピリチュアル系が入ってきて「清正井」が雑誌上でパワースポットと言い出されるのは，2006年の「願いが叶う最強パワスポ！」[21]，2007年の「東京周辺パワースポット巡礼」[22]が早い事例のようだ。

　しかし，本格的に人が増えたのはあるテレビ番組放送以降だという。明治神宮の広報調査課長によると「09年12月24日に放送されたテレビ番組で『清正井はパワースポット。行くと運気が上がる』と紹介されたのがきっかけです。翌日から行列ができて，今は整理券を配るほどです」[23]という。

　雑誌をさらに見ると，タレントの今田耕司がテレビで「携帯の待ち受けにすると仕事が舞い込んでくる」と発言したのを機に，眞鍋かをり，辺見えみり，スザンヌ，安田美沙子，タモリなど「多数の芸能人が訪れる大人気スピリチュアルスポットに」[24]とその経緯が紹介されている。

　手相芸人島田秀平がパワースポットとして紹介したとか[25]，タレントの眞鍋かをりのブログが発端など諸説あるが[26]，どれがはじめというよりも，さまざまな媒体が複合して，大きなブームを引き起こしていったと考えるほうがよいようだ。視聴率の高いテレビ番組で，一時期大きく紹介されてもブームが長期にわたって続くことは難しい。小さく継続的にマイナーな番組で紹介されたり，ブログのような形でネット上からたぐれることでもブームは下支えされていく。

　そして，都会のオアシス，銘水，湧水の地としてあったものが，メディアによって有り難い「パワースポット」として浮上し，世間に流布し，それが継続していったのが清正井ブームであるといえよう。そして，この「清正井」を携帯電話の待ち受け画面にすると御利益があるという語りが多数でてくる。メディアが誘因となったパワースポットで，利用法も携帯電話の待ち受け画面。それを友達に転送してあげたりもする，というのは安価で手軽でさまざまな人びとが気軽に楽しみ，希望を託しうるパワースポットのありようかもしれない。その一方で，すばやく消費され，人気を失う可能性もあるのだが。

消費し尽くされないなにか

　雑誌をみれば，2009年末にブレイクしたにもかかわらず，2010年にはもう次のパワースポットが探され始めている。「ポスト『清正井』は等々力渓谷不

動の滝！」,「清正井の次はここ！　東京タワー下蛇塚[28]」,「ヨン様も待ち受けに！　鎌倉・成就院『第2の清正井[29]』」と次の「清正井」を探す動きも見られる。このような記事は，女性雑誌に多く，またパワースポットを東京近郊に探す傾向が強い。ここからは，パワースポットを好む男女比の違い，メディアの東京一極集中，およびメディアの取材費の低下による近隣調査志向なども読みとることもできよう。さらに,「清正井」は，消費されるパワースポットとして雑誌メディアでは位置づけられていることが感じられる。消費されてしまえば，次を探さねばならない。大宅文庫のデータベースで検索した限りでは，2011年6月以降，清正井は引っかかってこない（2012年10月はじめ現在）。

　雑誌メディア上では，清正井は消費され終わったパワースポットのようにみえる。しかし,「清正井」を「貴船神社」と比べ，一過性ですぐに消費されてしまうパワースポットと言い切っていいのだろうか。現場にいくと近年でも前述のように訪れる人びとが，行列をつくる状態ではあるのだ。これは，現場に足を運んで考えることの重要性を教えてくれる。都市研究においては，メディア上の語りばかりでなく，やはり現場を踏むことも必要だろう。そして，消費されきらない「なにか」が，清正井には，そして人びとの心の中には残っているのだ。その「なにか」を論ずるには紙面が足りないのが残念だ。

パワースポットと都市研究のあいだ

フィールドに出て，五感を駆使し，妄想しよう

　今回はまず伝統系パワースポット貴船神社に行き，参拝者の行動の観察から探求をはじめてみた。ついで，伝統系とは違うメディア系パワースポット清正井に行き，さらに思考の糸口をたぐり寄せていった。

　貴船神社では絵馬が気になるのでじっくり読んでみるとおもしろかった。興味本位が学問の味方である場合もある。もちろんそうでない場合もあるが。恥ずかしがらずにメモをとり，そこから非文献資料の重要性を感じとる。さらに，家族社会学，ジェンダー論などの社会学的切り口のいくつかとの接続を禁欲せずに妄想したりもする。

　文献ばかりでなく，現地で目に見えるもの，耳に聞こえるもの，肌で感じる

もの，といった五感も大切にしたい。そして，面白がり，研究からも脱線し，遊んだりもしたい。遊んでいると思っていたら，偶然知りうることもあるのだから。今回の研究とは関係ないが，偶然上手な野鳥の集め方を習うことができた。あまり目的に執着しすぎず，無駄を楽しみ，いろんな人に話しかけてみよう。

文献をしらべつつ，社会学の根本問題に接続してみよう

ついで，電子ジャーナルからパワースポットの定義を確認するとともに，専門図書館を直接訪れ文献調査をすることで，「パワースポット」はいかなる変遷をたどっているのかを考えた。専門図書館の図書館員さんはその道の職人であることも多い。こちらは素人であることを自覚しつつ，図書館員さんに敬意を払いながら，いろいろ質問していきたい。

今回は，なんでもないような場所がパワースポットとして構築され実体化されていく過程も見た。パワースポットを考えることで，「伝統の創造」という歴史学，人類学，社会学で頻出する重要な議論ともつながることが理解できた。それは，本質主義，構築主義という社会学の根本問題にもつながるものである。

そして，論理的思考ばかりでは理解できない残余つまり，人々のささいな日常の願いや非合理的な思考や行動が，どのような社会現象を生み出すのかを，さらにそれをどうすれば記述できるのかまで考えてみたい。

〔註〕
* ＊1 「これから来る！　ご当地パワスポ105」『女性セブン』2011年1月13日号。
* ＊2 「パワースポット」『PHPカラット』2007年4月号。
* ＊3 「日本の聖地＆パワースポット」『日経おとなのOFF』2010年6月号。
* ＊4 「日本列島パワースポットマップ」『週刊ダイヤモンド』2010年11月13日号。
* ＊5 「パワースポットとは何か？」『一個人臨増』2010年8月号など。
* ＊6 ホブズボウム＆レンジャー編〔前川啓治ほか訳〕1992『創られた伝統』紀伊國屋書店。
* ＊7 「伝説の『食のパワースポット』へ行こう！」『CASA BRUTUS』2008年11月号。
* ＊8 「Dr.コパのお取り寄せ開運パワーフード」『週刊女性』2009年7月21日号。
* ＊9 「Dr.コパが教える　渡ると願いが叶う日本全国最強パワー・ブリッジ!!」『週刊女性』2010年3月23日号。
* ＊10 「携帯の待受けで願いが叶う！　パワースポットが今，大ブームなんです！」『週刊プレイボーイ』2010年3月29日号。
* ＊11 「パワースポットは神社ではなく自身のハラの中にある」『経済界』2011年2月22日号。

VI 無印都市の歴史と伝統

- ＊12 「いま話題のパワースポット巡りについて幸福効果を脳機能学的に証明します！」『週刊女性』2010年3月30日号。
- ＊13 「至福のスピリチュアルリゾートへ！」『CREA』2006年1月号、「『自分を変える旅』がしたい！」『ELLE JAPON』2007年3月号など。
- ＊14 「都電荒川線沿線パワースポットガイド」『Hanako』2007年2月8日号。
- ＊15 「『スピリチュアルお守り』で絶対幸せになる！」『週刊女性』2007年4月3日号。
- ＊16 「超行列人気『清正井』特製あやかりピンナップ」『週刊女性』2010年3月9日号。
- ＊17 「『家を逆パワースポットにしない』ゴミ出し術」『女性セブン』2010年8月26日号など。
- ＊18 「日本の名湧水厳選十景」『週刊宝石』1996年7月18日号。
- ＊19 「大江戸銘水案内」『サライ』1997年8月21日号。
- ＊20 「ニッポン『水』紀行」『おとなの週末』2001年7月号。
- ＊21 「願いが叶う最強パワスポ！　キーワードは"水"にあり」『SAY』2006年7月号。
- ＊22 「東京周辺パワースポット巡礼」『週刊朝日』2007年1月26日号。
- ＊23 「明治神宮に押し寄せる若者　パワースポット知らず」『サンデー毎日』2011年1月23日号。
- ＊24 「清正井1年が過ぎて、平日朝に生じた"穴場時間"」『女性セブン』2011年1月13日号。
- ＊25 「清正井いまだ"参拝"3時間待ち　"激増"祈願はW杯と外国人！」『女性自身』2010年7月6・13日合併号。
- ＊26 「TOKYO開運スポット探訪」『アサヒ芸能臨増』2009年3月15日号。
- ＊27 「ポスト『清正井』は等々力渓谷不動の滝！」『女性自身』2010年3月23日号。
- ＊28 「清正井の次はここ！　東京タワー下蛇塚」『女性セブン』2010年5月6日号。
- ＊29 「ヨン様も待ち受けに！　鎌倉・成就院『第2の清正井』」『女性セブン』2011年5月12・19日合併号。

もっとかんがえる

- 現地調査好きな人は、パワースポットの現場に出かけ、神社の絵馬、パワースポットに集まる人びとなどをどうやって調査、記述できるかを考えて、実践してみよう。今和次郎の『考現学入門』、赤瀬川原平、藤森照信、南伸坊らの『路上観察学入門』などを補助線に自分なりにアレンジしてみよう。
- 文献調査好きな人は、パワースポットを考えるためにさまざまな専門図書館にでかけて調査をしてみよう。今回のテーマでは大宅壮一文庫や旅の図書館などがおすすめだ。専門図書館の方は独自の知識を持っておられることが多いので、周りの迷惑にならないように注意しながらいろいろ質問してみよう。
- さらに、広い分野を学びたい人は、社会学にとどまらず、宗教学、地理学、民俗学、人類学などの視点も生かしてパワースポットをさらに深く考えるための文献を読んでみよう。なにかを深く学んでいくとひとつの学問分野からはみ出してしまうことに気づくだろう。

■ブックガイド

石井研士 1994『銀座の神々——都市に溶け込む宗教』新曜社
　日本における宗教の世俗化に関する重要文献のひとつ。なぜ近代的なビルの上に神社が乗っているのかなどの素朴な疑問に答えてくれる。企業人ですら（経済的）合理性だけでは生きていけない，非合理的な存在だと感じるだろう。これを読めばパワースポットを考えることの重要性も理解出来るはずだ。

今和次郎 1987『考現学入門』筑摩書房／赤瀬川原平・藤森照信・南伸坊編 1993『路上観察学入門』筑摩書房
　世の中にはいろんなしらべ方があるものだ，いろんな発想法があるものだと自分の脳の狭さを思い知らせてくれる。一方で楽しくても学問，でもあまり楽しんでいると周りの人に学問的でないと迫害されるという微妙な立場だということも知るだろう。ぜひ，ここから調査法をアレンジしてパワースポット研究をさらにひろげていただきたい。

みうらじゅん 2000『とんまつりJAPAN』集英社
　学問の入り口はこんなところにもあると思える本。この本を読んでおもしろいと思えない人や，たんに不真面目だと思う人，ときどきはさまるギャグや思考形態が理解出来ない人は日常から学問をたちあげるという一見やりやすそうだが，実はたいへん難しい手法には向かない可能性がある。リトマス試験紙的書籍だと個人的には思う。

〔西村　大志〕

Column 11　歴　女

ミーハーを越えるか？

　歴女は「歴史好きの女性」を略して作られた言葉ではあるが，彼女たちは単なる歴史好きではない。歴女が関心を寄せるのは，歴史的事実ではなく，歴史上の人物である。しかも，「歴女」と呼ばれる女性の年齢は，「歴史好き」と聞いて一般的に思い浮かべる中高年よりずっと若い。それゆえに，歴史小説も大河ドラマも，博物館も史跡も大好きな私が「歴女」と呼ばれることはない。

　そもそも，「歴女」という言葉が生まれる契機となったのは，歴史上の人物をキャラクターとして登場させたゲームやアニメであった。伊達政宗や真田幸村，毛利元就らが登場するプレイステーション2「戦国BASARA」（2005年発売後，毎年続編が制作されている）に歴女ブームの起源を認める人は少なくない。史実を度外視したゲーム上のイケメン武将たち（彼らは一様に長身で小顔，抜群の現代的プロポーションを有する）の外見や言動に大いに（燃えた，というよりは）萌えた若いミーハーの女性──これが，「歴女」という言葉のそもそものはじまりとされる。その意味からいえば，「歴女」は，もっぱら活字メディアを通じて歴史への興味を育んだ私とは一線を画する，すぐれて21世紀的現象といえるかもしれない。

　それゆえに，歴女の関心は，そうしたキャラクターで表現される戦国の武将か幕末の志士に集中しており，その点からも「ブーム」と見られてきた。と同時に，だからこそ，歴女は，日本人の伝統的な歴史イメージの正当なる継承者でもある。司馬遼太郎はじめ，歴史小説の多くで常にイケメンを連想させる描かれ方をしてきた──そしてNHK大河をはじめとするドラマや映画で必ず若手イケメン俳優が演じてきた──新選組の沖田総司などは，歴女が愛するゲームやアニメのキャラクターに通じる存在といえるだろう。

　それでもやはり，歴女はどこか，21世紀初頭の現代的現象ではある。彼女たちは武将のキャラクター・グッズに目を輝かせ，時に武将のコスプレで，ご贔屓の人物ゆかりの地へ，あるいは，関連する古戦場跡や城，郷土資料館へと出かけていく。しかも，多くの場合，ひとりで……。そして，その人物に関する知識や情報をとことん深めるべく，一生懸命努力する。歴史関連の書籍やDVD，グッズの専門店「歴史時代書房　時代屋」（東京・神田小川町，2009年12月閉店）では，2007年ごろから増えはじめた若い女性客が，2年ほどで顧客全体の4割ほどを占めるようになったという。彼女たちが単なるミーハーではないことの傍証だろう。

　しかも歴女は，織田信長や徳川家康といった「有名人」ではなく，彼らと比べて知名度に劣る脇役たち，いわば，歴史の大きな流れに抗った人物を好む。戦国武将のなかでも，真田幸村，大谷吉継，石田三成らが人気を集めているのはそのためだろう。それは，

「彼らの存在と活躍を知り，理解し，評価できるのは私たちだけ」という自負の現れでもあろうが，「判官びいき」なる日本人によくある歴史観の反映と見ることも不可能ではない。

　実際，NHK大河ドラマ『篤姫』（2008年）は，主人公・篤姫の生き方のみならず，後に薩摩藩家老となる小松帯刀を彼女の幼なじみとして登場させ，人気俳優（瑛太）を起用して女性ファンを増やして，高い視聴率を獲得した。翌2009年には，それまで一般的な注目度が低かった上杉家の家老，直江兼続を主人公とする『天地人』に，当時の若手人気俳優を数多く投入し，歴女ブームをさらに煽った。ユーキャン新語・流行語大賞に「歴女」がランク入りしたのも，この年，2009年末のことであった。

　歴女ブームに湧いたのは全国の地方都市である。たとえば，「戦国BASARA」人気に乗じて，2008年4月，宮城県白石市は片倉小十郎と伊達政宗が車体を彩るバスを運行させ，同年10月1日から年末までの3ヶ月間，JR東日本と仙台市がコラボした「仙台・宮城デスティネーションキャンペーン」が開催され，さらにはパールライス宮城とのコラボで「戦国BASARA米」も売り出された。「歴女は700億円市場」（『産経新聞』2009年8月18日）として，その経済効果が期待されたのも同じころの話だ。

　もっとも，史実ではなく人物，それも現代風イケメンとして描かれた武将キャラクターに熱狂するミーハー的なイメージから，「歴女は本当の歴史好きではない」との批判はたえず存在した。その一方で，「それもまた歴史好きのあり方」との好意的見方も聞かれた。歴史離れと言われて久しい日本にも，歴史への扉は多様に開かれている，ということか……。

　いやいや，そんな風に訳知り顔でまとめてしまっては，「歴女」という現象の面白味は薄れてしまう。彼女たちの存在もその行く末も，まだまだ未知数だからだ。今われわれが見るべきは，「歴女」ブームが，地方都市再生のツールとして「ゆるキャラ」ブームと通底していることであり，さらには，同時期の造語である「草食系男子」とも根っこがどこかつながっていることだろう。その意味では，「歴女」もまた，日本社会の未来を占う言葉であることは確かである。

〔井野瀬 久美惠〕

20 寄席
不親切な親切さに満ちた空間

🚲 ひとりでふらりと

▓ 人間の業の肯定

　落語：柳家我太郎，曲独楽：三増紋之助，落語：春風亭一朝，落語：桃月庵白酒，落語：柳亭市馬，漫才：ロケット団，落語：隅田川馬石，落語：柳家喬太郎，仲入り，太神楽曲芸：鏡味仙三郎社中，落語：柳家権太郎，紙切り：林家正楽，落語：柳家さん喬。

　これは，2012年8月13日の鈴本演芸場「夜の部」のプログラムである。読者の多くは，「なんて読むの？」といったところだろう。

　立川談志は「落語とは，人間の業の肯定」だといった。[*1]そのことを，毎日のように落語を聞きに行っているコラムニストの堀井憲一郎は「落語が見せるのは『人としての生きる全体像の肯定』」とやさしくいい直した。[*2]「肯定」されるからだろうか，私たちは落語を聞くと，それが江戸時代を舞台にしたものであっても，「わかるなぁ」「いっしょだなぁ」「かわらないなぁ」，そして「そういうものなのだなぁ」と思い，何かほっと安心した気持ちになる。

　落語とか落語家といったとき，テレビで見かける笑福亭鶴瓶や立川志の輔，またいわゆる笑点メンバーしか知らない人も多いだろう。冒頭のプログラムにはそれらの名前はなく，一般的にはほとんど知られていない人たちといってい

いだろう。広く知られた名前は少ないかもしれないが、落語界は、いま、これまでにないくらいに活況を呈している。若手、中堅、ベテランの各層において、うまい落語家がそろっている。[*3]

弱い芸能

　落語とは、話し手が高座(こうざ)と呼ばれる舞台の上で座布団に座り、ただしゃべるだけの芸能である。しゃべる際には声色も使わず、大きな動作もしない。首を左右に少しふるだけで人物を描き分ける、簡素な芸能である。しかしそのおよぼす作用は、ひょっとすると、芸能のなかで一番大きいかもしれない。しゃべられている出来事が、まるでそれを聞いている自分の前でおこっているかのように目に浮かぶのである。前には落語家がひとりいるだけなのに、何人もの男や女、おとなや子どもがあたかもそこにいるかのように感じられるのだ。そういう点では、落語とは観客の想像力によって成立する芸能だということができるだろう。

　観客の想像力に頼る落語は、弱いことこの上ない芸能でもある。携帯電話の着信音やおしゃべりなどで気が散ると、頭にうかんでいた情景が一瞬で消えてしまう。場にそぐわないものであれば笑い声でさえも、うかんでいた情景を消してしまう。簡素この上なく、弱いことこの上ない芸能を楽しむために、おとながひとりでふらりと立ち寄る、そういう「空間」が寄席である。[*4]

📺 落語いまむかし

落語，落語家

　落語とは、単なる笑い話ではない。もちろん、おもしろおかしい話も多くある。それらは滑稽噺と呼ばれるが、一方で、ドラマ性が強くストーリーをじっくりと聞かせる人情噺と呼ばれるものもある。また、古典落語、新作落語という分け方もできる。古典落語とは江戸から明治期に作られ、現在でもスタンダード的にあつかわれる落語である。新作落語とはそれとは違い、新しく作られた落語のことをいうが、古典落語も作られた当時は新作落語だったということもできる。古典落語はスタンダード的にあつかわれるため、落語を聞く回数

が増えていくと，同じ落語家によって，あるいは別の落語家によって，同じ演目を何度も聞くことになる。普通は知っている話をくり返し聞いてもおもしろくないだろうが，落語ならば，同じ演目を何度聞いても楽しむことができる。

　落語家になる方法は，過去においても現在においても変わらず，落語家に入門し弟子になるという方法しかない。入門すると数か月の見習い期間を経て前座という身分になり，師匠から名前（芸名）をつけてもらえる。前座として3〜5年程度修業すると，次は，二ツ目になる。そしてさらに10年程度の修業を積み，真打へと昇進する。真打になると，寄席でトリをとることができる。この前座・二ツ目・真打という制度は，上方落語[*5]には存在しない。

　ここで，落語の歴史を簡単に見ておきたい。落語は，17世紀後半，京都・大坂・江戸で同時発生的にうまれた。成立からしてきわめて都市的なものであったといえる。京都で露の五郎兵衛が，大坂で米沢彦八が，江戸で鹿野武左衛門が，道端や神社の境内で語りをはじめ，職業落語家が誕生した。その後，19世紀後半になって江戸と大坂で寄席興行がされるようになった。幕末・明治期には三遊亭円朝という突出した才能の持ち主が現れたのだが，彼は創作にも優れ，人情噺や怪談噺の名作を多く生んだ。そして昭和において，戦後のラジオの普及により，落語の人気は全国に広まった。そういうなかで，昭和の名人といわれる，桂文楽，古今亭志ん生，三遊亭円生などが大活躍した。そのあとに，柳家小さん，古今亭志ん朝，立川談志などが続いた。一方，上方では，昭和20年代前半は数人の落語家しかいない状態だったが，上方四天王といわれた，笑福亭松鶴，桂文枝，桂春団治，桂米朝の活躍，またかれらによる弟子の育成により，盛り返すことができた。

　現在では，冒頭にあげた落語家以外にも，東京では柳家小三治，春風亭小朝，柳亭市馬，立川談春などが，大阪では六代桂文枝，桂文珍，桂ざこば，桂南光などが人気実力ともにそなえている。かれらをはじめとして，東京に約500人，大阪に約200人，計約700人の落語家がいる。

▥ ホームグラウンドとしての寄席

　落語家のホームグラウンドともいうべき存在が寄席である。落語は成立期には道端や神社の境内で話されたが，専用の小屋において興行をする寄席という

形態になったのは，先にも述べたように19世紀後半である。明治・大正期には東京や大阪では「町内にひとつは寄席がある」といわれるくらいだったが，戦後，娯楽の多様化とともにその数は減少していった。

　ちなみに，毎日興行をする寄席のことを定席（じょうせき）という。以下，とくに断る必要のない場合は，寄席という言葉は定席のことを指して使う。寄席は，現在，東京には，新宿末広亭，鈴本演芸場，池袋演芸場，浅草演芸場の四つ[*6]，大阪には天満天神繁昌亭のひとつ，ある。東京，大阪以外には定席はない[*7]。

　鈴本演芸場は，1857（安政4）年にできた講釈場「軍談席本牧亭」から続くもので，1923（大正12）年にいまの上野の場所に移ってきた。新宿末広亭は1897（明治30）年の創業で，1932（昭和7）年から寄席として営業を行っており，椅子席の他に畳敷きの桟敷席もある。池袋演芸場は1951（昭和26）年の創業で，座席数約90のこじんまりした寄席である。浅草演芸ホールは，1964（昭和39）年に浅草六区にうまれた定員550人のホールである。大阪の天満天神繁昌亭は2006（平成18）年に建てられた。上方落語の定席としては約60年ぶりの復活である。

　寄席は10日間興行という形態をとっている。毎月1日から10日までを上席（かみせき），11日から20日までを中席（なかせき），21日から30日までを下席（しもせき）として[*8]，10日間同じ出演者で興行が行われるが，出演者は毎日，違う演目を出す。また各日は出演者を変えての昼夜2回興行（1回4時間程度）で，それぞれ昼席，夜席と呼ばれる。昼夜の入れ替え制をとらないところではおよそ2000〜2800円の入場料で，まる一日，落語を楽しむことができる。

　高座での持ち時間は落語家ひとりあたり約10〜15分であり，イロモノと呼ばれる漫才や大神楽や紙切りなどをはさみながら，入れ代わり立ち代わり落語家が登場する。トリをとる落語家はそれよりもやや長い持ち時間となる。

　寄席は，通常，真打披露などの特別興行でもない限り，観客はそう多くはない。客席の半分もうまれば上々という感じであり，30人くらいの観客しかいないということもよくある[*9]。

　落語を聞くことのできる場としては，寄席の他に，ホール落語とか地域寄席といわれる形態がある。ホール落語とは，○○ホールとか○○会館で行われる公演のことをいい，出演者の数は少なく，長いものも含めてじっくりと落語を聞くことができる。地域寄席は落語会とも呼ばれ，公民館やお寺や飲食店など

地域に根付いた比較的小さな施設において年に数回の開催というのが多く、会自体もその地域に根付いている。「町内にひとつは寄席がある」の現代版ともいえ、落語家の近くで堪能できるのが魅力である。このようなことから、落語初心者は、寄席よりもホール落語や地域寄席で落語を聞いたほうがいい、ということもよくいわれる。

寄席の楽しみかた

100％の満足

寄席では入れ代わり立ち代わり落語家が出てきて落語をはなすのだが、出てくる落語家が皆うまいかといえば、決してそうではない。若手だからうまくないというのでもなく、ベテランでもうまくない落語家はいる[*10]。

寄席でのひとりの持ち時間である10〜15分は、本格的な落語をするにはやはり短い。また、寄席では当日の演目は落語家がはなし始めるまではわからない[*11]。そのうえ、出演者の変更もよくある。「お目当て」を「たっぷり」とはなかなかいかない。そう考えると、偶然性に左右される寄席というのは、落語を聞くにはそれほどいい環境ではないかもしれない。むしろ、不親切なところといっていいだろう。

そのような不親切なところである寄席がなぜ都市において存続し続けているのか不思議にも思う。以下、そのことを考えてみたい。

落語の黎明期・成立期において、落語は近隣からおとずれる観客の嗜好や経験に基づいて作られた。寄席興行が始まると、観客の前で演じられることで落語は練られ、みがかれた。つまり、落語とは、江戸・明治期の都市大衆の集合意識で作り出された共想像の産物といえるだろう[*12]。そしてそれを、その時代その時代において、昔話としてではなくいまに通じる話として、十二分に成り立たせるのが落語家のウデとなる。

落語は都市において作られ、練られ、みがかれ続けたため、いつの時代でも、落語を成り立たせるためには、都市や都市大衆を日常的にせおっていないといけない。江戸・明治から現在までの都市生活（のある部分）や都市生活者（のある部分を）をつなげ続けていないと、聞き手は「わかるなぁ」「いっしょだなぁ」

「かわらないなぁ」「そういうものなのだなぁ」と感じることはできないのである。とはいえ，聞かせるほう，つまりは寄席や落語家は「100％の満足をあたえます」ではない。

　寄席は芸を披露する場であると同時に，芸の稽古をする場である。その意味では，公開稽古の場ともいえる。それは若手だけでなく中堅・ベテランにおいても同じことである。うまい落語家とは名人上手のまねがうまい落語家ではなく，聞いていて気持ちのいい落語をする落語家のことをいうと思うが，落語家はそのための稽古を寄席でするのである。また，演者ひとりあたりの持ち時間が短かかったり，休演があったり，観客には事前に演目がわからなかったり，ということなどからも，どちらかというと「100％の満足はあたえません」，「あたえるつもりはありません」という意志を感じる。

ものたりなさと幸福感

　「100％の満足はあたえません」ということは，決して悪いことではない。寄席とは，その「ものたりなさ」をも楽しむ場所なのだ。また一方で，それによる驚き，喜びも用意している。春風亭小朝は，寄席についての取材のなかで，取材者の「『今，出てきた人，名前も知らなかったし，初めて見たけど，よかったわー』という印象が後々に大切なんですよね」という声に対して，大きくうなずいている。また，柳家喬太郎は「寄席には，僕らが憧れた大先輩だとか，後輩でもこんな子もいるっていう具合に可能性がいっぱいある」といっている。どちらも，その時まで名前も知らなかったうまい落語家に寄席で出会ったときに得られる幸福感を表している。

　そう考えると，寄席とは，「不親切な親切さ」に満ちた空間といえるのかもしれない。単に不親切なだけではないのである。そしていったん「不親切な親切さ」にふれると，人は寄席に深く迷い込んでいってしまう。新宿末広亭の席亭が「曖昧模糊とした，なにかはっきりしないもどかしさ。飽くなき物足りなさを感じつつ家路を辿っていただくと，その方はきっとまた来たくなるから，その時は遠慮なくいつでもおいでなさいよ，年中無休ですよというのが，寄席の哲学なんですね」といっているように，迷い込んだ人を年中無休で迎えてくれるのが寄席なのである。

Ⅵ　無印都市の歴史と伝統

　江戸時代に都市にうまれた寄席は，その後，明治，大正，昭和，平成と存在し続けている。存在し続けていることにより，その時代その時代において，おとながふらりと足を運び，偶然性にまかせる「ものたりなさ」と喜びを感じながら，都市に生きる／生きた人びとの話を楽しんできたのである。

📓 落語とおとな

　ここまで，たびたび「おとな」という言葉を使ってきた。寄席で落語を楽しむのは，やはり若者より中高年が多い。考えてみれば，おとなたちの寄席の楽しみ方は，若者のチェーン店やフランチャイズ店などでのぶらぶらやうろうろとある意味で似ているかもしれない。それなりに時間がつぶせ，そこそこ満足できる場所。また，目的なく足を運んでしまう場所。そう考えると，寄席は，古くから，無印都市的な装置としてずっと存在してきたのかもしれない。

　ものには「出会う時期」というのがあるように思う。いい時期に出会わないと，「つまらない」となってしまうだろう。寄席・落語は，若いときは知らなくてもいいかもしれない。おとなになったときに出会えばそれで十分である。もっというなら，若者は寄席・落語に出会う楽しみを後々のためにとっておくといいと思う。落語でかたられる必ずしも合理的ではない話が「わかるなぁ」「そういうものなのだなぁ」という年齢になってきたら，寄席にふらりと出かければいいのである。東京，大阪という都市にあり続ける寄席は，そういう人たちがやって来るのを「不親切な親切さ」とともに待ってくれているはずである。

〔註〕
* 1　立川談志 2012『あなたも落語家になれる』三一書房，14頁。
* 2　堀井憲一郎 2009『落語論』講談社，76頁。
* 3　落語家は噺家ともいわれるが，本章では落語家とする。同様に，落語のことを噺ということもあるが，本章では落語とする。
* 4　もちろん，おとなでなくても，ひとりでなくても，寄席に立ち寄ることはできる。が，現在最も人気のある落語家のひとりである立川志の輔は「落語は一人で聞きに来てください」（堀井・前掲註＊2，171頁）といっているように，ひとりで聞きにいくとより楽しめるかもしれない。

＊5　大阪（大坂）を中心とした関西における落語。
＊6　立川流，五代目円楽一門はこれらの寄席には出演しない。
＊7　国立演芸場，お江戸上野広小路亭，お江戸両国亭，お江戸日本橋亭，横浜にぎわい座，名古屋の大須演芸場，も落語の興行を行うが，通常は，定席あつかいはしない。
＊8　31日は「余一会」と称する特別興行を行う。
＊9　約60年ぶりに復活した上方落語の定席ということもあり，天満天神繁昌亭は比較的よく観客が入っている。
＊10　もちろん，うまい／うまくないというのは主観的なものである。
＊11　ホール落語などでは事前に「ネタ（演目）出し」をすることも多い。
＊12　川添裕 2008『江戸の大衆芸能』青幻社，94頁。
＊13　『東京人』2005年9月号，25頁。
＊14　柳家喜多八・三遊亭歌武蔵・柳家喬太郎 2012『落語教育委員会』東京書籍，196頁。
＊15　前掲註＊13，51頁。

もっとかんがえる

- 落語は，寄席（やホール落語や地域寄席）で生で聞くという楽しみ方の他に，CDなどで聞くという楽しみ方もある。それは「生」と「複製」の違いということができるだろうが，落語は他の芸能より「複製」の地位が高いようにも思う。落語における「複製」の良さとはどういうものだろう。それを考えることは，「地方で落語を楽しむ」ということや「寄席とは違った落語の楽しみ方」を考えることになるかもしれない。

- 東京，大阪にしかない娯楽施設という点で，東京ディズニーリゾート（TDR。正確には千葉県浦安市に位置している），ユニバーサルスタジオジャパン（USJ）などと寄席との比較も興味深い。両施設は，おとなではなく子どもや若者を中心に，毎日，多くの人を集めている。それらと寄席の異なるところや同じところを考えるのもおもしろいだろう。

ブックガイド

堀井憲一郎 2009『落語論』講談社

　1節でもとりあげたが，著者は，ほぼ毎日，寄席，ホール落語，地域寄席などで落語を聞いている。「日夜，浴びるように落語を聞き続けてたどり着いた渾身の落語論」である本書には，ただただ圧倒される。同じ著者による，『落語の国からのぞいてみれば』（講談社，2008年），『青い空，白い雲，しゅーっという落語』（双葉社，2009年）もあわせて読むと，落語や寄席についてのあらましをとらえることができるだろう。

小沢昭一 2006『小沢昭一的新宿末広亭十夜』講談社
　2005年6月下席，新宿末広亭の高座に俳優の小沢昭一があがった。ゲスト出演ではなく10日間きっちり自ら演じるという本格的なものであり，連日，満員札止めになった。そこで小沢昭一は「随談」と称した話をしたのだが，その内容をまとめたのが本書である。寄席のトリとした雰囲気が味わえる。

串田和美 2007『串田劇場——歌舞伎を演出する』ブロンズ新社
　落語と同様に，歌舞伎は若者にはどこか遠い存在の芸能である。十八代目中村勘三郎は，多くの人に歌舞伎に興味を持ってもらおうと，歌舞伎座以外の劇場でも工夫を凝らした歌舞伎を上演した。代表的なものである「コクーン歌舞伎」について，その演出家が書き下ろした本書は，「伝統芸能の新しさ」についての示唆に富む。

〔工藤　保則〕

あとがき

　「無印都市の社会学」といういっぷう変わったタイトルを持つ本書は,「都市」や「文化」についてのレポートや卒業論文を書こうとしている学生に読んでもらいたいと思っている。また,学生に限らず,「都市」や「文化」に関心を持つ方にも読んでもらいたい。そういう,いささか欲張りなこの本ができるまでの経緯,またそれに関わることを,ここで少し書いておきたい。

　私は3年前に,同世代の研究仲間とともに編者となって,『質的調査の方法——都市・文化・メディアの感じ方』(以下,『質的調査』とする)という本を出した。執筆してくださった方々のおかげで,その本はテキストとしてだけではなく読みものとしてもおもしろいものになった。授業で使ってくださる先生や読んでくれる学生が多くいたこともあってか,1年後に,その本の担当編集者の掛川直之さんから「『質的調査』を読んだ学生さんがレポートや卒業論文を書くときに参考となるような本をつくりませんか」というお誘いをいただいた。私は「次もおもしろい本をつくりたい」と思い,『質的調査』にコラムを書いてもらった近森高明さんに相談をもちかけた。

　相談の段階では私はまだおおざっぱなアイデアしか持っていなかったのだが,それを近森さんが「無印都市」という魅力的なキーワードで整理してくれた。それをもとに,ふたりで,後に章になっていく「無印都市」的な施設や空間をあげていった。興味ぶかい章が立っていくにつれて,「あの方ならこのテーマをどのように料理するのだろう。ぜひとも読んでみたいな」という思いを持つようになった。その思いをおさえることができずに,名前のうかんだ方々に,それぞれにとっては直接の研究対象・テーマではないものの執筆をお願いしていった。今から考えると,かなり無理なお願いだったように思う。

しかし，ご専門の研究で活躍されている方は，そういう悪条件（？）をものともされないようである。いただいた原稿を，最初の読者として読んだとき，よく知っている街の風景がまったく違うものに感じられた。読者のみなさんも，この本を読んだ後では街の風景が違って見えるのではないだろうか。
　ところで，私が近森さんと知り合ったのは，2006年2月に奈良女子大学で文化人類学者の米山俊直先生の講演会が開かれたときである。そのとき，米山先生はたちのわるい病気によって余命宣告を受けておられた。講演会ではご自身のフィールドワークのことをふりかえりながらお話をされたのだが，残念なことに，その講演会の後しばらくして米山先生はお亡くなりになった。
　米山先生はアフリカ研究者として著名であられたが，そのお仕事の幅は広く，日本の都市研究も多くされていた。そして何よりも米山先生は卓越したフィールドワーカーでいらした。先生はある本の中で「それぞれのフィールドワークの体験で……そのフィール（感触）を紹介するような文章を集めて一冊の本にしてはどうだろうか」（『米山俊直の仕事』人文書館，2008年，971頁）と述べておられる。本書はフィールドワークという言葉をかなり広い意味で用いているが，編者はまさに各章担当の方々にそういうフィールドワーク体験のフィールを紹介してもらいたいという気持ちで，この本をつくる作業を始めた。また，「毎日がフィールドワークという気持ちで毎日を送っている。毎日の見聞がいつも新しくものを考えさせてくれる」（『「日本」とは何か』人文書館，2007年，231頁）という米山先生の言葉も，ここで紹介しておきたい。自分もそうありたいと願わずにはいられない，と同時に，それは本書においてもとても大切な言葉になっている。
　このように書いていると，編者のふたりは（直接ではないが）米山先生から「都市のフィールドワーク」について学び，そこで考えたことをかたちにしたいと思い，この本をつくったようにも感じる。ついでながら，私たちは，米山先生からSocial Uncle（社会的おじさん）的な指導を受けた方から，Social Uncle的な指導を受けている。そう思うと，私たちにとって米山先生はGrand Social Uncleかもしれない。
　偉大なおじさんから学ぶことはつきない。

2013年6月　工藤　保則

著者紹介

各章執筆者（＊は編者）

＊近森 高明（ちかもり・たかあき／1974年生）　　　　　1章, 5章, Column6
慶應義塾大学文学部教授
『ベンヤミンの迷宮都市』（世界思想社, 2007年）
『都市のリアル』（有斐閣, 2013年／共編）

＊工藤 保則（くどう・やすのり／1967年生）　　　　　　2章, 20章
龍谷大学社会学部教授
『カワイイ社会・学』（関西学院大学出版会, 2015年）
『〈オトコの育児〉の社会学』（ミネルヴァ書房, 2016年／共編）

藤本 憲一（ふじもと・けんいち／1958年生）　　　　　　3章
武庫川女子大学生活環境学部教授
『ポケベル少女革命』（エトレ出版, 1997年）
『戦後日本の大衆文化』（昭和堂, 2000年／共編）

加藤 裕治（かとう・ゆうじ／1969年生）　　　　　　　　4章
静岡文化芸術大学文化政策学部教授
『文化社会学入門』（ミネルヴァ書房, 2010年／共著）
『フラット・カルチャー』（せりか書房, 2010年／共著）

木島 由晶（きじま・よしまさ／1975年生）　　　　　　　6章
桃山学院大学社会学部准教授
『デジタルメディアの社会学』（北樹出版, 2011年／共著）
『文化社会学の視座』（ミネルヴァ書房, 2008年／共著）

高久 聡司（たかく・さとし／1979年生）　　　　　　　　7章
目白大学社会学部准教授
「死者についての語りにおける沈黙のリアリティ」（『ソシオロジ』53巻2号, 2008年）

「NPOの集合的アイデンティティの形成と集合的記憶の『語り』」（『年報社会学論集』19号，2006年）

小倉　敏彦（おぐら・としひこ／1970年生）　　　　　　　　　　8章
立教大学社会学部非常勤講師
『赤面と純情』（廣済堂出版，2002年）
『コミュニケーションの社会学』（有斐閣，2009年／共著）

野中　亮（のなか・りょう／1968年生）　　　　　　　　　　　9章
筑紫女学園大学現代社会学部准教授
『国家と宗教』（法藏館，2008年／共著）
『多元的世界における寛容と公共性』（晃洋書房，2007年／共著）

田中　大介（たなか・だいすけ／1978年生）　　　　　　　10章, 15章
日本女子大学人間社会学部准教授
『フラット・カルチャー』（せりか書房，2010年／共著）
『ネットワークシティ』（北樹出版，2017年／編著）

菊池　哲彦（きくち・あきひこ／1969年生）　　　　　　　　　11章
尚絅学院大学総合人間科学系准教授
『ライフストーリー・ガイドブック』（嵯峨野書院，2010年／共著）
『文化社会学入門』（ミネルヴァ書房，2010年／共著）

金　益見（きむ・いっきょん／1979年生）　　　　　　12章, Column1
神戸学院大学人文学部専任講師
『性愛空間の文化史』（ミネルヴァ書房，2012年）
『ラブホテル進化論』（文藝春秋，2008年）

阿部　真大（あべ・まさひろ／1976年生）　　　　　　　　　　13章
甲南大学文学部教授
『居場所の社会学』（日本経済新聞社，2011年）
『搾取される若者たち』（集英社，2006年）

加島　卓（かしま・たかし／1975年生）　　　　　　　14章, Column4
東海大学文化社会部教授
『〈広告制作者〉の歴史社会学』（せりか書房，2014年）
『オリンピック・デザイン・マーケティング』（河出書房新社，2017年）

高井　昌吏（たかい・まさし／1972年生）　　　　　　16章, Column8
東洋大学社会学部教授
『女子マネージャーの誕生とメディア』（ミネルヴァ書房，2005年）

『メディア文化を社会学する』（世界思想社，2009年／共編）

角田 隆一（つのだ・りゅういち／1974年生）　　　　　17章
横浜市立大学国際教養学部准教授
『映像文化の社会学』（有斐閣，2016年／共著）
『ネットワークシティ』（北樹出版，2017年／共著）

越智 祐子（おち・ゆうこ／1972年生）　　　　　　　　18章
元名古屋学院大学経済学部講師
「多胎育児の社会的困難」（『神戸女学院大学論集』58巻2号，2011年／共著）
「『災害時要援護度』概念の構築」（『減災』2号，2007年／共著）

西村 大志（にしむら・ひろし／1973年生）　　　　　　19章
広島大学大学院教育学研究科准教授
『映画は社会学する』（法律文化社，2016年／共編）
『マンガ・アニメで論文・レポートを書く』（ミネルヴァ書房，2017年／共著）

▨ コラム執筆者

青木 久美子（あおき・くみこ／1979年生）　　　　　　Column 2
明治学院大学社会学部非常勤講師

轟 亮（とどろき・まこと）　　　　　　　　　　　　　Column 3
金沢大学人間社会研究域教授

辻 泉（つじ・いずみ／1976年生）　　　　　　　　　　Column 5
中央大学文学部教授

丸山 里美（まるやま・さとみ）　　　　　　　　　　　Column 7
京都大学大学院文学研究科准教授

木村 至聖（きむら・しせい／1981年生）　　　　　　　Column 9
甲南女子大学人間科学部准教授

谷村 要（たにむら・かなめ／1978年生）　　　　　　　Column 10
大手前大学メディア・芸術学部准教授

井野瀬 久美惠（いのせ・くみえ／1958年生）　　　　　Column 11
甲南大学文学部教授

Horitsu Bunka Sha

無印都市の社会学
――どこにでもある日常空間をフィールドワークする

2013年8月20日 初版第1刷発行
2020年2月10日 初版第4刷発行

編 者	近森高明・工藤保則
発行者	田靡純子
発行所	株式会社 法律文化社

〒603-8053
京都市北区上賀茂岩ヶ垣内町71
電話 075(791)7131 FAX 075(721)8400
https://www.hou-bun.com/

印刷：西濃印刷㈱／製本：㈱藤沢製本
装幀：三原賢治・須蒲有希

ISBN 978-4-589-03531-8

©2013 T.Chikamori, Y.Kudo Printed in Japan

乱丁など不良本がありましたら、ご連絡下さい。送料小社負担にてお取り替えいたします。
本書についてのご意見・ご感想は、小社ウェブサイト、トップページの「読者カード」にてお開かせ下さい。

JCOPY 〈出版者著作権管理機構 委託出版物〉

本書の無断複写は著作権法上での例外を除き禁じられています。複写される場合は、そのつど事前に、出版者著作権管理機構（電話 03-5244-5088、FAX 03-5244-5089、e-mail: info@jcopy.or.jp）の許諾を得て下さい。

西村大志・松浦雄介編
映画は社会学する
A5判・272頁・2200円

映画を用いて読者の想像力を刺激し，活性化するなかで，社会学における古典ともいうべき20の基礎理論を修得するための入門書。映画という創造力に富んだ思考実験から，人間や社会のリアルを社会学的につかみとる。

岡本 健著
アニメ聖地巡礼の観光社会学
―コンテンツツーリズムのメディア・コミュニケーション分析―
A5判・278頁・2800円

聖地巡礼研究の第一人者が国内外で注目を集めるアニメ聖地巡礼の起源・実態・機能を分析。アニメ作品，文献・新聞・雑誌記事，質問紙調査，SNSやウェブサイトのアクセス等の分析を組み合わせ，関連資料も開示。

工藤保則・寺岡伸悟・宮垣 元編
質的調査の方法〔第2版〕
―都市・文化・メディアの感じ方―
A5判・204頁・2600円

質的調査に焦点をあわせた定評書に，新たに2つの調査の方法，分析・考察の手法をくわえてヴァージョンアップ。調査の達人たちがその「コツ」を披露する。社会調査士資格取得カリキュラムF・Gに対応。

轟 亮・杉野 勇編
入門・社会調査法〔第3版〕
―2ステップで基礎から学ぶ―
A5判・272頁・2500円

量的調査に焦点をあわせた定評書の改訂版。コンピュータ支援型調査等の最新情報を盛り込んでさらに充実。調査を実施する前提としての基礎と実践的な発展にわけて解説。社会調査士資格取得カリキュラムA・B・G対応。

杉野 勇著
入門・社会統計学
―2ステップで基礎から〔Rで〕学ぶ―
A5判・246頁・2800円

統計分析フリーソフト"R"を用いて，社会統計学の専門的な知識を基礎と発展とに分けて解説。サポートウェブサイトを開設し，さらに懇切丁寧に手解きする。社会調査士資格取得カリキュラムD・E・Iに対応。

津島昌寛・山口 洋・田邊 浩編
数学嫌いのための社会統計学〔第2版〕
A5判・230頁・2700円

社会統計学の基本的な考え方を丁寧に解説した定評書がさらにわかりやすくヴァージョンアップ。関連する社会学の研究事例を紹介することで，嫌いな数学を学ぶ意義を示す。社会調査士資格取得カリキュラムC・Dに対応。

―法律文化社―

表示価格は本体（税別）価格です